儒藏论坛

RUZANG LUNTAN

第十六辑

主　编　舒大刚

执行主编　杜春雷

光明日报出版社

图书在版编目（CIP）数据

儒藏论坛 . 第 16 辑 / 舒大刚主编 . -- 北京：光明
日报出版社，2022.12
ISBN 978 - 7 - 5194 - 7065 - 4

Ⅰ.①儒… Ⅱ.①舒… Ⅲ.①儒学—文集 Ⅳ.
①B222.05-53

中国版本图书馆 CIP 数据核字（2022）第 253481 号

儒藏论坛 . 第 16 辑

RUZANG LUNTAN. DI 16 JI

主　　编：舒大刚

责任编辑：李壬杰　　　　　　　　责任校对：李　倩　张慧芳
封面设计：光天文化设计工作室　　责任印制：曹　诤

出版发行：光明日报出版社
地　　址：北京市西城区永安路 106 号，100050
电　　话：010 - 63169890（咨询），010 - 63131930（邮购）
传　　真：010 - 63131930
网　　址：http：// book. gmw. cn
E - mail：gmrbcbs@ gmw. cn
法律顾问：北京市兰台律师事务所龚柳方律师

印　　刷：三河市华东印刷有限公司
装　　订：三河市华东印刷有限公司
本书如有破损、缺页、装订错误，请与本社联系调换，电话：010 - 63131930

开　　本：170mm×240mm
字　　数：237 千字　　　　　　　印　　张：16
版　　次：2023 年 9 月第 1 版　　　印　　次：2023 年 9 月第 1 次印刷
书　　号：ISBN 978 - 7 - 5194 - 7065 - 4
定　　价：78. 00 元

目 录
CONTENTS

儒学论衡

儒学文献

儒学随笔

儒学论衡

简论苏辙的诗教*

蒋宗许（西南科技大学文艺学院）

摘　要：苏辙对《诗经》有独到的研究，其《诗集传》既是北宋最有影响的研究《诗经》的著作，同时也是历史上研究《诗经》的重要著作。苏辙对"温柔敦厚"的诗教领会至深。所以，在其著作中，"诗教"的精神无处不在。本文仅就其诗歌，而又专门针对其写给晚辈或与晚辈唱和的诗歌进行探讨解析，从而揭示苏辙"诗教"的本源所自，再现他在教育沐化晚辈方面的诗教精神。文章按相关诗歌的内容大致分为三个方面：努力读书，恬淡乐观；仕则尽力，问心无愧；心怀恻隐，体恤下情。

关键词：苏辙　晚辈　诗教

北宋是个群星璀璨的时代，嘉祐二年（1057）的龙虎榜更是向来为人们津津乐道。原因是不唯此榜人才济济，诸如出于此榜的张载、程颢、程颐、曾巩、曾布、吕惠卿、章惇、王韶、蔡确、李公择，哪一个都是响当当的人物，而最耀眼的是冉冉升起了两颗巴蜀的文化明星，这就是人们耳熟能详的俗称"大小苏"的苏轼、苏辙弟兄，他们与父亲苏洵一起占据了"唐宋八大家"的三席，"于是三人者表见于当时，而其名益重于天下"（曾巩《苏明允哀词》）。如此高蹈而辉煌的事例在中国文化史上可谓绝无仅有。

对于苏辙，通常人们只知道他是唐宋散文八大家之一而已。就历史的真

＊ 本文为教育部重大招标项目"苏辙全集整理与研究"（19JZD033）阶段性成果。

相来说，苏辙不仅是散文大家，其诗歌也是当时第一流的水平，遗憾的是今人多不了解，苏轼曾说："子由诗过吾远甚。"（《记子由诗》）而苏辙自己也说："辙少好为诗，与家兄子瞻所为，多少略相若也。子瞻既已得罪，辙亦不复作诗。然今世士大夫亦自不喜为诗，以诗名世者盖无几人。"（《答徐州陈师仲书二首》之二）又说："子瞻尝称辙诗有古人之风，自以为不若也。然自其斥居东坡，其学日进，沛然如川之方至，其诗比杜子美、李太白为有余，遂与渊明比。辙虽驰骤从之，常出其后。"（《子瞻和陶渊明诗集引》）苏轼之言，自然不免友于之爱，然苏辙自己也认为前期的诗歌水平或大致与兄相埒。如果我们从似已固化的认知角度考量，苏辙的话或有过于自信之嫌，但从相关文献看来应该还是比较客观的，且看有宋而下对苏辙诗的评价。张耒有诗云："长公（苏轼）波涛万顷海，少公（苏辙）峭拔千寻麓。"（《赠李德载二首》之二）张耒早年曾从学于苏辙，后又受教于苏轼，为"苏门四学士"之一。他认为苏轼、苏辙的诗歌虽机杼出一，但在风格上却有不同，苏轼诗歌的特点是"浩瀚"，苏辙诗歌的特点是"峭拔"，并未第其高下。南宋周必大云："吾友陆务观，当今诗人之冠冕，数劝予哦苏黄门诗。退取《栾城集》观之，殊未识其旨趣。甲申闰月辛未，郊居无事，天寒踞炉如饿鸱，刘友子澄忽自城中寄此卷相示，快读数过，温雅高妙，如佳人独立，姿态易见，然后知务观于此道真先觉也。"（《跋苏子由〈和刘贡父省上示座客〉诗》）元代方回认为，苏辙诗歌与苏轼诗各有千秋，难分高下，他说："子由诗佳处，世鲜会者。"（《瀛奎律髓》卷十）又说："子由诗淡静有味，不拘字面事料之俪，而锻意深，下句熟。老坡自谓不如子由，识者宜细咀之可也。"（同上，卷二十四）我们的《苏辙诗编年笺注》，正是试图还原历史真相之作①。其他方面，如经学、史学方面的成就，有胜于苏轼，这已经是行家的共识。至于政治上的作为，因为苏辙于元祐间官至副相，颇多建树，则更非苏轼可及。但由于苏轼的才华海涵地负，无所不通，无论是诗词还是散文，甚而至于书法都彪炳了整个宋代，在中国士大夫中独

---

① 蒋宗许，袁津琥，陈默. 苏辙诗编年笺注［M］. 北京：中华书局，2019.

步古今。有兄如此，于是人们对苏辙的关注便多少显得苍白了，这不能不说对苏辙有欠公平。鉴于此，我们的课题"苏辙全集整理与研究"，即旨在全方位弥补这种历史认知的缺失，多角度还原政治家、经学家、史学家、文学家、教育家苏辙的应有地位。当然，此工程浩大绵长，我们只能是逐一次第而进行之。本文要讨论的，仅仅是我们研究内容的一个方面，即苏辙对晚辈的"诗教"。

所谓诗教，本指《诗经》怨而不怒、温柔敦厚对人的教育作用。《礼记·经解》："孔子曰：入其国，其教可知也。其为人也，温柔敦厚，《诗》教也。"孔颖达疏："《诗》依违讽谏，不指切事情，故云温柔敦厚是《诗》教也。"推而广之，凡继承《诗经》的教化精神，用诗歌的形式进行教育的行为都可称之为诗教。我们是将二者结合起来，探索苏辙在传统诗教的基础上如何通过诗歌对晚辈进行教育的。

苏辙对"诗教"的领悟贯彻，远非常人可以企及。盖苏辙对《诗经》研究有素，在宋代乃至于历史上都是大家，其《诗集传》在后世产生了很大的影响。《四库全书总目》对《诗集传》评价颇高，有云："辙取小序首句为毛公之学，不为无见"，"辙自序又曰：'独采其可者，见于今传；其尤不可者，皆明著其失。'则辙于毛氏之学亦不激不随，务持其平者。"正因为苏辙对《诗经》的透彻研究，才使其对"诗教"有独到的领会，所以，他的诗歌创作充分体现了温柔敦厚的"诗教"精神。至于对晚辈的教育化沐，则主要反映在那些与晚辈相关的诗篇中。

苏辙的"诗教"本色，除了与他对《诗经》的研究相关之外，还与其家世有很大的关系。

苏辙家族发源于河北栾城，至唐时苏味道始为光大。苏味道后裔有居于眉山者，经历五代皆不出仕，耕读传家。辙父洵年轻时喜游嬉，"昔予少年，游荡不学。子虽不言，耿耿不乐。我知子心，忧我泯没。感叹折节，以至今日"（苏洵《祭亡妻程氏文》）。辙弟兄幼时，母程氏教以诗书，"我独悲子，生逢百殃。有子六人，今谁在堂。唯轼与辙，仅存不亡。呴呴抚摩，既冠既昏。教以学问，畏其无闻。昼夜孜孜，孰知子勤"（《祭亡妻程氏文》）。从苏洵文中，我们知道苏辙弟兄的一部分学问基础来自其母。母教的慈爱，对其精神世界的养成是非常重要的。后苏洵以丁艰，始大发愤闭户读书，凡五六年，经史百家之说无不贯悉。"职方君三子，曰澹曰涣，皆以文学举进士，而君少独不喜学，年已壮犹不知书。职方君纵而不问。乡间亲族皆怪之，或问其故，职方君笑而不答，君亦自如也。年二十七始大发愤，谢其素所往来少年，闭户读书为文辞。"（欧阳修《故霸州文安县主簿苏君墓志铭》）因屡试不中，于是尽以所学授轼辙兄弟，且曰："是庶几能明吾道者。"轼辙兄弟稍长，又同受学于眉山之宿儒刘巨，学业精进，而后步入仕途。这样的家世背景，以及宦海的风云浮沉，使轼辙弟兄形成了与通常士家大族子弟有别的精神世界。在对晚辈的培养教育中，也体现了他们自身的特色。

要说苏辙对晚辈的"诗教"，不得不说苏辙的为人。苏辙是一位极有责任感的士大夫，无论是为官还是持家皆然。从对家庭来说，他孝敬父亲（因其母早逝，于母亲的孝道文献无征，故云），敬爱兄长，关心妻子，珍视晚辈。苏辙对父洵极尽孝养，嘉祐六年（1061）制科中第，试秘书省校书郎充商州军事推官，辙奏乞养亲三年，不赴商州任。关于此事，其间有委屈的成分我们不讳言，但苏洵晚年多病需要照顾确也是事实。苏洵从嘉祐初身体便很不好了，我们试举几例。《祭史彦辅文》："呜呼彦辅，天实丧之，予哭寝门。白发班班，疾病来加。卧不能奔，哭书此文。"（嘉祐二年）《上欧阳内翰第三书》："今已到家月余，幸且存活。洵道途奔波，老病侵陵，成一翁矣。洵老矣，恐不能复东，阁下当时赐音问以慰孤耿，病中无聊，深愧疏略。惟千万珍重。"（嘉祐二年）《上皇帝十事书》："今虽欲勉强扶病戮力，亦自知其疏拙，终不能合有司之意，恐重得罪以辱明诏。"（嘉祐三年）《上梅圣俞书》："昨适有病，遂以此辞。"（嘉祐三年）《答雷太简书》："何苦乃以衰病之身，委曲以就有司之权衡，以自取轻笑哉。"（嘉祐三年）苏辙乞养亲三年，直到四年后才出仕，即治平二年（1065）三月，出任大名府留守推官。苏辙《颍滨遗老传上》："是时先君被命修礼书，而兄子瞻出签书凤翔判官，傍无侍子，辙乃奏乞养亲三年。子瞻解还，辙始求为大名推官，逾年先君捐馆舍。"次年（1066）四月，其父洵即卒。应该是苏洵嘉祐末到治平间身体一直不好，身边不能离人，所以直到苏轼"解还"即回朝官判登闻鼓院，苏辙才"求为大名推官"。仅这个"求"字，已足以推翻苏辙嫌官小不做的陈说了。所以，我们觉得，苏洵多病，身边无人照顾才是苏辙辞官的主要原因。对其兄轼，那感动古今的"对床夜语"之约，在苏轼乌台诗案中他冒死上书以己官抵罪的手足之情，祭苏轼文以及墓志铭的沉痛悲怆、字字血泪人所尽知。于妻子，他总是因为自己的贫穷坎坷怀有歉意，而对妻子为自己的付出充满感激。"此身已分长贫贱，执爨缝裳愧老妻。"（《官居即事》）"老妻但坐哭，遗语未肯听。"（《答王定国问疾》）"老妻饱忧患，悲咤摧心肝。"（《次韵子瞻送千乘千能》）"官冷无因得官酒，老妻微笑泼新醅。"（《冬至日》）"老妻怜眼昏，入夜屏灯烛。"（《次韵孔平仲著作见寄四首》之四）作为家长，他对一家的衣食住行，从来心中有数，安排得井井有条，这方面比起苏轼就强多了。苏轼性格使然，"加以素来不善治生，禄赐所得，随手耗尽"（苏轼《赴英州乞舟行状》），以至于用让人啼笑皆非的方式"计划经济"，"初到黄，廪入既绝，人口不少，私甚忧之，但痛自节俭，日用不得过百五十。每月朔便取四千五百钱，断为三十块，挂屋梁上。平旦，用画叉挑取一块，即藏去叉，仍以大竹筒别贮，用不尽者，以待宾客。此贾耘老法也。"（苏轼《答秦太虚书》）而苏辙则素有经济头脑，于国事。我们只要看看他的诗文特别是元祐年间的一些章奏札子及著作，如作于元祐四年（1089）的《元祐会计叙录》《收支叙》《民赋叙》，就会惊异于他对国家经济状况了如指掌，以及针对具体问题处置谋划的缜密精细。知国如此，治家亦厘然有方，总是能未雨绸缪，凡有所得，更不会"随手耗尽"，如出使辽国时辽人赠与丰厚，他便远想到将来归田后的开支。"顾我何功惭陆贾，橐装聊复助归田。"（《神水馆寄子瞻兄四绝》之四）必定是早早存藏了起来。因为常有储备，关键时便不至过分乏困。"筑居定作子孙计，好事久遭僧佛呵。"（《初葺遗老斋二首》之一）"我老不自量，筑室盈百间。旧屋收半料，新材伐他山。盎中粟将尽，囊中金亦殚。"（《初筑南斋》）晚年居许昌，夺俸之余，还能有余力构筑新房百余间，这当然都与平时的周密计划有关。在苏辙的诗文中，虽然屡屡说到要退隐或者学仙学道乃至遁入空门，但不过是说说而已，他放不下自己的责任，丢不下亲情的温暖和骨肉的眷切。"一生滞念余妻子，百口侨居怯雨风。"（《筑室示三子》）"世味渐消婚嫁了，幅巾缁褐许相亲。"（《余居高安三年晨入莫出》）"功名久已知前错，婚嫁犹须毕此生。"（《次韵子瞻与安节夜坐三首》之二）"万事汝勿告我，婚嫁自毕诸孙。"（《上巳后》）形诸文字时，他素来以向子平为自己的偶像。《后汉书·隐逸传·向子平》："建武中，男女娶嫁既毕，敕断家事勿相关，当如我死也。于是遂肆意与同好北海禽庆，俱游五岳名山，竟不知所终。"但事实上他做不到，放不开。不免亲情眷恋，难以割舍。有诗为证："芝兰生吾庐，一雨一增蒨。本亦何预人，怀抱终眷眷。"（《见儿侄唱酬次韵五首》之一）其中涉及《世说新语·言语》的典故："谢太傅问诸子侄：'子弟亦何预人事，而正欲使其佳。'诸人莫有言者，车骑答曰：'譬如芝兰玉树，欲使其生于阶庭耳。'"谢安认为子弟与自己无关，不必在心，而苏辙则认为自己不能忘情。看到子弟健康成长，情不自禁感到莫大的欣慰。"闲居玩草木，农圃即师友。养人如养竹，举目皆孝秀。"（《养竹》）虽然，苏辙一生忠贞为国，将个人安危置之度外，从当时参加制科考试时直斥皇帝的过失到后来元祐间弹劾奸佞莫不如此，但对晚辈的舐犊情深则时时令人动容。如苏远夫妇侍奉苏辙南迁，远妻黄氏不幸病逝，苏辙便两次撰写祭文。

祭八新妇黄氏文

追惟平昔，慈祥宽厚。孰云不淑，而止于是？南北异俗，伏腊几废。燔炙豚鱼，渐渍果蔬。承祀宁宾，不异中夏。卒无一言，叹恨流落。逮及启手，脱然而逝。惟我凤业，累尔幼稚。兴言涕落，呼天何益？五里禅室，顷所尝寓。土燥室完，密迩吾庐。权厝其间，毋或恐怖。二子虽幼，资可成就。姑自鞠养，无水火患。犹冀灾厄有尽，天造有复。全柩北返，归安故土。魂而不昧，识此诚意。

再祭八新妇黄氏文

妇生名家，有德有容，幼不逮门。缱绻相从，冒险涉瘴，初无咎言。念我厄穷，往反累汝，愧于心颜。瘴病弥月，药石不效，卒殒当年。弱子稚女，踽踽吾侧，念母凄然。汝往莫追，抚此二孙，冀其成人。命降自天，举家北返，与柩俱还。嗟哉吾兄，没于毗陵，返葬郏山。兆域宽深，举棺从之，土厚且坚。种柏成林，以付而子，百年以安。

感情之笃眷沉痛，令人唏嘘。《颜氏家训·归心篇》有云："世有痴人，不识仁义，不知富贵并由天命，为子娶妇，恨其生资不足，倚作舅姑之尊，蛇虺其性，毒口加诬，……惜怜己之子女，不爱己之儿妇。如此之人，阴纪其过，鬼夺其算，慎不可与为邻，仍不可与为援，宜远之哉。"苏辙之高风，视儿妇有如己出，何其可敬！元祐元年（1086），苏辙为右司谏，奋不顾身，屡章奏论资政殿大学士吕惠卿"奸险蠹国，残虐害民，乞行窜殛"，却又担心侄迈为吕氏坑害，专门给皇帝上《乞兄子迈罢德兴尉状》："缘知饶州吕温卿系惠卿亲弟而和卿亲兄。臣有兄子迈见任饶州德兴县尉，窃虑温卿挟恨，别有捃拾勘会。迈今任将及两考，欲乞朝廷体察，特许令候两考满日放罢，赴吏部别受差遣。"慈心拳拳，情溢文辞。

苏辙宽仁厚德的长者之风，对家庭对亲人"躬自厚而薄责于人"的胸怀，也体现在他对《诗经》的诠释中。例如《邶风·北门》"王事适我，政事一埤益我。我入自外，室人交遍谪我。"《毛传》："谪，责也。"《郑笺》："我从外而入，在室之人更迭遍来责我，使己去也。言室人亦不知己志。"除毛郑外，后世解诗者如孔疏等大多如毛郑之言把"室人"解为家人。在苏辙看来，《诗经》既然主旨是温柔敦厚，则家人既不会对"我"不理解不同情而横加指责，而"我"作为一家之长，为一家的付出是理所应当的，纵然家人有怨言，"我"亦不会赋诗怨怼，而有责怪家人之意。所以，他解此诗全然与众不同。《诗集传》："天子之政令既以适我，国之政事复并以厚益我。

已事而反，则其处者争求其瑕疵而遣谪之，言劳而不免其罪也。谓之室人者，在内而不事事也。"也就是说，苏辙解"室人"为居朝的臣僚。诗无达诂，不管苏辙的解释是否对，至少体现了苏辙有担当、有胸怀的人格魅力。认知如此，其平生的行事，也正与这一理念相符。

苏辙的居家为人及平生行径，是对晚辈最好的教化，如何生活，如何做人，都能从中找到满意的答案。他给晚辈树立了一个光辉的榜样。

下边，我们再对其直接写给晚辈的诗作进行一些分析。

苏辙今存诗歌凡1800多首，我们从诗题入手做了一个大致统计，涉及子侄（包括女婿）孙辈及学生的凡110余首。我们按照诗歌的内容，大致从以下三个方面进行一些探讨。

一、努力读书，恬淡乐观

耕读世家的传统，自己一生的成长过程，使苏辙对于读书有深切的感悟，他十九岁时便一鸣惊人，进士及第，是天才加上勤奋的结果。"读书犹记少年狂，万卷纵横晒腹囊。"（《初闻得校书郎示同官三绝》之一）在写给晚辈的诗作中，他总是鼓励晚辈要勤奋攻读，任何时候、任何地方、任何条件下，读书都是第一要务。如：

简学中诸生（时兼筠州教授）

泮水秋生藻荇凉，莫窗灯火乱荧光。图书粗足惟须读，菽粟才供且自强。羽钥暗催新节物，弦歌不废近诗章。腐儒最喜南迁后，仍见西雍白鹭行。

"惟须读""且自强""不废"，殷殷之情，充盈诗间。对自家子弟，更是谆谆叮嘱："家藏万卷须尽读，此外一簪无所恃。船中未用废诗书，闭窗莫看江山美。"（《次韵子瞻特来高安相别先寄迟适远却寄迈迓过遁》）连乘船都要求闭窗读书。"般柴运水皆行道，挟策读书那废田？"（《示诸子》）

告诫诸子随时随地都不可废书不读。"少年真力学,玄月闭书帷。""笑向诸孙说:疏慵非汝师。"(《示诸孙》)"雨遍公田及私亩,学书兼得问筠孙。"(《逊自淮康酒官归觐逾旬而归送行二绝句》之一)"乘田委吏责无多,旧学年来竟若何?开卷新诗可人意,到官无复废吟哦。"(同上之二)上二例是次子苏逊监酒税省亲归来,他最关心的是公事之余,学问有无长进,告诫苏逊回来后不要停止赋诗,且还要时时教孙子苏筠学书法。"养气经年惟脱粟,读书终夜有寒灯。安心且作衰慵伴,海底鲲鱼会化鹏。"(《迎寄王适》)王适为苏辙次婿,当时落第归来,苏辙作诗安慰对方,肯定王适勤奋努力之余,也叮嘱王适还要安心读书,并对王适寄予厚望,勤奋依旧,化鹏有期。为了勉励晚辈珍惜光阴,其告诫真是苦口婆心,情跃笔端:"人生逾四十,朝日已过午。一违少壮乐,日迫老病苦。丹心变为灰,白发粲可数。"(《次韵子瞻端午日与迟适远三子出游》)

在诸多教育晚辈努力读书的诗篇中,我们发现,苏辙与传统士大夫教育子弟有明显的区别。我们知道,珍惜光阴,努力读书是古往今来共同的话题,但通常士大夫教育子弟则多以功名为终极目标,"致君尧舜"是最高的人生追求。而苏辙在写给晚辈的诗篇中,尽管也希望子弟们能考取功名,但表现得十分谦冲和易,不过分以功名相期许,更不苛求晚辈要一飞冲天,做到"位极人臣"。他明白,志向与功名本身并不是一对统一体,功名亦非想象中的那么美好。李斯权倾一时,最后只落得身死族诛的下场。如颜渊、曾子那样安贫乐道未必不是好事。"憧憧亩丘道,岁晚嗟未止。西山有茅屋,锄耰本吾事。"(《登南城有感示文务光王遹秀才》)"士生际风云,富贵若骑虎。"(《次韵子瞻端午日与迟适远三子出游》)"家世本来耕且养,诸孙不可耻锄耘。"(《泉城田舍》)"晏家不愿诸侯赐,颜氏终成陋巷风。"(《初得南园》)"颜曾本吾师,终身美藜藿。"(《和迟田舍杂诗九首》之三)"已觉高轩惭卫赐,可怜黄犬哭秦斯。"(《诸子将筑室以画图相示三首》之二)在他看来,能否从仕,仕途能否通达,那往往非自己能够左右,即或通达,也潜藏着不尽的风险(这既是他对历史的洞彻——苏辙是历史学家,其《古史》在中国史学史上有很高的地位,也是他一生宦海浮沉的经验总结），所以，他教育子弟对仕进要有一种恬淡的心态。能进则进，不能仕进，躬耕田园也不错。他的这些观点，虽然历代诗人们也多有吟咏，似乎已是老生常谈，但我们如果细心比较，就会发现到底是苏辙来得更为真切。其原因是苏辙幼小时便在田园生活中成长，富庶的成都平原曾赋予他无尽的乐趣。关于这方面的描写，苏辙诗集中如《次韵子瞻记岁暮乡俗》《记岁首乡俗寄子瞻》等追忆家乡的诗篇便精彩无似，再现了千年前蜀地乡村的温馨和谐。他的这种经历，也体现在对《诗经》的诠释中。如《卫风·十亩之间》："十亩之间兮，桑者闲闲兮，行与子还兮。"传统的解释如《毛传》《郑笺》《孔疏》等基本上都是认为卫地被侵削，小民无所居云云，而苏辙解云："此君子不乐仕于其朝之诗也，曰虽有十亩之田，桑者闲闲，其可乐也，行与子归居之。夫有十亩之田，其所以为乐者，亦鲜矣，而可以易仕之乐，则仕之不可乐也甚矣。"也正因为这样的背景，他才会把功名看得相对恬淡。"诸子才不恶，功名旧有言。穷愁念父母，心力尽田园。志在要须命，身闲且养源。"（《示诸子》）虽然"志在要须命"，但"养源"则是不能忽视的，即官可以不做，但个人的学识和精神培养不可一日有缺。这和韩愈《答李翊书》的主张是一脉相承的："虽然，不可以不养也，行之乎仁义之途，游之乎诗书之源。无迷其途，无绝其源，终吾身而已矣。"比较起读书做学问来说，他认为个人的风操品节最为重要，文章则为"细事"，"已矣石室老，奄然三十年。遗孙生不识，妙理定谁传。孔伋仍闻道，贾嘉终象贤。文章犹细事，风节记高坚。"（《外孙文骥与可学士之孙也予亲教之学作诗俊发犹有家风喜其不坠作诗赠之》）

此外，苏辙强调勤奋上进，还要求晚辈要开朗乐观，有昂扬奋发的朝气，随时有一个好的心态。其间最典型的是针对女婿文务光而发的"少年勿作老人调，被服荣名慰所思"（《次韵王适兄弟送文务光还陈》）。苏辙觉得文务光诗文太过颓唐，为不吉之兆，故规劝之。后来，文务光果然不幸早逝。苏辙《王子立秀才文集引》："然务光之文悲哀摧咽，有江文通、孟东野感物伤己之思。予每非之，曰：'子有父母昆弟之乐，何苦为此？'务光终不能改也。既而丧其亲，终丧五年而终。予哭之恸，曰：'悲夫，彼其文固有以兆之乎！'"苏辙推扬孟子所说的浩然之气。他说："辙生好为文，思之至深，以为文者气之所形。然文不可以学而能，气可以养而致。孟子曰：'我善养吾浩然之气。'今观其文章宽厚宏博，充乎天地之间，称其气之小大。太史公行天下，周览四海名山大川，与燕赵间豪俊交游，故其文疏荡，颇有奇气。此二子者，岂尝执笔学为如此之文哉？其气充乎其中而溢乎其貌，动乎其言而见乎其文，而不自知也。"（《上枢密韩太尉书》）文气之说，为论文者所常道及，曹丕《典论·论文》："文以气为主，气之清浊有体，不可力强而致。譬诸音乐，曲度虽均，节奏同检。至于引气不齐，巧拙有素，虽在父兄，不能以移子弟。"韩愈云："气，水也；言，浮物也。水大而物之浮者大小毕浮。气之与言犹是也，气盛则言之短长与声之高下者皆宜。"（《答李翊书》）曹丕所谓气，强调个人的资质，天生的禀赋，作家个体内在的修养和对事物的领悟；韩愈所谓气，主要是强调儒家的道统即仁义之道，要作家因循传统，恪守正道，自然气盛则文宣；而苏辙的气，则是重在作家自身的境界、阅历、气韵，从而培养一种充满自信，敢于直面一切艰难挫折的浩然心胸。正因为此，苏辙一生，不管如何坎坷，他都能随遇而安，泰然面对一切艰难挫折，表现在诗作中，也秉承了"怨而不怒"的诗教精神。文务光所缺乏的，正是浩然之气，故苏辙批评其作"老人调"，希望他能够振作而奋起。可惜文务光器局已就，"终不能改"而壮年夭亡（务光为文同第四子，死时当只三十多岁）。

关于乐观旷达的人生态度，学人们从来津津乐道的是苏轼如何旷达，如何随缘自适，其赠王定国歌儿柔奴《定风波》词中"此心安处是吾乡"一语更成为千古绝唱，却很少有人注意到苏辙不亚乃兄的乐观恬淡，随遇而安，将勤奋读书作为毕生精神第宅的高操。

二、仕则尽力，问心无愧

苏轼、苏辙弟兄的儿辈们因为政治上的牵连，仕途多不显，苏辙在世时，只有苏轼长子迈曾做过县尉、县令，苏辙幼子逊曾监过淮西酒税，女婿曹焕（字子文）曾做过山阳令。所以，苏辙对相关晚辈从仕的教育偏少。检索诗集，仅得四首，其中三首诗亦颇有深意在焉。次第论说如下：

送侄迈赴河间令

老去那堪用，恩深未敢归。谁能告民病，一一指吾非？

尔赴河间治，无嫌野老讥。仍将尺书报，勿复问从违。

送逊监淮西酒并示诸任二首之一

畴昔南迁海上雷，艰难唯与汝同来。再从龙尉茅丛底，旋卜云桥荔子堆。相与闭门寻旧学，谁言复出理官醅。乘田委吏先师事，莫学陶翁到即回。

曹郎子文赴山阳令

囊空口众不堪闲，却喜平生得细论。鹤发进封偿旧德，彩衣听讼勉平反。楚风剽疾观新政，浙水萧条咏旧恩。记取老人临别语，荼瓢霜后早相存。

第一首作于元祐五年（1090），苏辙出使辽国归来，任御史中丞，苏轼长子苏迈为河间县令，诗是为苏迈赠行的。开首两句谦言自己本已被弃置不用了，回朝任职很感惶恐，接下来两句是对过去为政的反省，遗憾的是没有人会再向自己指出行政得失，为以下启发苏迈张本。这两句看似平常，实际上是苏辙治民的经历和心得。我们回顾苏辙的仕履，他从治平二年（1065）才正式入仕，但一直是做幕僚、监税、教授之类，并没有亲自临民治事。直到元丰七年（1084），起为绩溪县令，才算正式治民事。但时间很短，八年二月到任，九月即离任。虽然为县令只有半年时间，且曾"一病五十日"（《复病三首》之三），但我们从苏辙的诗文中，可以看出他是兢兢业业、全力以赴的："老令旧谙田事乐，春耕正及雨晴天。可怜鞭挞终无补，早向丛祠乞有年。归告仇梅省文字，麦苗含穗欲蚕眠。"（《汪王庙》）对于百姓，苏辙不愿用刑催科，先是从俗祭拜神灵而乞丰年。而"归告仇梅"云云，才是自己为政的目标。仇，指仇览，典出《后汉书·仇览传》："仇览，字季智，一名香，陈留考城人也……劝人生业，为制科令。至于果菜为限，鸡豕有数，农事既毕，乃令子弟群居，还就黉学。其剽轻游恣者，皆役以田桑，严设科罚，躬助丧事，赈恤穷寡。"梅，指西汉梅福，尝数上书言政事。"来时稻叶针锋细，去日黄花黍粒粗。久病终惭多敝政，丰年犹喜慰耕夫。"（《辞灵惠庙归过新兴院书其屋壁》）离任时因为该年丰收，于是心境大好，与民同乐。"百家小邑万重山，惭愧斯民爱长官。粳稻如云梨枣熟，暂留聊复为加餐。"（《初闻得校书郎示同官三绝》之二）难得的是，苏辙为政时间仅半年，却深得民心，且颇有成效，绩溪百姓对苏辙已是十分难舍，苏辙同样也依依眷恋，为之"暂留"而慰民情。"谁能告民病，一一指吾非"是对任绩溪令时的总结、回味，接下来的"尔赴"两句，则是叮嘱苏迈一定关注民间疾苦，不要嫌弃治下父老的批评。看似平淡，实际上是将自己治县的心得要诀授予苏迈。末尾二句，是希望苏迈要时常寄书，不要因为境遇的逆顺而音信断续。

第二首作于大观元年（1107）秋冬之交。我们知道，绍圣元祐党禁，党人子弟皆不得从仕。至大观元年，因为大赦，党禁稍松，党人子弟才多少有了一点机会。加之当时苏辙家累太重，凡百余口，旧有积蓄或已然罄尽。生计所迫，故使苏逊从仕，这我们从其堂兄苏过诗中可以得到印证。

送八弟赴官汝南

丈夫志四方，弹冠苦不早。终童来请缨，贾谊试三表。二子俱弱冠，功名满怀抱。要非江湖士，未易语枯槁。君年逾三十，闭门试幽讨。父兄逼从仕，揽辔方稍稍。久安田舍乐，宁坐元龙笑。白发始为郎，定似冯唐老。效官曲蘖间，区区营一饱。虽知浆馈薄，要使人无保。淮蔡山川美，民淳足鱼稻。作诗慰所思，梦绕池塘草。

　　"父兄逼从仕"，知苏逊本身是不愿意去做这个小官的，是因举家衣食之忧而勉强从仕。"相与闭门寻旧学，谁言复出理官醅"，亦可知出于无奈。正因为如此，苏辙诗才勉励苏逊要安心职守，并以孔子曾做过小吏相劝勉。此典出《孟子·万章下》："孔子尝为委吏矣，曰：'会计当而已矣。'尝为乘田矣，曰：'牛羊茁壮长而已矣。'位卑而言高，罪也；立乎人之本朝而道不行，耻也。"苏辙一方面是说孔子曾为小吏，以此勉励苏逊，而其中另有深意在焉，是要苏逊向孔子学习，凡事尽职尽责。盖孔子无论做什么事，都是恪尽职责，心无旁骛，在其位则善其事，不做脱离实际之想。苏辙一生，也是如此躬行的。他的政治抱负极高，其心目中的偶像是周代的仲山甫，其《诗集传·大雅·烝民》有云："此诗言仲山甫，其始曰仲山甫之德，柔嘉维则。令仪令色，小心翼翼。古训是式，威仪是力。此与汉胡广、赵戒何异？其终曰人亦有言，柔则茹之，刚则吐之。维仲山甫，柔亦不茹，刚亦不吐。不侮鳏寡，不畏强御。此与汉汲黯、朱云何异？胡赵柔而陷于佞，汲朱刚而近于狂，如仲山甫内刚外柔，非佞非狂，然后可以为王者之佐，当天下之事矣。呜乎！非斯人，其谁与归？"虽目标如此，但他从来是脚踏实地，陈力就列，在什么位置上就做好什么事。做书记之类，将自己的文才和职守发挥到极致；做教授，对学生教导有方；做县令，半年而成就斐然；做谏官，弹劾奸佞不遗余力；做户部尚书，对全国财政了如指掌；做门下侍郎，进贤而退不肖，除弊而立新。就连在筠州监酒税，一个人做了三个人的事，他也是毫不苟且，勉力尽善。《东轩记》："然盐酒税旧以三吏共事，余至，其二人者适皆罢去，事委于一。昼则坐市区鬻盐、沽酒、税豚鱼，与市人争寻尺以自效。莫归筋力疲废，辄昏然就睡，不知夜之既旦。旦则复出营职，终不能安于所谓东轩者。"特别是元祐在朝的九年时间，治政能力卓然挺出，雷厉风行，厥功甚伟。南宋何万《苏辙覆谥议》："是以九年之间，朝廷尊，公路辟，忠贤相望，贵幸敛迹，边陲绥靖，百姓休息。君子谓公之力居多焉，信也。"苏辙的经历，苏逊心里当然十分明白的，所以一言以蔽之。"莫学"语同样是寓意深长。孟子曰："仕非为贫也，而有时乎为贫。"（《孟子·万章下》）这一句既是对"逼"苏逊从仕的委婉歉意，又要告诫苏逊千万不要因嫌官小委屈而如陶潜挂冠归去。当然，在苏辙潜意识里，何尝不希望苏逊从此步入仕途而将来有所作为。

第三首作于政和元年（1111），是送女婿曹焕赴任诗。曹焕的父亲曹九章曾做过光州知州，苏辙勉励曹焕要继承发扬父亲的美德，在任一定要注意平反冤狱，不能让百姓无辜获罪。平反，典出《汉书·隽不疑传》："每行县录囚徒还，其母辄问不疑：'有所平反，活几何人？'即不疑多有所平反，母喜笑，为饮食，语言异于他时；或亡所出，母怒，为之不食。"曹焕父早于元祐三年（1088）去世，苏辙有《祭曹演父朝议文》。是时唯其母尚在，且其母将随曹焕同赴任所，故苏辙用隽不疑遵母训平反冤狱的典故训导曹焕，要求他治狱务必公允平正，不可冤屈于人。同时，苏辙还从民风习俗的角度教导曹焕要因势利导。剽疾，语本《史记·留侯世家》："楚人剽疾，愿上无与楚人争锋。"谓楚地民风剽悍，百姓对于新任的县令拭目以待，其到任后，凡事当小心在意。提醒之余，又担心曹焕心生畏怯，于是又宽慰曹焕说也不必太过紧张，"浙水萧条咏旧恩"，是说曹焕父曹九章尝为光州太守，在光州留下的善政为百姓所铭记，自然会对你有特殊的感情，这将是你推行政令最为有利的因素。苏辙思虑之详密，情致之殷殷令人叹为观止。

三首诗虽然时地与背景有别，但主旨却是殊途同归，不外是教育子弟仕则尽力奉职，黾勉奋发，做到俯仰无愧于心。

三、心怀恻隐，体恤下情

恻隐之心本来是儒家的一贯宗旨。所谓恻隐，即同情，怜悯，主要是针对弱者而言。《孟子·公孙丑下》有云："无恻隐之心，非人也。"将有无恻隐之心提高到人与非人的区别。苏辙对《孟子》有深湛的研究，尝撰《孟子解》二十三章，他的恻隐仁爱之心无处不在。我们试举苏辙作于元祐元年（1086）的一篇短文而窥其精神境域之一斑。

乞牵复英州别驾郑侠状十八日

右臣窃见英州别驾郑侠,昔以言事获罪,投窜南荒。侠有父年老,方将献言,自知必遭屏斥,取决于父。父慨然许侠,誓不以死生为恨。而流放以来,逮今十年。屡经大赦,终不得牵复。父日益老,而侠无还期。有志之士,为之涕泣。况自陛下临御,一新庶政,凡侠所言青苗、助役、市易、保甲等事,改更略尽。而侠以孤远,终无一人为言其冤者。臣与侠平生未尝识面,独不忍当陛下之世,有一夫不获其所。是以区区为侠一言,伏望圣慈,特赐录用。使其父子生得相见,以慰天下忠直之望。

虽然大家都同情郑侠的遭遇,但却无人为之申冤。苏辙与郑侠素不相识,却挺身而出,为郑侠专上奏状,其"老吾老以及人之老"的情操感人至深。郑侠终因苏辙仗义执言的奏状而被赦归。《宋史·郑侠传》:"哲宗立,始得归。"

在国家大政方针的层面,苏辙在宋王朝与辽国和西夏的关系上一直主张和睦,对挑动边衅的种家及王韶等从来持批评态度,不仅在章奏中时时予以抨击,在其《诗集传》中也借题发挥,如《大雅·召旻》传曰:"由此观之,辟国以礼,蹙国不以礼,皆非用兵之谓也。近世小人欲以干戈侵虐四邻,求拓土之功者,率以召公借口。此楚灵、齐愍之事,桓文之所不为,而以诬召公,乌乎殆哉!"究其本源,也是出自儒家的爱人之心,知道兵家是凶器,战争的结果是给人民带来灾难。

家世的背景,使他对下层百姓的生存状况有非常直接的体察,故其一生有许多关乎百姓生存的诗文和奏札。甚至于对敌国的百姓,也充满了同情和关切。且看他元祐四年(1089)充任贺辽国生辰使写下的二十八首诗中的两首。

木叶山

奚田可耕凿，辽土直沙漠。蓬棘不复生，条干何由作？兹山亦沙阜，短短见丛薄。冰霜叶堕尽，鸟兽纷无托。乾坤信广大，一气均美恶。胡为独穷陋？意似鄙夷落。民生亦复尔，垢污不知怍。君看齐鲁间，桑柘皆沃若。麦秋载万箱，蚕老簇千箔。余粱及狗彘，衣被遍城郭。天工本何心？地力不能博。遂令尧舜仁，独不施礼乐。

作者对辽人的生存环境寄予深深同情，说辽人生活在沙漠里，其地往往草木不长，何以为生？叩问天地何以如此，让辽人艰难无托。再比较中土特别是江南鱼米之乡的自然条件，"余粱及狗彘，衣被遍城郭"，何其富庶！于是直斥上天不公，使得大宋皇帝的仁爱不能施及穷荒之地。苏辙悲天悯人的神情如在我们眼前。又如：

虏　帐

虏帐冬住沙陀中，索羊织苇称行宫。从官星散依冢阜，毡庐窟室欺霜风。春粱煮雪安得饱？击兔射鹿夸强雄。朝廷经略穷海宇，岁遗缯絮消顽凶。我来致命适寒苦，积雪向日坚不融。联翩岁旦有来使，屈指已复过奚封。礼成即日卷庐帐，钓鱼射鹅沧海东。秋山既罢复来此，往返岁岁如旋蓬。弯弓射猎本天性，拱手朝会愁心胸。甘心五饵堕吾术，势类畜鸟游樊笼。祥符圣人会天意，至今燕赵常耕农。尔曹饮食自谓得，岂识图霸先和戎？

"春粱煮雪安得饱？击兔射鹿夸强雄"，"秋山既罢复来此，往返岁岁如旋蓬。"恻隐之余，对北宋敦睦邻邦尤其是真宗时的决策再一次肯定。总北宋一朝，欧阳修、刘敞、韩琦、苏颂、王安石、宋祁、余靖、王珪、吴奎、范镇、苏辙、沈遘、陈襄、刘挚、王钦臣、彭汝砺、张舜民、刘跂等都曾使辽，且多有诗文记咏行踪。

因为苏辙对于农耕的辛苦有切身体验，所以对农夫的怜悯、体谅更加真挚而温暖，传统的劳心者治人、劳力者治于人的等级观念于他而言相对淡薄。例如他在《诗集传·魏风·园有桃》中云："园有桃，则食桃非其园之所有则不食矣。然则不耕者不可以食粟，不织者不可以衣帛。仁人君子，不得坐而治民矣。此孟子所谓许行之道，魏人则有治此说者也。夫必耕而后食，小人之所谓难也，而有人焉且力行之，尚有非之者哉？维君子忧其不可而歌谣以告人。"正因为知道稼穑之艰难，才会有如下的感人篇章。

文氏外孙入村收麦

> 欲收新麦继陈谷，赖有诸孙替老人。三夜阴霪败场圃，一竿晴
> 日舞比邻。急炊大饼偿饥乏，多博村酤劳苦辛。闭廪归来真了事，
> 赋诗怜汝足精神。

外孙文九入村主持收麦，自然要雇请当地村民。临行之时，苏辙唯恐文九不能体恤帮工的乡邻，而先予告诫。急炊大饼，是说要让村民吃饱吃好而后干活。多博村酤，是说在劳作之后，要多买些酒食慰劳村民的辛苦，考虑得何其精细！苏辙善良厚道的风貌呼之欲出，而同时也是对文氏外孙的最为直接而深刻的诗教。

次迟韵对雪

> 雪寒近可忧，麦熟远有喜。我生忧喜中，所遇一已委。平生闻
> 汝南，米贱豚鱼美。今年恶蝗旱，流民鬻妻子。一食方半菽，三日
> 已于耜。号呼人谁闻，恻恻天自迩。繁阴忽连夕，飞霰堕千里。卷
> 舒惊太速，原隰殊未被。贫家望一麦，生事如毛起。荐饥当逐熟，

西去真纳履。

这是苏辙和其长子苏迟的诗，苏迟的诗今已佚。诗因下雪而展望来年麦子当获得好收成，这固然是瑞雪兆丰年的老调，但苏辙从眼前的喜悦而回想到当年夏粮的无收，田家卖儿卖女的悲惨情景，官方没有人在乎百姓的死活，号呼无人理睬。"愍恻天自迹"是对当政者的辛辣讽刺，人间无情，而上天有怜悯恻隐之心，降下了大雪。但苏辙又担心下雪的时间是不是太短暂了，恐怕浸润还不能遍足，进而想到贫寒之家的生计都寄托在来年的麦收上，纵然丰收又何济于"毛起"的生事。这和唐代杜甫的悯农、元白乐府的为下民鼓呼的精神一脉相承。唱和苏迟的诗，把自己的悯怜下情的精神世界和盘托出，晚辈自然会从诗中获得共鸣和教益。

逊往泉城获麦

少年食稻不食粟，老居颍川稻不足。人言小麦胜西川，雪花落磨煮成玉。冷淘槐叶冰上齿，汤饼羊羹火入腹。五年随俗粗得饱，晨朝稻米才供粥。儿曹知我老且馋，触热泉城正三伏。田家有信呼即来，亭午驱牛汗如浴。吾儿生来读书史，不惯田间争斗斛。今年久旱麦粒细，及半罢休饶老宿。归来烂熳煞苍耳，来岁未知还尔熟？百口且留终岁储，贫交强半仓无谷。

这首诗最感人的是"吾儿"后数句，诗不直接说苏逊不会与佃户争利，而是从儒家传统的角度首先肯定苏逊受诗书的陶冶，禀性淳厚，不会与佃户争利，这是对苏逊先予告诫，切不可有悖于儒家仁者爱人的传统美德而争升斗之短长。接着说当年因为旱情严重麦子歉收，要苏逊只收一半租子。怕苏逊担心家中存粮不多有所犹疑，又告诉苏逊挖上一些野菜如苍耳之类也可凑合度日。自家虽然有百口之众，但计划着一年也不会挨饿。比上不足，比下已绰绰有余，要知道，那些贫穷人家大多是没有存粮的。从诗的内容看，当时苏辙一家生活也并非多么丰饶甚至有些拮据，但苏辙"烂熳煞苍耳"却又让人为之一粲。盖杜甫《驱竖子摘苍耳》有云："江上秋已分，林中瘴犹剧。畦丁告劳苦，无以供日夕。蓬莠独不焦，野蔬暗泉石。卷耳况疗风，童儿且时摘。侵星驱之去，烂熳任远适。"老杜尚且如此，我辈何尝不可。这里更有趣的是，苏逊又名苏远，而苏逊的仲兄名适。苏辙有意以此调侃，想来苏逊读到此句，定当为老父的诙谐而一笑莞尔，进而心悦诚服地按老父的吩咐去处理麦收事宜。

还有，作于政和二年（1112）夏的《喜雨》诗，显然也是告示儿孙辈的。盖苏辙是时已老病蹒跚，来日无多了（当年十月三日即下世）。

喜 雨

一旱经春夏已半，好雨通宵晓未收。气爽暂令多病喜，来迟未解老农忧。力耕仅足公家取，遗秉休违寡妇求。时向林间数新竹，箨龙腾上欲迎秋。

"寡妇"云云，语本《诗·小雅·大田》："有渰萋萋，兴雨祈祈。雨我公田，遂及我私。彼有不获稚，此有不敛穧，彼有遗秉，此有滞穗，伊寡妇之利。"苏辙《诗集传》："时雨既降，斯民急其上，先忧公田而后其私。及其成也，田有余谷，力不能尽，故以有余为鳏寡之利。"诗教本源，也于此昭然可见。迟暮残阳，依然不忘教导儿孙辈怜悯穷苦。最后两句，寄寓的是对自己儿孙辈的茁壮成长欣慰有加。读此诗句，一个善良仁爱、温润慈祥的儒者形象恍如目前。

苏辙诗集中，对晚辈有所批评的诗仅有一首，即和次子苏远的一首诗。然而，却又是那么温和而言近旨远。引而不发，跃如也。附引于此，

次远韵齿痛

元明散诸根，外与六尘合。流中积缘气，虚妄无可托。弊陋少

空明，妇姑相攘夺。日出暵焦牙，风来动危莽。喜汝因病悟，或免
终身着。更须诵《楞严》，从此脱缠缚。

以上，我们从三个方面浅论了苏辙的"诗教"，结合具体的诗篇，努力
溯其本源，析其内涵。正如前边所及，本文讨论的"诗教"，是狭义的，是
仅从苏辙的诗歌着眼，而又局限于苏辙写给晚辈或与晚辈唱和的诗歌。其
实，如果谈苏辙著作中体现的"诗教"精神，则其他著述中亦可见到，我们
将在后续的研究中再做努力。

魏了翁书院教育思想及其影响和价值

蔡方鹿（四川师范大学哲学研究所）

摘　要： 魏了翁创办蒲江鹤山书院、靖州鹤山书院，讲学授徒，著书立说，开宗立派，发展理学，在四川及中国书院史上占有重要地位。其以求仁、明人伦为教育目的，实践经学思想，既继承发扬理学，又勇于超越创新，针砭学界流弊，其教育思想颇具现代价值。

关键词： 魏了翁　书院　教育思想

2020 年是南宋著名理学家魏了翁创办鹤山书院 810 周年。魏了翁是朱熹之后继承并发展朱子学的著名人物，在宋明理学史上占有重要地位；鹤山书院是四川最著名的书院之一，历史悠久，魏了翁在此讲学授徒，著书立说，确立学派，发展理学，与叶适等著名思想家交往，培养了众多人才，在四川及中国书院史上占有重要地位。当时蒲江鹤山书院藏书十万卷，其规模之宏富，实为宋代各书院之首，甚至超过了当时朝廷秘阁所藏。魏了翁创办鹤山书院为宋代新儒学和巴蜀学术的发展做出了突出贡献，在宋明理学史、经学史、教育史和巴蜀文化发展史上产生了深远影响。因此在鹤山书院创办 810 周年之际，探讨魏了翁书院教育思想的现代价值，认真挖掘其内在的价值，吸取其可供借鉴的思想，为现代化事业和我国社会主义社会的经济建设、政治建设、文化建设、社会建设以及生态文明建设服务，在全球化背景下为中华文化的持续发展提供一定的借鉴，并对四川省文化建设具有重要意义。

一、魏了翁的书院教育活动及思想

魏了翁一生共亲手创办了两所鹤山书院，即蒲江鹤山书院和靖州鹤山书院。在办书院的过程中，他提出了自己的教育思想。

（一）执教鹤山，传播理学

开禧二年（1206），因为父母年迈患病，所以魏了翁选择辞掉京官，改任四川的地方官，陪伴父母于次年回到蒲江。

嘉定二年（1209），魏了翁父亲逝世。他守丧期间，在父亲墓地旁的蒲江白鹤冈下创建了鹤山书院。鹤山书院的创建，始于嘉定二年，完成于嘉定三年（1210）春。正值准备参加秋试的邛州学子没有讲习之所，魏了翁便把他们作为书院的第一批学生招来授业。由春至秋，经在书院学习半年后，这批学生参加类省试，上榜率极高，考中者"自首选而下拔，十而得八。书室俄空焉，人竞传为美谈"①，其中包括考取第一名即"类元"的王万里。尽管鹤山书院开办的第一年就取得了考中"十而得八"的好成绩，一下子声名远播，更多学子慕名而至，但魏了翁却认为，"是不过务记览为文词以规取利禄云尔"②。他明白现在的学生为了科举，只专注于背诵记览文章词句，而对义理却知之甚少。为了改变这种现状，魏了翁扩建书院，增修房屋，扩大了规模，修建了由叶适题字的"师立斋"。又将家中原本就有的一些藏书，以及后来他入京任秘书省正字时，将禁中书籍抄录带回的一些，并搜集寻访公家、私人所刊行之书，包括朱熹学生辅广和李方子赠送给魏了翁的朱熹的著作，共得十万卷，藏于书院的"尊经阁"内，由四川著名学者、被打入"伪学逆党籍"的刘光祖为之作记。魏了翁《书鹤山书院始末》记其事云："某又得秘书之副而传录焉，与访寻于公私所板行者，凡得十万卷，以附益而尊阁之；取《六经阁记》中语，榜以'尊经'，则阳安刘公为之记。"③ 其

---

① 魏了翁. 书鹤山书院始末［M］//鹤山全集：卷41. 四部丛刊景宋本.
② 魏了翁. 书鹤山书院始末［M］//鹤山全集：卷41. 四部丛刊景宋本.
③ 魏了翁. 书鹤山书院始末［M］//鹤山全集：卷41. 四部丛刊景宋本.

藏书量居全国书院之最，就是为了让学生能够诵读儒家经典以及理学家朱熹等人的著作，以求懂得义理是非。魏了翁阐明办书院的目的，不是为了务记览为文词以获得功名利禄，不在于科举考取率的高低，不是为科举服务的，而是为了明义理、贯彻理学明人伦的教育思想，培养品德高尚的人。

此次魏了翁讲学于蒲江鹤山书院，大概一年半的时间。到嘉定四年（1211）冬，知汉州离去，后在四川各地任地方官。

嘉定十一年（1218），魏了翁在知泸州任上，其母亲病逝。于是魏了翁回到家乡蒲江守丧三年，并在蒲江鹤山书院教书，与堂弟魏文翁、友人李坤臣一起读"三礼"等儒家经典，并带动学生们形成了一股学习热潮，师生之间教学相长，各有收获。

魏了翁在蒲江鹤山书院讲学的前后四年半的时间里，著书立说，授徒讲道，传播理学，"由是蜀人尽知义理之学"《宋史·魏了翁传》，可谓对理学传播发展的一大贡献。后来多名学子先后考中进士，桃李满天下的魏了翁也为提高蜀地的教育水平做出了突出贡献。

（二）被贬靖州，再建书院

嘉定十六年（1223），功利学家叶适去世，终结了以朱熹、陆九渊等人为代表的南宋学术的鼎盛期。第二年，宋宁宗驾崩，权臣史弥远胁迫杨皇后，拥立宁宗的远房堂侄赵昀继承皇位，即为理宗，而把原来的皇位继承人赵竑封为济王，出居湖州。其后赵竑被部分湖州兵民逼迫为帝，兵败后被史弥远逼死。之后，魏了翁对史弥远专权包办皇位废立之事表示不满，结果被朝廷革职，贬往靖州居住。

宝庆二年（1226），四十九岁的魏了翁抵达谪所靖州（今湖南省靖州苗族侗族自治县）。靖州地处偏僻，较为落后，当时居民不满四十户，但士风民俗淳朴。被贬的魏了翁人生地不熟，少了应酬，更少了公务，时间充裕的他又一次选择了教书治学。不久，当地和外地学者纷纷前来求学。于是，魏了翁在靖州城北的纯福坡修建了鹤山书院，作为教学授徒、读书治经的场所，以教授当地的少数民族之士为己任。这是魏了翁继在蒲江创建鹤山书院十六年之后亲自创办的第二个鹤山书院。靖州鹤山书院的创建，沿用了蒲江鹤山书院之名。

同时，著名理学家真德秀、理学家张栻的门人张忠恕、心学家陆九渊的后学袁甫、四川学者虞刚简等诸多学者也始终与魏了翁保持着联系。

魏了翁在偏僻的靖州教书育人，和友人进行学术交流，把比较先进的汉文化带到了苗乡侗寨，培养了当地的少数民族人才，促进了靖州文化教育的发展。其中，不少湖湘、江浙、广西的学子，不顾他已是获罪被贬之人，不远千里前来求学，其中包括陆九渊之子陆持之的门人叶元老，绥宁的戴立本，全州的滕处厚、蒋公顺，以及四川学者高斯得、程掌、虞兟等人。真可谓桃李满天下。

绍定四年（1231），魏了翁五十四岁时，朝廷恢复他的官职，但他上书请求返回家乡蒲江，而不担任职务。魏了翁流放的这五年一直在靖州鹤山书院教书。后来理宗皇帝为了表彰魏了翁的教学活动，特御书"鹤山书院"四大字为赠。这段教书经历，不仅提高了魏了翁的声望，传播了理学及其教育思想，更重要的是教育活动十分成功，甚至得到了最高统治者的重视。

而在学术研究上，魏了翁在靖州办鹤山书院期间，把儒家经典和后世对经典的解读重新整理编订，以儒学原著为依据进行解读，撰写了《九经要义》等著作。他坚持自主思考，善于反思，既批判汉学的烦琐和宋学的空洞，也不盲从理学大师的解读。他认为，读书首先要自己脚踏实地，像汉学那样对经典原文"要一字一义不放过"[1]，在对原文含义加以训诂的基础上，才能进一步像宋学那样探求经典原文所包含的道理，最终求得儒学的"活精神"，即把宋学义理与汉学训诂结合起来，分别吸收宋学重义理和汉学重训诂的长处，而克服各自的不足，并结合时代发展的需要来创新理论，发展经学。

这种思想也表现在他对儒家经典《周易》的研究上。他不仅认真把握象数的含义，也注重从这些含义中阐发儒家义理，认为"易学则义理、象数俱当留意"[2]，逐步形成了折中易学义理派与象数派的倾向，并最终完成了

---

① 魏了翁. 答巴州郭通判 [M] //鹤山全集：卷36. 四部丛刊景宋本.
② 魏了翁. 答杨次房 [M] //鹤山全集：卷36. 四部丛刊景宋本.

《周易集义》的写作。

（三）教育目的：求仁、明人伦

魏了翁从事书院教育所面临的最大课题是要解决受教育者求学的目的问题，这因科举和教育的弊端日益严重而更显得重要。他一再强调，要端正学者的求学态度，以"求仁""明人伦"为教育的目的，向学生贯输理学的价值观，使学生认识到，读书固然重要，但必须是以"求仁""明人伦"为目的。他说："圣贤之学在于求仁。"① 读书不是为了获取功名利禄。尽管人们可以做官，也可以参加科举，但不论是居官，还是求学，都必须以义理为指导，目的在于"求仁"，否则教育的目的就没有达到，培养出来的人只会给社会带来不利，从而使社会更加腐败。从学风、士风、朝风到整个社会的民风民俗，都得靠教育来维系，这是魏了翁对教育寄予的希望，也是他对教育高度重视的表现。他在企图解决教育面临的课题时，所提出的把握教育发展方向的观点，对当时的教育产生了重要影响。这不仅是对当时追逐语言文词之末的一种批判，而且强化了义理思想在教育领域的贯彻。

魏了翁培养的考取"类元"的鹤山书院著名弟子王万里即是明人伦的典范。魏了翁说："予友人王万里时为博士，应诏言事，其略有三：一曰厚风俗必本于明人伦。"② 强调明人伦的重要性，体现了教育的重要目的在于培养良好的社会风俗，而必本于明人伦。

魏了翁撰《书鹤山书院始末》，详细记述了自己建书院的目的："了翁曰，是不过务记览为文词以规取利禄云尔。学云学云，记览文词云乎哉？……退而聚友于斯，藏修息游于斯，相与诵先王之遗言，随事省察，万有一不坠厥初，以为朋友羞，尚不虚筑室贮书之意也。"③ 他称自己是"穷乡晚进"之人，虽然通过了科举，涉入官场，但过去所学未能尽信。请免官回乡，退而聚友于书院，与诸学者诵读经典之遗言及朱熹的著作。阐明其办

① 魏了翁. 上建康留守叶侍郎 [M] //鹤山全集：卷 32. 四部丛刊景宋本.
② 魏了翁. 太常博士知绍熙府朝散郎王聘君墓志铭 [M] //鹤山全集：卷 86. 四部丛刊景宋本.
③ 魏了翁. 书鹤山书院始末 [M] //鹤山全集：卷 41. 四部丛刊景宋本.

书院的目的不是为了记览文词以获取功名利禄，而是为了传播"先王遗言"，随事省察，目的在于"求仁""明人伦"，以求不失善良之本性和人的初心，即以义理思想教授学者。这就是魏了翁筑室藏书建书院讲学的目的，体现了魏了翁的书院教育思想。

二、魏了翁创办鹤山书院的影响

魏了翁创办鹤山书院，刊印理学书籍，主持书院教学，为四川培养了不少理学人物；他以书院为基地，彰明传播理学的宗旨，著书立说、讲学交流、确立鹤山学派，不仅扩大了理学在蜀地的影响，也最终使理学占据了宋代四川学术文化发展的主导地位。

魏了翁鹤山学派的创立，在巴蜀文化史上占有重要地位。鹤山学派主要由魏了翁家学和他的弟子组成，其中大部分是蜀人，或从学于魏了翁的外地学者。他们占据了南宋后期思想界的重要位置，其卓越的学术、教育活动，不仅促进了理学的发展，也促进了蜀学的发展。魏了翁集宋代蜀学之大成，享有"南方共宗鹤山老"① 之盛誉。《宋元学案》专门为鹤山学派立《鹤山学案》，给予较高评价，认为在魏了翁兄弟中，了翁闻道最早，又集诸家学术之长而发扬光大，成为魏高氏家族学术思想的带头人，即鹤山学派的代表人物。

鹤山学派中有不少当时的著名人物，如抗击蒙古军进攻、牺牲在战场上的高稼，深研学术而有成的高斯得、吴泳、税与权、史绳祖，治理有方、官居丞相的游似等。据不完全统计，鹤山学派中人物，《宋史》为之立传的就有八人，为进士（包括进士第一）者达十四人。除魏了翁以外，鹤山学派重要人物有：高载、高稼、高崇、高定子、魏文翁、高斯得、王万、史守道、程掌、吴泳、牟子才、税与权、史绳祖、游似、蒋重珍（状元）、叶元老、蒋山、滕处厚、蒋公顺、李登、许德夫、文元等。鹤山学派的学术活动和学术思想是宋代蜀学的重要组成部分，为巴蜀文化的发展做出了重要贡献。魏

① 家铉翁. 则堂集：卷 5［M］. 文渊阁四库全书本.

了翁作为鹤山学派的代表人物，在蜀学乃至整个巴蜀文化史上的地位不可低估。

魏了翁在靖州创办第二个鹤山书院时，对儒家经学做了大量的研究，著《九经要义》等经学著作，并与诸生讲经学。魏了翁的经学思想是以宋学为主，而又兼采汉、宋，实开明清之际"舍经学无理学"思想的先河。魏了翁经学思想的特色不仅在于他以宋学为主而批评汉学，而且在于他在宋学内部对宋学加以扬弃，对汉学加以吸取。其对宋学的扬弃表现在他批评宋学学者只讲义理，而不讲义理的来源、根据，脱离训诂考据，流于"束书不观，游谈无根"的弊端，使所讲义理缺乏根据。由此他主张义理从考据出，把求义理与训诂考据的方法结合起来。他对汉学的吸取表现为重视"名物度数，音训偏旁"，强调"名物度数，有一不讲，便是欠缺"①，提出"一字一义不放过"② 的重考据的思想，这是对汉学的继承，其目的在于从训诂考据中求义理，而不是为考据而考据。魏了翁指出："名物度数，音训偏旁，字字看过，益知义理无穷。"③ 他认为义理蕴藏在经典的字里行间，要掌握义理，就需要对儒家经文做一番深入细致的考据工夫。为达到此目的，在魏了翁看来，吸取汉学重训诂的长处是必要的。魏了翁兼取汉、宋的经学思想特色有对朱熹思想借鉴的因素，这预示着经学发展的方向。

也就是说，魏了翁经学思想的特点主要表现在：一是兼容汉、宋，既对汉学烦琐释经，严守师法、家法，讲灾异谶纬的流弊以及汉唐经学家"疏不破注""惟古注是从"的学风提出批评，又吸收汉学重视训诂考释的治经方法，把义理与训诂相结合，兼容汉、宋，开明末清初重考据学、文字训诂学、音韵学和校勘学的先风。二是批评宋学兴盛后出现的只讲义理而不讲义理的来源根据，把朱熹对经典的解说作为猎取功名利禄的手段的弊病，魏了翁既宣传朱学，又不盲从朱熹，而是超越朱学，勇于创新，求之于"圣经"来寻找思想理论的根据。这两个特点在经学史上影响甚大，体现了魏了翁经

---

① 魏了翁：《答丁大监》，《鹤山集》卷三四。
② 魏了翁：《答巴州郭通判》，《鹤山集》卷三六。
③ 魏了翁：《答丁大监》，《鹤山集》卷三四。

学思想的重要性。

由此出发，魏了翁提出超越朱熹，直接从儒家"圣经"中求得"活精神"，并落实到社会实践中去的思想。他说：

> 又见得向来多看先儒解说，不如一一从圣经看来。盖不到地头亲自涉历一番，终是见得不真；又非一一精体实践，则徒为谈辩文乘之资耳。来书乃谓"只须祖述朱文公诸书"。文公诸书读之久矣，正缘不欲于卖花担上看桃李，须树头枝底，方见活精神也。①

魏了翁把朱熹等先儒对经典的解说，看成是"卖花担"上的桃李，而直接从原始经典出发，才是"树头枝底"的桃李，提倡读"圣经"原文。在魏了翁看来，经典原文的重要性超过了"先儒解说"的第二手材料。这里魏了翁所谓的"活精神"，既是古经上的，又是与现实紧密联系着的。魏了翁超越朱学，直接返之于古经而求"活精神"的目的，是为了提供解决现实社会治乱问题的理论依据，通过"一一精体实践"，把圣人之道贯彻到社会生活的各个领域及百姓日用中去，而不是仅把"圣经"及先儒的解说当作"谈辩文乘之资"，却不付诸实践。魏了翁超越朱熹而求"活精神"的思想，体现了他理论联系实际，勇于创新的思想特色。

三、魏了翁书院教育思想的价值

魏了翁在教育中以继承和发扬理学为己任，针砭学界流弊，认为禁理学带来了教育界、学术界流弊盛行的恶果。虽然学界流弊早已有之，历代皆有，但"庆元学禁"之后却愈演愈烈。魏了翁指出了这种情形，他说："（理学）奚其伪而被以此名，屏不得传。于是驱一世而纳诸近功浅利之域，以渔猎为学问，以缀缉为文章，以躁切为实才，以贪刻为奉公。……夫学术

---

① 魏了翁. 答周监酒 [M] //鹤山全集：卷36. 四部丛刊景宋本.

之不明，其害乃至于此。"① 自理学被指为"伪学"，遭排斥而不得其传，当时的学风为之一变。不讲义理的后果驱使一世学子单纯追求狭隘的功利，以至造成学术不明的种种恶果。这带来了学风的猥劣、士风的败坏。虽然南宋朝廷自嘉定以来改变了过去韩侂胄禁理学的文教政策，起用了一些遭贬黜的"伪学逆党籍"人物，但这并未解决人们从思想深处去追求义理的问题。书愈多而学益弊，出现了人们只求祖述朱熹而不去领会其学术精神的新问题。剽窃揣摩之风盛行，求学的目的只是为了追求功名利禄，缺乏为国家、民众服务的精神。这种求学态度是造成学界弊病的根源，一切缀缉、渔猎、浮浅、华丽的学风和文风均源于此。于是魏了翁大力宣传和表彰理学，以使其得到广泛流传。

魏了翁抨击社会风气的腐朽、官僚士大夫的寡廉鲜耻，最后落脚到学界的流弊，认为一切根本的问题在于教育，在于学术不明、学风不正。这是魏了翁针砭学界流弊的基本立场和出发点。由于不讲义理，学术不明、学风不正，学界出现了一切以"工文艺""取科第""善权利"为价值衡量标准的弊端，以及流入佛老、陷于虚无等流弊。对此，魏了翁指出："师废而民散者乎，父诏子承，师传友习，以工文艺为儒者之巨擘，以取科第为稽古之极功，以善权利为用世之要道。间有不肯自混于俗，则入佛入老，凿空架虚。"② 由于师废民散，学界父子相承、师友相传的均是一些追求文辞不求义理、单纯为了科举、追逐权势和利益的不良风气，与理学教育的宗旨完全不符。甚至流入佛老，不讲社会治理，崇尚虚无之风。魏了翁又进一步批判了学界出现的种种坏风气，并企图寻找解决办法。他说：

> 至近世朱文公、张宣公、吕成公诸儒死，士各挟其所以溺于人者溺人，而士之散滋甚！记问，学之末也，今又非圣贤之书而虞初稗官矣；虚无，道之害也，今又非佛老之初而梵呗土木矣；权利，

---

① 魏了翁. 论敷求硕儒开阐正学［M］//鹤山全集：卷16. 四部丛刊景宋本.
② 魏了翁. 长宁军六先生祠堂记［M］//鹤山全集：卷48. 四部丛刊景宋本.

谊之蠹也，今又非管晏之遗而锥刀豪末矣；词章，伎之小也，今又非骚选之文而淫哇浅俚矣。此宜忧世之士所以悼道之湮郁而慨然有感于儒先之教，象而祠之、尸而祝之也。然而民既散矣，有士以属之；士既散矣，终不可复属邪？有书以属之。……呜呼！得孔颜之所以乐，则必不以务记览、工词章、慕虚寂为能也。①

朱熹、张栻、吕祖谦时称"东南三贤""一世学者宗师"，他们共同倡导的理学，在南宋孝宗朝盛极一时。特别是朱熹，他建立的理学思想体系，其运思之宏博、剖析之精深、逻辑之严密，达到了当时中国乃至世界文化发展的高峰。然而，一种学说发展到顶点，就必然出现弊端，开始向它的反面转化，暴露出其支离烦琐、流于形式、使学者不易掌握它的精神实质等流弊。在思想和学术发展的历史进程中，魏了翁肩负两重使命：既要批判"庆元学禁"，为确立理学在社会意识形态领域的正统地位而奔走；又要解决理学盛行后，有人不按义理办事，使"道问学"流于形式的问题，以扭转靠记诵程朱词章来猎取功名利禄的坏学风。于是，魏了翁一方面要求学者读书，读程朱和其他理学家以及儒家经典之书，以此明示士人求学方向，使其不致陷入佛老等异端，并通过士人影响民众，增强民族凝聚力，不使民众成为一盘散沙，思想失向；另一方面又强调"尊德性"，要求学者在读书的同时，"见孔孟之心"②，领会圣贤之书的精神实质，不能停留在表面"务记览、工词章"的层次上。魏了翁这种"见孔孟之心"的思想，重在"正人心"，充分肯定人心自觉，要求学者共推此心，见善而迁，有过则改，以改变学界的不良风气。这种思想与他的心学理论相结合，在一定程度上预示并体现了宋末至元明学术发展的趋势。

魏了翁的书院教育思想在教育史上占有重要地位，直至今天也具有重要

① 魏了翁. 道州宁远县新建濂溪周元公祠堂记［M］//鹤山全集：卷43. 四部丛刊景宋本.

② 魏了翁. 道州宁远县新建濂溪周元公祠堂记［M］//鹤山全集：卷43. 四部丛刊景宋本.

的现代价值。魏了翁和其他理学家以书院为基地，通过师生传授和讲学而发展流传起来的理学，代表了宋代教育发展的主要方向。尤其在被最高统治集团定为官方学术之后，科举考试非理学不用，这就大大加速了其在教育领域的贯彻推行。由于宋代教育普及，又通过教育把理学从官僚士大夫阶层推广到整个社会，进而在一定程度上改变了社会的面貌。这种教育、学术、科举、政治相互统一、相互作用的现象，反映了宋代文化乃至中国古代文化发展的一种基本事实。

魏了翁从事书院教育活动与当时的时代背景分不开。在办教育的过程中，他首先批判了最高统治集团对理学的压制，认为这是造成"正学"湮没的根本原因。他向宁宗皇帝建议，为了开阐"正学"，就得提倡理学。由于他的不懈努力，理学在教育中的影响日益扩大，其社会地位也不断提高。他本人讲学的鹤山书院被理宗皇帝面赐御书"鹤山书院"为赠，这是理学及理学教育逐步被最高统治者接受的一个信号。

魏了翁批评教育界"工文艺""取科第""善权利"的不良学风，重视义理，以"明人伦"和"求仁"为教育目的的思想对现代社会的教育具有重要的借鉴意义，这体现了其书院教育思想的现代价值。《国家中长期教育改革和发展规划纲要（2010—2020 年）》（以下简称《纲要》）的第二章之（四），明确提出"坚持以人为本、全面实施素质教育是教育改革发展的战略主题"，为达此目的，要求做到"坚持德育为先，立德树人"。魏了翁不以通过科举而获取功名利禄为目的，而是重视义理，着眼于提高人的道德素质，树立为社会民众服务的精神，以"求仁""明人伦"为目的的教育观与新时代的教育改革发展的主题有相契合之处，值得吸取。

《纲要》的第二章之（四）指出："着力提高学生服务国家服务人民的社会责任感、勇于探索的创新精神和善于解决问题的实践能力"，这些也正是魏了翁的教育思想所大力提倡的。魏了翁主张"观民以察我道"①，"利民之事，知无不为"②。提出为民、利民，而不是为了一己之私。并强调创新，

---

① 魏了翁. 周易要义：卷 2 下［M］. 清传是楼抄本.

② 《宋史·魏了翁传》

不拘泥于成说，指出："又见得向来多看先儒解说，不如一一从圣经看来，盖不到地头亲自涉历一番，终是见得不真。又非一一精体实践，则徒为谈辩文乘之资耳。来书乃谓'只须祖述朱文公诸书'。文公诸书读之久矣，正缘不欲于卖花担上看桃李，须树头枝底，方见活精神也。"① 魏了翁不同意只须祖述朱熹的观点，主张不停留在朱熹对经典的解说上，不以先儒的解说为标准，而是强调创新，以原典为诠释的文本依据，在读原典并付诸实践的过程中，发掘适应社会发展所需要的新思想。

《纲要》（三十二）条在论及创新人才培养模式时，把"注重知行统一"放在重要位置，以形成各类人才辈出、拔尖创新人才不断涌现的局面。在这方面，魏了翁真知与笃行相结合、知行相互促进的思想恰与《纲要》的精神吻合。他说："于躬行日用间随处体验。须是真知得，便能笃行之，得力则所知益明。"② 魏了翁主张在躬行日用间随处体验所学之知。在知与行的关系上，魏了翁强调，笃行与真知是不可分割的，真知便能笃行，离开了笃行的知，不是真知；行之得力，则所知益明。这里，魏了翁表达了两层意思：一是知行结合，双方不相脱离；二是知行互相促进，由知带行，以行促知，使知更加明白。魏了翁重视笃行，以是否躬行践履作为是否真知的要素，从知行结合、相互促进的思想出发，批评了知行脱离、只知不行、行不所知的学风。他说："若书自书，人自人，说自是说底，行自是行底，则全不济事。"③ 针对当时士大夫中存在的读儒家圣贤之书而实际并不按义理办事，口头说一套，行的是另一套的坏风气，魏了翁指出，要把学习与实行结合起来，不得口是义理，心怀异端和私利，把圣人之学作为升官晋级、装饰门面的工具。如果书本脱离实践，行为违背义理，导致知行背离，行不遵学，那将与世无补，与民无益。这反映了魏了翁知行统一的思想对现实生活的干预，也体现了其现代价值。

---

① 魏了翁. 答周监酒 [M] //鹤山全集：卷 36. 四部丛刊景宋本.
② 魏了翁. 答朱择善 [M] //鹤山全集：卷 35. 四部丛刊景宋本.
③ 魏了翁. 答朱择善 [M] //鹤山全集：卷 35. 四部丛刊景宋本.

朱震易学的传承、诠释及其思想意义

姜海军（北京师范大学历史学院）

摘 要： 朱震是两宋之际重要的易学家，是二程的再传弟子，他长期钻研易学，并撰有《汉上易传》一书。朱震易学在两宋时期具有承上启下的重要意义，它一方面继承并发展了二程理学化易学，另一方面也将北宋时期流行的图书易学、史学化易学、理学化易学等都做了系统而全面的整合，从而形成了具有集大成特色的易学体系，由此推动了宋代易学的传承与发展。

关键词： 朱震 宋代易学 宋代思想史 易学史

朱震（1072—1138），字子发，荆门军（今湖北荆门）人。受业于上蔡先生谢良佐，为二程再传弟子，创汉上学派，学者称为汉上先生。《宋史》本传称朱震"经学深醇"，尤其精于《易》学。政和进士，累官翰林学士。南渡以后，由赵鼎推荐，高宗问对《易》与《春秋》。绍兴中谢病而归，潜心《易》学，著有《汉上易传》。朱震在宋代易学发展历程中扮演着重要角色，他通过《汉上易传》一书不仅梳理、传承了义理与象数易学的成就，而且借此表达了自己的易学观、易学思想，成为两宋之际颇为重要的易学家。对于朱震易学已经有学者做了一定的研究①，不过，基于前人的成就，从易

---

① 冒怀辛. 朱震的生平及其《汉上易传》中的象数学 [M] //黄寿祺，张善文. 周易研究论文集：第3辑. 北京：北京师范大学出版社，1990：360-396；唐琳. 朱震的易学视域 [M]. 北京：中国书店，2007；萧汉明. 论朱震易学中的象数易 [C] //易学与儒学国际学术研讨会论文集（易学卷），青岛：[出版者不详]，2005：150-161；陶英娜. 朱震易学哲学探微 [D]. 济南：山东大学，2016.

学史、思想史的角度来深入分析他的易学依然有重要的意义。

一、建构易学传承谱系，以象数为正统

朱震在易学的传承、诠释上有着自己独到的理解。他在《进易表》中梳理了自孔子之后易学发展的历史及脉络，建构了一个以陈抟为宗师的宋代象数易学传承谱系。如他说：

> 商瞿学于夫子，自丁宽而下，其流为孟喜、京房。喜书见于唐人者，犹可考也。一行所集房之《易传》，论卦气、纳甲、五行之类。两人之言，同出于《周易》《系辞》《说卦》，而费直亦以夫子《十翼》解说上下经，故前代号《系辞》《说卦》为《周易大传》。尔后，马、郑、荀、虞各自名家，说虽不同，要之去象数之源，犹未远也。独魏王弼与钟会同学，尽去旧说，杂之以庄、老之言，于是儒者专尚文辞，不复推原《大传》天人之道，自是分裂而不合者七百余年矣。
>
> 国家龙兴，异人间出。濮上陈抟以《先天图》传种放，放传穆修，修传李之才，之才传邵雍。放以《河图》《洛书》传李溉，溉传许坚，坚传范谔昌，谔昌传刘牧。修以《太极图》传周敦颐，敦颐传程颐、程颢。
>
> 是时，张载讲学于二程、邵雍之间，故雍著《皇极经世》之书，牧陈天地五十有五之数，敦颐作《通书》，程颐述《易传》，载造《太和》《三两》等篇。或明其象，或论其数，或传其辞，或兼而明之，更唱迭和，相为表里，有所未尽，以待后学。①

在朱震看来，孔子易学经过子夏传承到汉代，展现为孟喜、京房等人的象数易学，这便是易学的真谛所在，而王弼义理易学则改变了这一局面，以

---

① 朱震. 汉上易传：汉上易传表 [M]. 北京：九州出版社，2012：1.

至于王弼义理易学成了汉唐之际流行的研究范式。宋代陈抟图书易学则接续了中古时期被中断的易学正统，随后图书易学经过陈抟、种放、穆修、李之才、邵雍、李溉、许坚、范谔昌、刘牧、周敦颐、二程等人相继传承，从而呈现出宋代易学大兴的局面。朱震基于对象数易学的推崇，而建构了全新的易学谱系，实则是将汉代象数易学、宋代图书易学视为易学正统，对此正如萧汉明所言："朱震通过象数推本溯源，从表象上看，是对易学史的上溯性考察；而就其深层意义上看，其目的则在于证明汉代象数与宋代图书在《易》中的合理性与合法性。"① 进而言之，这种谱系的建构实则是为朱震易学体系的建构提供学理上的依据。

在朱震的易学传承谱系之中，他将象数易学作为易学之正统，并将二程、张载等倡导义理易学的学者也纳入其中。此外，更是将隐居华山的道士陈抟作为宋代易学的创始人，并将《先天图》《太极图》《河图》《洛书》等都归之于陈抟。尽管朱震被有的学者视为"中国易学史上，对图书之学的传授进行系统整理的第一人"②，但朱震这种基于对象数易学的偏爱而建构的易学传承谱系，遭到了很多学者的质疑，比如清人全祖望就曾说："汉上谓周、程、张、刘、邵氏之学出于一师，其说恐不可信。"③ 毕竟，根据《程氏遗书》的记载，二程对象数易学并不感兴趣，如程颢曾说："尧夫（指邵雍）欲传数学于某兄弟，某兄弟那得工夫？要学须是二十年工夫。"程颐也曾说： "某与尧夫同里巷居三十余年，世间事无所不问，惟未尝一字及数。"④

不过，从朱震所建构的这种易学传承谱系，可以看出他本人对图书易学及象数易学的偏好。他甚至将《河图》《洛书》等易图置于义理易学之前，以强调图书之学的重要意义，而这对于两宋之际图书易学的传承与发展有重

---

① 萧汉明. 论朱震易学中的象数易 [C] //易学与儒学国际学术研讨会论文集（易学卷），青岛：[出版者不详]，2005：154.
② 唐琳. 朱震的易学视域 [M]. 北京：中国书店，2007：96.
③ 黄宗羲，全祖望. 宋元学案：卷 37 [M]. 陈金生，梁运华点校. 北京：中华书局，1986：1253.
④ 程颢，程颐. 二程集：外书卷 12：吕氏杂志 [M]. 北京：中华书局，1981：444.

要的推动作用，尤其是对朱熹《周易本义》将《河图》《洛书》放在《周易》之前有重要的启示意义。胡渭评曰：

> 《周易》古经及注疏，未有列《图》《书》于其前者。有之，自朱子《本义》始。《易学启蒙》，属蔡季通起稿，则又首本《图》《书》，次原卦画，遂觉《易》之作全由《图》《书》，而舍《图》《书》无以见易矣。学者溺于所闻，不务观象玩辞，而唯汲汲于《图》《书》，岂非易道之一厄乎？①

胡渭认为《河图》《洛书》首次由朱熹放在易学著述之前，使得河洛之学成为易学研究的先导。当然，胡渭的这种说法并不确切。按：朱熹《周易本义》成稿于孝宗淳熙四年（1177），《易学启蒙》成书于十三年（1186）。而朱震《汉上易传》三书则早在高宗绍兴五年（1135）就已经成书并进献给朝廷了。由此可见，首先将《图》《书》置于易学著述之前的是朱震。在他之后，越来越多的学者将《图》《书》视为易学的本源而加以着重研究，甚至"不务观象玩辞，而唯汲汲于《图》《书》"。由此可以说，朱震推动了宋代图书易学的传承与发展，为朱熹易学的形成奠定了重要的学术思想基础，更是开启了易学研究的新范式。

朱震重视图书之学，尤为推尊刘牧图书易学的观点。刘牧曾继承陈抟易学，对其二图加以区别，前者为《河图》，后者为《洛书》，由此创立了河洛之学，被称为"图九书十"或"河九洛十"说，而同出于陈抟的邵雍则与之相反，主张"河十洛九"。受到刘牧等人的推动，河洛之学盛行一时，以至于刘牧对宋代易学的影响要远超过邵雍，甚至"南宋的易数学基本上是对北宋刘牧、邵雍二家学说的阐述或改造，没有大的创新"②。南宋初年，朱震作《汉上易传》。尽管他强调自己的易学是"和会邵雍、张载之论"，但却力主九为河图、十为洛书，极为推崇刘牧河洛之学，而非邵雍图书之

---

① 胡渭. 易图明辨：卷1 [M]. 王易等整理. 成都：巴蜀书社，1991：2.
② 王铁. 宋代易学 [M]. 上海：上海古籍出版社，2005：3.

学。"刘牧《钩隐》之名,朱震子发《易传》,亦依刘牧九数之图,十数之书,列于《易图》之首。邵子之学直至乾道、淳熙间,朱子始推尊之。然信从者寡,亦未盛行于世也。"① 其实,不仅朱震如此,当时还有南宋初年的宰相张浚(1097—1164)作《紫岩易传》,虽然以义理派易学为本,但其卷末《读易杂说》在论及《河图》《洛书》之时,也皆以刘牧之说为本。

总之,朱震在其易学著述之中,梳理了从孔子之后易学发展的脉络。他重视象数易学,尤其强调图书之学,其目的就是突出象数、图书乃易学发展的正统,这样就为朱震基于以往象数易学的成就,兼采众长,建构系统的易学体系提供了学术铺垫。可以说,朱震对象数易学的推崇极大地推动了当时象数易学尤其是图书之学的发展,正如有的学者所言:"朱震起于南宋,独标象数之帜,尽管没有突出的创造,但他综合前人的象数学的成就,做了自己的阐发。他的《易》图之多,开创了后代许多《易》学家大画其五花八门《易》图的先例。"②

二、"以程伊川为宗",传承二程理学化易学

宋人冯椅引述晁公武的话,认为朱震易学"以程伊川为宗"。的确,在朱震的易学诠释中,大量引述二程的理学或其易学思想,如:

> 枉尺直寻,未有能直人者也。故曰比之自内,不自失也。《易传》曰:"士之修己,乃求上之道,降志辱身,非自重之道也。故伊尹、武侯救天下之心非不切,必待礼至而后出也。"③

> 兑为决,三、五相易成夬,故曰"夬履"。或曰:六三不正,何以用之?义取柔济刚也。《易传》曰:"古之圣人居天下之尊,

---

① 吴澄. 易纂言外翼 [M]. 上海:上海古籍出版社,1990:80.
② 冒怀辛. 朱震的生平及其《汉上易传》中的象数学 [M] // 黄寿祺,张善文. 周易研究论文集:第 3 辑. 北京:北京师范大学出版社,1990:391.
③ 朱震. 汉上易传《卷 1 比》[M]. 北京:九州出版社,2012:33.

明足以照，刚足以决，势足以专，然未尝不尽天下之议。"①

是以君子艰贞。圣人言此明天地将闭，上下各复其所，虽有圣智，莫能止也。《易传》曰："理当然者天也，众所同也。泰既过中，则变矣。"②

纵观《汉上易传》对六十四卦的注解，引用程颐的"《易传》曰"之处，有一百条之多，所言多是社会政治理念与个人道德修养。这正如他在《进易表》中所说"以《易传》为宗，和会雍、载之论"。朱震引用《伊川易传》旨在进一步强化其易理、思想的合理性与可行性，以提升其学说的权威性。

实际上，朱震对于程颐易学的尊崇，很大程度上来说，与程颐在解释易学的时候义理、象数兼采有直接的关系。程颐在王弼言意之辨的基础上，对言、象、数、意四者之间的关系做了自己的理解，他认为：

有理而后有象，有象而后有数。《易》因象以明理，由象而知数。得其义，则象数在其中矣。必欲穷象之隐微，尽数之毫忽，乃寻流逐末，术家之所尚，非儒者之所务也。管辂、郭璞之徒是也。理无形也，故因象以明理。理既见乎辞矣，则可由辞以观象。故曰：得其义，则象数在其中矣。③

程颐将"意"替代为"理"，认为它不仅是《易》学的本体，也是理学的本体。理是象和数产生的根源，象和数都是理所展现的形式，而数又是象的展现形式，所谓"有理而后有象，有象而后有数"，象和数所要表达的意义都凝聚在辞中。在程颐看来，易学的目的就在于探讨"理"的存在，所以

---

① 朱震. 汉上易传：卷 1 [M]. 北京：九州出版社，2012：40.
② 朱震. 汉上易传：卷 2 [M]. 北京：九州出版社，2012：43.
③ 程颢，程颐. 二程集：卷 9 [M]. 北京：中华书局，1981：615.

只要借助对卦爻辞的分析就可以探知象和数所要表达的理。① 朱震推崇程颐易学，一方面因为他为程颐后传弟子，更为主要的是，程颐易学兼及象数、义理两个维度，通过"理"统合了以往象数、义理之间的分立状态。如程颐一样，他用《周易》中的太极解释"理"："易有太极，太虚也。……自万物一源观之，谓之性；自禀赋观之，谓之命；自通天地人观之，谓之理。三者一也。"② 朱震将太极解释为"理"，并将"性""命""理"视为具有本体意义的、异名同实的概念。这样一来，"理"不仅是朱震易学中的最高范畴，更是其宇宙论、人性论中具有本体意义的核心范畴。

可以说，朱震借助《程氏易传》来作为其易理、思想的佐证或曰结论，这充分体现了朱震对程颐易学及思想的尊崇。更为主要的是，朱震对程颐易学的尊崇，实则是对其理学的肯定与继承，所以在朱震《汉上易传》中"理""天理"始终是其易理、思想的本原，如曰：

> 万物散殊，各有其理，而理则一。圣人视四海之远、百世之后如跬步如旦暮者，通于理而已。惟烛理明，则能明乎同人之义。然非克己行之以健，不蔽于欲者，不能尽其道，克己则物我一矣。文明以健，然后中正无私，靡所不应，天下之志通而为一。夫同人之义，以四言该之：文明也，健也，中也，正也。以一言尽之，正而已矣。不正则烛理必不明，行己必不刚，施诸人必无相应之理，反求于心不能自得，其能通天下之志乎？故曰："文明以健，中正而应，君子正也。唯君子为能通天下之志。"此合二五两体以言同人之才也。③

> 天阳地阴，鬼神者，天地之大用；人也者，参天地而行鬼神者也。天地也，鬼神也，人也，以分言之则殊，以理言之则一。故观

---

① 姜海军. 程颐《易》学思想研究：思想史视野下的经学诠释［M］. 北京：北京师范大学出版社，2010：124.
② 朱震. 汉上易传：卷 9［M］. 北京：九州出版社，2012：254.
③ 朱震. 汉上易传：卷 2［M］. 北京：九州出版社，2012：48.

日月之进退，则知天地之亏益矣。观山川之高卑，则知地道之变流矣。观人事之得丧，则知鬼神之祸福矣。①

在这里，朱震将"天理"视为宇宙万物、人伦道德的本原，他认为万物不同，各有其理，但也有统一的天理，所谓"万物散殊，各有其理，而理则一"。在他看来，明理旨在成就圣人之德，体认天理，与天地万物为一体。在这里，他也提到了体认天理、成就圣人之德的方法：克己、寡欲，而这其实也是对程颐工夫论的继承与弘扬。

总之，朱震易学旨在以程颐《伊川易传》为根本，融合邵雍、张载的易学理论，包容古今各家易说以成一家之言，以程颐所言的"理"来统合诸家诸派，对此正如有的学者所言："《汉上易传》的目标，就是要实现象数与义理的统一，使道离的状态复合为一。"② 朱震对程颐理学化易学的推崇，实际上与两宋之际新学、洛学之争有直接的关系，他此举对于弘扬洛学派易学及理学有重要的学术意义、现实价值。尽管朱震易学兼采众长，但没有专门就二程理学化易学做深入而系统的传承，以至于朱熹《伊洛渊源录》并没有将他视为程门正统传人。

三、以《易传》为宗，会通古今诸家易学

朱震推崇象数易学，而反对王弼等人的义理易学，希望自己能够兼采众长，以《易传》为宗，传承象数易学。对此，他在《进易表》中对其易学旨趣做了明确的表达，其文曰：

臣顷者游宦西洛，获观遗书，问疑请益，遍访师门，而后粗窥一二。造次不舍，十有八年——起政和丙申，终绍兴甲寅，成《周易集传》九卷、《周易图》三卷、《周易丛说》一卷。以《易传》

---

① 朱震. 汉上易传：卷 2 [M]. 北京：九州出版社，2012：53.

② 萧汉明. 论朱震易学中的象数易 [C] //易学与儒学国际学术研讨会论文集（易学卷），青岛：[出版者不详]，2005：146.

为宗，和会雍、载之论，上采魏吴晋元魏，下逮有唐及今，包括异同，补苴罅漏，庶几道离而复合，不敢传诸博雅，姑以自备遗忘，岂期清问俯及刍荛。昔虞翻讲明秘说，辨正流俗，依经以立注，尝曰："使天下一人知己，足以不恨。"而臣亲逢陛下曲访浅陋，则臣之所遇过于昔人远矣。①

朱震对象数易学颇为倾心，他的易学特点如其所言"以《易传》为宗，和会雍、载之论，上采汉魏吴晋元魏，下逮有唐及今"，亦即他要发扬《易传》中《系辞》《说卦》象数易学的思想，通过整合邵雍所代表的图书易学与张载的义理易学，并且吸收汉代以来诸家之说，从而形成基于象数之学的易学思想体系，成就一家之言。

朱震重视象数之学，不仅认为易学实则为象学，也认为圣人孔子解易多借助象数而为，如其所言：

> 易者，象也。有卦象，有爻象。"《彖》也者，言乎象者也"，言卦象也；"爻动乎内"，言爻象也。夫子之《大象》，别以八卦取义，错综而成之。有取两体者，有取互体者，有取卦变者，大概《象》有未尽者，于《大象》申之。②

朱震将《周易》卦爻看成物象的汇集，而《象传》则是解读物象之义的，《大象》也是兼采象数、义理解读《周易》。总之，朱震认为《周易》的根柢在于象数，思想义理便是象数之学的内涵所在。为此，他汲取了汉唐以来诸家诸派的易学思想，对《周易》进行解读。如：

> 安贞之吉，应乎地之所以无缰也，故曰"安贞吉"。张载曰："东北丧朋，虽得主有庆，而不可怀也。"虞翻以月之生死论之，

---

① 朱震.汉上易传：汉上易传表 [M].北京：九州出版社，2012：1-2.
② 朱震.汉上易传：卷1 [M].北京：九州出版社，2012：2.

曰："从震至乾，与时偕行，消乙入坤，灭藏于癸，坤终复生，阴阳之义配日月。"其大致则同。①

关子明曰："乾来内坤往外，则君子辟，小人阖，故名之曰泰；反是名之曰否。"作《易》者，其辟君子而通小人之阖也，故以君子名其卦。在卦气为正月，故《太玄》准之以达交。②

二者，君之位。《春秋传》晋文公将纳王，使卜偃筮之，遇大有之睽，曰"吉，遇公用亨于天子"之卦，"战克而王享，吉孰大焉"？杜预曰："大有九三爻辞也。"则卜偃时，读《易》作公用亨于天子，杜预亦然。京房曰："享，献也。"干宝曰："享，燕也。"姚信作享祀。义虽小异，然读为享则同。今从旧读。③

衰，郑、荀诸儒读作捈，取也。《字书》作掊。山在地中，则高者降而下，卑者升而上，高卑适平。刘表曰："谦之为道，降己而升人者也。"④

朱震对古今尤其是汉唐以来诸多易学家如子夏、京房、郑玄、虞翻、荀爽、王弼、王肃、关朗、杜预、孔颖达、李鼎祚、王昭素、胡旦、邵雍、张载、程颐等人的解释多有采摭，对老子、庄子、荀子、列子等人的思想也做了采纳，充分体现了他在易学解释上兼采众长、择善而从的特征。从内容的解读来看，朱震不仅注重象数，也注重义理；不仅注重考据，也注重易理、思想。换言之，朱震解易广征博引，浩瀚博大。当然，由于他缺乏对各家各派的融会贯通，没有完成各种思想的整合，使得其《易传》显得颇为博杂。

另外，在易学解释的方法上，朱震也是兼采众说，如有爻位说、互体说、卦变说、卦气说、纳甲说等，以期从多种角度解读《周易》经传。例如：

---

① 朱震. 汉上易传：卷1 [M]. 北京：九州出版社，2012：10.
② 朱震. 汉上易传：卷2 [M]. 北京：九州出版社，2012：41.
③ 朱震. 汉上易传：卷2 [M]. 北京：九州出版社，2012：52.
④ 朱震. 汉上易传：卷2 [M]. 北京：九州出版社，2012：54.

四以五为外，内外相形，而后有者也。六四当位，不内比于初，绝其系应，外比于五，守正不动，则相比以诚矣，故贞吉。五以德言之，刚健中正，贤也。以位言之，君上也。以正比贤，以臣比君，外比之所以吉欤？《易》曰："东北丧朋，安贞吉。"六四之谓乎？①

是以日月会为牵牛，万物成于艮，故曰"天地以顺动，故日月不过，而四时不忒"。此以九四互体论坤震之义也。坎为律，刑罚也。坤为众民也，艮止也。圣人之动，必顺乎万物之理，法之所取，必民之所欲也，法之所去，必民之所恶也。故法律止于上，刑罚清简也。众止于下，民服从也。故曰"圣人以顺动，则刑罚清而民服"。此以互体之坎变艮推广坤震，以尽豫之义也。②

不曰"乾行"者，周而复始也。纳甲之说，乾纳甲子、甲寅、甲辰，而壬在其中；纳壬午、壬申、壬戌，而甲在其中。坤纳乙癸亦然。《易传》曰："后之治蛊者，不明乎圣人先甲后甲之戒，虑浅而事近，故劳于革乱，而乱不革，功未及成而弊已生矣。"③

朱震在解释易学的方法上，兼采众长，从不同角度包括象数、义理等对卦爻进行深入分析，尤其对汉代易学解释中的卦变说颇为推崇，这为他解读《周易》、建构新易学思想体系提供了学术思想资源。朱震所采集并运用的这些方法，从时间跨度上涉及了从先秦到宋代，遍及古代易学解释的诸多方面，其目的就是要建立一个集众家易学为一体的新易学体系，乃至儒学体系。对此，正如有的学者所认为的，朱震易学的目的，"就是以太极为易学之最高范畴，将汉唐的元气论与北宋时期的体用论思想结合；以象数为易学研究之基础，以'变'为核心，统领古今易学提出的各种象数体例；以卦图为解释易学的工具，融北宋图书学与汉代象数学于一炉；以义理为易学之归

---

① 朱震. 汉上易传：卷 1 [M]. 北京：九州出版社，2012：34.
② 朱震. 汉上易传：卷 2 [M]. 北京：九州出版社，2012：56-57.
③ 朱震. 汉上易传：卷 2 [M]. 北京：九州出版社，2012：64.

宿，吸收了传统儒家和北宋新儒学思想"①。当然，不能否认的是，朱震这种博杂的方式，也使得彼此牵合之处甚多。正如元人胡一桂所说："变、互、伏、反、纳甲之属，皆不可废，岂可尽以为失而诋之？观其取象，亦甚有好处，但牵合处多，且文辞繁杂，使读者茫然不能晓会，看来只是不善作文尔。"②

总之，朱震身处两宋之际易学大发展的时期，这一时期象数易学、义理易学齐头并进，互相角力，但实际上各家各派并非绝对对立，而是在发展过程中互相汲取对方的思想与方法。但在实际发展过程中，象数易学尤其是汉代象数易学受到忽视，朱震希望整合汉唐象数易学以及宋代义理易学、图书易学，重建新的易学体系，正如有的学者所言："《汉上易传》在形式上融象、数、图、辞于一体，在内容上融汉唐象数学与北宋先天河洛之学为一炉。象数与义理俱足，图文并茂的成书体例，提升了易学的思辨性。"③ 何况，随着王安石变法的失败，王安石《易解》所代表的官方易学及其新学也受到了质疑，在这种情形下就需要新的易学、儒学出现，朱震作为二程再传弟子，希望在推崇二程易学的基础上兼采众长，弘扬理学化易学。

四、以史证易，推动史事派易学的发展

朱震易学解释的起点尽管是注重象数之学，并兼采义理之学，而其易学的落脚点最终在于传承理学、弘扬易学经世致用的精神，所以他在易学解释的过程中多次就人伦道德、社会政治发表自己的看法，如：

> 君子自克，人欲尽而天理得则诚，诚则化物无不应。有不应焉，诚未至也。上六极谦至柔，九三当应，止于下而不来，

① 唐琳. 朱震的易学视域 [M]. 北京：中国书店，2007：14.
② 永瑢，等. 四库全书总目：汉上易集传提要 [M]. 北京：中华书局，1965：9.
③ 孙小迪. 易学图象思维中的乐律阐释：朱震《汉上易传》卦图中的乐律思想探析 [J]. 当代音乐，2016（10）：1.

故鸣。①

可以说，朱震借助易学诠释，不仅充分表达了他对天理的认知与体悟，更是针对修身明德、治国理政发表了很多自己的看法。如他强调修德明理要有"诚""寡欲"等。

朱震不仅借助易学诠释的形式，就人伦道德、纲常名教发表自己的看法，更是通过"以史证易"，亦即杂引诸多的历史史实来论证自己的思想，如：

> 《易传》曰："膏泽不下，威权已去，而欲骤正之，求凶之道也。"鲁昭公、高贵乡公之事是也。若盘庚、周宣修德用贤，复先王之政，诸侯复朝，以道驯致，为之不暴，又非恬然不为。若唐之僖、昭也，不为则常屯，以至于亡矣。②

> 封建自上古圣人至于三代不废，享国久长。秦罢侯置守，二世而亡，此封建不可废之验也。患封建不得其道耳。得其道者，建万国是已。夏承唐虞，执玉帛者万国。成汤之时，七千七百七十三国，成周千八百国。而夫子必曰：建万国者众，建诸侯而少其力也。众建则多助，少其力则易制。观此，则周官诸侯之制，疑若非周公之意也。③

> 究其所以然，则知救之之道；虑其将然，则知备之之方。一日、二日至于三日，虑之深，推之远，故能革前弊，弥后患，久而可行。图始者至矣！汉尝削诸侯之地矣，唐尝讨弑君之贼矣，令下而兵起，言出而祸随，昧治蛊之道也。④

---

① 朱震. 汉上易传：卷2 [M]. 北京：九州出版社，2012：55-56.
② 朱震. 汉上易传：卷1 [M]. 北京：九州出版社，2012：18.
③ 朱震. 汉上易传：卷1 [M]. 北京：九州出版社，2012：33.
④ 朱震. 汉上易传：卷2 [M]. 北京：九州出版社，2012：64.

朱震在其易学解释中多借助古代的历史史实来证明其思想的正确性，比如他在谈论为君之道的时候就用鲁昭公、高贵乡公不重民生，导致了权丧身死的局面，相反盘庚、周宣王等人则以民为本、注重修德，以至于中兴了先王的事业。另外，朱震还借用历史史实来证明治国理政当注重封邦建国，他认为夏商周就是因为广泛地封邦建国，所以享国时间久远，而秦朝废除封建制，以至于"二世而亡"。在朱震所引用的史实中，多以为政之道、道德修身为主，这在某种意义上来说是对程颐"以史证易"思想的继承与发展。

朱震注重易学解释中历史史实的融入，这其实也是对程颐"以史证易"方法的继承与发展，此举更是推动了两宋之际史事派易学的发展。四库馆臣在《四库全书总目》中将中国古代易学发展总结为两派六宗，其文曰：

> 《易》之为书，推天道以明人事者也。《左传》所记诸占，盖犹太卜之遗法。汉儒言象数，去古未远也。一变而为京、焦，入于禨祥；再变而为陈、邵，务穷造化，《易》遂不切于民用。王弼尽黜象数，说以老、庄；一变而胡瑗、程子，始阐明儒理；再变而李光、杨万里，又参证史事，《易》遂日启其论端。此两派六宗，已互相攻驳。[1]

四库馆臣认为古代易学的发展当为两派，即象数派、义理派，而象数派又分为占卜、禨祥、造化三宗，义理派又分为老庄、儒理、史事三宗。其中，义理派中的史事宗，在胡瑗《周易口义》、程颐《程氏易传》中都有体现。朱震"以史证易"的解易方法中，甚至多次直接借用程颐所言，更是将经世济用服务于现实政治作为基本宗旨，对此，正如有的学者所认为的：

> 朱震宗法《程氏易传》以史事阐释易理，故其常直接引用《程氏易传》作为史料来源，自述史事也俯首可得，比比皆是。从

---

① 永瑢，等．四库全书总目：经部 [M]．北京：中华书局，1965：1.

材料的选取上看，以上古、三代之事居多，近世史事多以正、反面结合论证，主题大多围绕伦理展开。①

可以说，朱震"以史证易"基本上继承并发展了程颐的思想及成果。虽然四库馆臣认为李光、杨万里注重"以史证易"，是史事易学的代表，但实际上这离不开程颐的开启，更离不开朱震的继承与推动，从而形成了南宋初年李光、杨万里等所代表的史事易学一宗。换言之，在宋代史事宗易学的发展中，朱震是上承胡瑗、程颐，下启李光、杨万里的重要学者。

可以说，朱震作为宋代易学发展历程中非常重要的学者，他的易学解释采取了孔子之后所出现的各种解易方法，其目的便是要最大限度地解读易理及圣人之道。"以史证易"作为易学解释中最为重要的方法之一，自然也为他所继承发展。他与程颐一样，运用上古三代的历史史实以证明他们所提出的为政之道、道德修身的重要性、必要性及合理性，由此进一步推动了史事派易学的发展，更是由此进一步传承、深化了理学化易学的发展，促使二程洛学在两宋新学、洛学之争中最终胜出，成为南宋时期易学的主导。

结 语

总而言之，朱震作为两宋之际重要的易学家，鉴于当时易学发展重视哲理而忽视象数、图书易学的现实，从孔子《易传》开始重新梳理并建构了基于象数易学的传承谱系，由此肯定了象数易学的正统性、合理性，推动了象数易学、图书易学尤其是汉代象数易学的传承与发展。正如萧汉明所言："在汉代象数易学长期湮没无闻的背景下，有朱震出而复振其学，其有功于汉易实有胜于唐代李鼎祚的《周易集解》。"② 更为主要的是，朱震以此为基础，重建了基于象数易学的易学集大成体系。可以说，朱震重视象数之学，同时兼采义理之学，这种易学解释的思想与方法，是南宋初年易学发展的基

---

① 陶英娜. 朱震易学哲学探微［D］. 济南：山东大学，2016：73.

② 萧汉明. 论朱震易学中的象数易［C］//易学与儒学国际学术研讨会论文集（易学卷），青岛：［出版者不详］，2005：152.

本特征，同时代的郑刚中、郑东卿、项安世等人皆是如此。

不仅如此，朱震汇集了汉唐之际的象数易学以及宋代图书易学、义理易学的思想与方法，兼采众长，融会贯通，从而形成了系统而庞大的易学体系，传承了圣人之道，正如朱震在绍兴六年（1136）初向高宗皇帝进呈的奏章《进易表》中所云："以《易传》为宗，和会雍、载之论，上采汉魏吴晋元魏，下逮有唐至今，包括异同，补苴罅漏，庶几道离而复合。"朱震可以说是以往易学的集大成者，旨在传承《周易》所承载的圣人之道，更是想以程颐易学为主导，整合象数、义理之学两者的分歧，建构系统的易学体系、儒学体系，诚如有的学者所言，朱震"通过运用大量汉代象数学的注经方式，兼采宋代义理与图书易学，建立了融汉宋为一体的易学体系"①。

---

① 陶英娜. 朱震易学哲学探微［D］. 济南：山东大学，2016：8.

《诗经》卫地之风中"以水入诗"之地理文化探究

王贞贞（西华大学文学与新闻传播学院）

摘　要：《诗经》中十五国风，紧排在《周南》《召南》之后的，便是邶、鄘、卫三国之风。因三国同属殷商故地，后又都并入卫国，且三国之诗相与同风，故统称为"卫地之风"。卫地之风中，以水入诗的篇章占到总篇章的1/3以上，与其他国风相比，形成了显著的基于河流水系及其衍生意象的书写特征。与水相关的诗篇多是情诗，但卫风中与水相关的诗篇却体现了强烈的道德倾向和"发乎情止乎礼"的自觉约束，在关于"渡河"的吟咏中，也体现出了卫地女性独立坚强的精神面貌。本文从地理、民俗和文化积淀的角度，解析卫地之风中以水入诗的深层次原因，分析卫风之水中独特的"柔中带刚"的气质特点。

关键词：邶风　鄘风　卫风　民俗　地理　礼法

一、引言：邶鄘卫三国之诗"相与同风"

《诗经》中有十五国国风，紧随被称为"正始之基、王化之始"的《周南》《召南》之后，便是《邶风》《鄘风》《卫风》。邶、鄘、卫三国原同属殷商故土，国土相连，风土相近，其后又都归入卫国的版图，因此三国之风在书写对象、歌咏方式、审美意象上都有共同点，《汉书·地理志》称"邶鄘卫三国之诗相与同风"。

关于邶鄘卫三国的由来，历史上颇多争论。《诗旨纂辞》中引《汉书·地理志》中记载："周既灭殷，分其畿内为三国。《诗》风邶、鄘、卫国是也。邶以封纣子武庚；鄘，管叔尹之；卫，蔡叔尹之，以监殷民，谓之'三监'。故《书序》曰'武王崩，三监叛'，周公诛之，尽以其地封康叔。"①

据此说法，武王伐纣之后，将殷商故都附近的地域分为三国，其中"邶"封给了纣王之子武庚，以"兴灭国，继绝世"，延续殷商的宗庙祭祀；"鄘"封给了自己的弟弟管叔鲜；"卫"封给了蔡叔度，史称"三监"。宋代王应麟《诗地理考》中对"邶鄘卫"三地的位置做了考证："自纣城而北谓之邶，南谓之鄘，东谓之卫。"② 武王去世后，武庚联合管叔、蔡叔叛乱。周公平叛后，便将三监的疆地一并封给了康叔。至此，邶、鄘二国归入卫国版图。此说影响甚广，汉世大儒孔安国、贾逵、马融等学者，都采此说。

但对于"三监"的具体指代，以及邶、鄘二国何时并入卫国，历史上也有不同说法。郑玄在《诗谱·邶鄘卫谱》中云："周武王伐纣，以其京师封纣子武庚为殷后，三分其地为三监，使管叔、蔡叔、霍叔伊而教之，以监殷氏。"③ 照此说法，三监应是管叔、蔡叔和霍叔，而不包括武庚禄父。同时郑玄认为，周公平叛之后，只将原卫国的封地封给了康叔，是康叔后世子孙逐步合并了邶鄘二国，将其并入卫国版图。"成王既黜殷命，杀武庚，更于此三国建诸侯，以殷系民封康叔于卫，使之为长。后世子孙稍并彼二国，混而名之。"④ 孔颖达在《毛诗正义》中对此说法进行了补充，称其根据有二。一是《书传》中云："武王杀纣，立武庚，继公子禄父。使管叔、蔡叔监禄父，禄父及三监叛"，表明管叔、蔡叔是监管禄父之人，"禄父不自监也"，且言"禄父及三监叛"，更说明禄父之外，另有三监。又《古文尚书·蔡仲之命》曰："惟周公位冢宰，正百工，群叔流言，乃致辟管叔于商，囚蔡叔于郭邻，降霍叔于庶人，三年不齿。"⑤ 则可知三监为管叔、蔡叔、霍叔。二是根据周代的分封制度，大国亦"不过五百里之地"，周公建国也不过五

① 黄节. 诗旨纂辞 [M]. 刘尚荣，王秀梅，点校. 北京：中华书局，2008：67.

② 王应麟. 诗考：诗地理考 [M]. 王京州，江合友，点校. 北京：中华书局，2011：196.

③ 阮元. 十三经注疏（清嘉庆刊本）[M]. 影印本. 北京：中华书局，2009：622.

④ 阮元. 十三经注疏（清嘉庆刊本）[M]. 影印本. 北京：中华书局，2009：622.

⑤ 阮元. 十三经注疏（清嘉庆刊本）[M]. 影印本. 北京：中华书局，2009：622.

百里，故此成王杀武庚后，不可能将邶鄘卫三国的千里之地一次全部分封给康叔，"以周之大国不过五百里，王畿千里，康叔与之同，反过周公，非其制也"①。由此推断邶鄘二国是康叔以后的卫国国君渐次兼并的。

清代马瑞辰在《毛诗传笺通释》中的《邶鄘卫三国考》一文中，对邶鄘卫三国的形成又提出不同看法。马瑞辰认为，邶、鄘为商纣时就存在的古国名，并非因武王置三监而新封之地。武王伐纣之后，将包括邶鄘卫在内的商纣故地都封给了武庚，将两位弟弟分别封于管地和蔡地，"封弟叔鲜于管，弟叔度于蔡"，即管叔和蔡叔本就各有封地，但鉴于殷商初定，武王派管叔与蔡叔辅助武庚管理殷民，"武王为殷初定未集，乃使其弟管叔鲜、蔡叔度相禄父治殷"。于是管叔与蔡叔没有到自己的封地去上任，而是留在殷商故地为相，辅助禄父管理殷民。至武庚联合管叔、蔡叔叛乱，周公平叛之后，又将原本封给武庚的这一片土地都封给了其弟康叔，是为卫君。"康叔封卫，即武庚旧封。即知武庚兼有卫地，不仅封邶矣。盖周封武庚于殷，实兼有邶鄘卫之地。二监别有封国，而身作相于殷，并未尝分据邶鄘卫之地。"②

众说纷纭，此为《诗经》学中的一大公案。然《诗经》中邶鄘卫三国之诗"相与同风"，则是确无疑问的。三国之风中，描写的地理环境、历史事件既有重叠之处，书写方式也有相似之处。《汉书·地理志》中对此做出了总结："邶诗曰'在浚之下'，鄘曰'在浚之郊'；邶又曰'亦流于淇''河水洋洋'，鄘曰'送我淇上''在彼中河'，卫曰'瞻彼淇奥''河水洋洋'。"③ 马瑞辰在《毛诗传笺通释》中也提及邶鄘之篇章所咏皆卫国之景，所讽皆卫国之事："邶鄘卫所咏皆卫事，不及邶鄘。漕邑，鄘地也，而邶诗曰：土国城漕。泉水，卫地也，而邶诗曰：毖彼泉水。"④

至于为何在《诗经》中特别分类为三国之风，据郑玄解释："作者各有所伤，从其本国，分而异之，故为邶、鄘、卫之诗焉。"⑤ 晁福林先生在

---

① 郑玄，孔颖达. 毛诗注疏 [M]. 上海：上海古籍出版社，2013：79.
② 马瑞辰. 毛诗传笺通释 [M]. 北京：中华书局，1989：12.
③ 王应麟. 诗地理考 [M]. 王京州，江合友点校. 北京：中华书局，2011：196.
④ 马瑞辰. 毛诗传笺通释 [M]. 北京：中华书局，1989：18.
⑤ 阮元. 十三经注疏（清嘉庆刊本）[M]. 影印本. 北京：中华书局，2009：622.

《〈诗经〉学史上的一段公案——兼论消隐在历史记忆中的邶、鄘两国》中提出:"邶、鄘两国虽然国祚短暂,但却是存在的……就这两部分诗歌的内容看,它们还是卫诗,而并非当初邶、鄘两国之诗,用这两个国名为称,显示了周人的历史记忆。"①

《左传》记载襄公二十九年(前544),季札观周乐,乐工为之歌《邶》《鄘》《卫》,季子闻而曰"是其卫风乎";又襄公三十一年(前542),北宫文子引《邶风》中《柏舟》一诗"威仪棣棣,不可选也",而云"卫诗曰……"可见邶鄘卫三国之风统称为卫风,古已有之。鉴于邶鄘卫同属卫地,其诗篇"相与同风",本文将《邶风》《鄘风》《卫风》中的篇章统称为"卫地之风"。

二、以水入诗:卫地之风中对水的书写分析

水为生命之源,古人逐水而居,以所居之地水名入诗,在《诗经》中并不少见。但纵观《诗经》包括《周南》《召南》在内的十五国国风,以水入诗的篇章数量最多的两国之风分别为《邶风》与《卫风》。笔者根据《毛诗正义》中《国风》的诗篇版本,对各国以水入诗的情况作了统计:

表1 《诗经·国风》中各国之风以水入诗篇章数量分析

国风	数量	以水入诗之篇名	相关诗句及所描写河流水系	书写对象
《周南》	3	《关雎》	关关雎鸠,在河之洲。	河,黄河。
		《汉广》	汉之广矣,不可泳思。江之永矣,不可方思。	汉,汉水;江,长江。
		《汝坟》	遵彼汝坟,伐其条枚。	汝,汝河。
《召南》	1	《江有汜》	江有汜,之子归,不我以。	江,长江。

① 晁福林.《诗经》学史上诗经中的一段公案:兼论消隐在历史记忆中的邶、鄘两国[M]//中国历史文献研究会.历史文献研究:总第27辑.上海:华东师范大学出版社,2008:42.

续表

国风	数量	以水入诗之篇名	相关诗句及所描写河流水系	书写对象
《邶风》	7	《柏舟》	泛彼柏舟，亦泛其流。	泛舟，水的意象延伸
		《凯风》	爰有寒泉，在浚之下。	寒泉，卫国境内之泉水名。
		《匏有苦叶》	匏有苦叶，济有深涉。	济，济水。
		《谷风》	泾以渭浊，湜湜其沚。就其深矣，方之舟之；就其浅矣，泳之游之。	泾，泾河。渭，渭河。关于渡河的吟咏。
		《泉水》	毖彼泉水，亦流于淇。	以水起兴。泉水，又名百泉、肥泉。淇，淇水。
		《新台》	新台有泚，河水㳽㳽。	河水，黄河。
		《二子乘舟》	二子乘舟，泛泛其景。	乘舟，与水相关的行动描写。
《鄘风》	2	《柏舟》	泛彼柏舟，在彼中河。	泛舟，与水有关的行动描写。河，黄河。
		《桑中》	期我乎桑中，要我乎上宫，送我乎淇之上矣。	淇，淇水。
《卫风》	6	《淇奥》	瞻彼淇奥，绿竹猗猗。	淇，淇水；淇水岸边之竹。
		《硕人》	河水洋洋，北流活活	河水，黄河。
		《氓》	送子涉淇，至于顿丘。淇水汤汤，渐车帷裳。淇则有岸，隰则有泮。	淇，淇水。

国风	数量	以水入诗之篇名	相关诗句及所描写河流水系	书写对象
《卫风》	6	《竹竿》	泉源在左，淇水在右。 淇水在右，泉源在左。	泉源，又名百泉、肥泉、泉水。 淇水。
		《河广》	谁谓河广，一苇杭之。 谁谓河广，曾不容刀。	河，黄河。
		《有狐》	有狐绥绥，在彼淇梁。 有狐绥绥，在彼淇厉。 有狐绥绥，在彼淇侧。	淇，淇水。
《王风》	1	《扬之水》	扬之水，不流束薪。	扬之水，激扬之水，无具体指代。
《郑风》	4	《清人》	二矛重英，河上乎翱翔。	河，黄河。
		《褰裳》	子惠思我，褰裳涉溱。 子惠思我，褰裳涉洧。	溱，溱水。 洧，洧水。
		《扬之水》	扬之水，不流束楚。 扬之水，不流束薪。	扬之水，无具体指代河流名。
		《溱洧》	溱与洧，方涣涣兮。 溱与洧，浏其清矣。	溱，溱水。 洧，洧水。
《齐风》	1	《载驱》	汶水汤汤，行人彭彭。 汶水滔滔，行人儦儦。	汶，汶水。
《魏风》	2	《汾沮洳》	彼汾沮洳，言采其莫。 彼汾一方，言采其桑。 彼汾一曲，言采其藚。	汾，汾水。
		《伐檀》	坎坎伐檀兮， 置之河之干兮。 河水清且涟漪。	河，黄河。

国风	数量	以水入诗之篇名	相关诗句及所描写河流水系	书写对象
《唐风》	1	《扬之水》	扬之水,白石凿凿。	无具体指代。
《秦风》	2	《蒹葭》	所谓伊人,在水一方。	无具体指代。
		《渭阳》	我送舅氏,至于渭阳。	渭,渭水。
《陈风》	1	《衡门》	泌之洋洋,可以乐饥。	泌,水名。
《桧风》	0			
《曹风》	1	《下泉》	冽彼下泉,浸彼苞稂。	下泉,奔流而下的山泉。
《豳风》	0			

由上可见,各国之风中,以水入诗最多的国风依次是:邶风(7 篇)、卫风(6 篇)、郑风(4 篇)。加上《鄘风》中的 2 篇,邶鄘卫之风共 15 篇,几乎占到所有《国风》中以水入诗篇章的 1/2。邶、鄘、卫三国之风共 39 篇,其中写到"水""河""舟""游"等与水相关的诗篇占到总篇章的 1/3 以上,形成了卫地之风中显著的基于河流水系的书写对象与情感抒发的书写特点。

卫地之风中对水的吟咏和描写,有以下四方面的类型。

(一)历史事件与水相关

诗中歌咏或嘲讽的历史事件发生在水岸,诗人据实描写,以水入诗。《卫风》中《硕人》一篇,描写齐国的公主庄姜出嫁到卫国的场景,卫人赞美其容貌美丽,仪态高贵。其中有句"河水洋洋,北流活活"。此句中的"河水",即黄河之水。庄姜由齐至卫,出嫁时因路途遥远,在翟衣之外还穿着一层用以遮蔽灰尘的麻布罩衣,就是诗中所描述的"衣锦褧衣",按照礼仪,要在卫国的近郊更换正式的服装才与未来的夫婿卫庄公见面。清马瑞辰在《毛诗传笺通释》中说："庄姜始来，更正衣服于卫近郊。"① 据考证，齐国在黄河之东，卫国在黄河之西，从齐国到卫国必经黄河，而庄姜停车更衣的地点，正是在齐卫交界的黄河岸边。王应麟在《诗地理考》中对此解释："齐地西至于河，卫居河之西，自齐适卫，河界其中，故曰：北流活活。"② 可见，《硕人》诗中描写的河水浩浩东流、岸边芦苇青青的景象，正是基于事件发生当时当地的实景入诗。

《邶风》中还有《新台》一篇，描写的历史事件是齐国的公主宣姜出嫁到卫国，本应嫁给卫宣公的儿子伋，但因卫宣公垂涎其美色，在由齐自卫必经的黄河岸边筑起了一座"新台"，在新台上抢先迎娶了宣姜。《毛诗》曰："《新台》刺卫宣公也。纳伋之妻，作新台于河上而要之，国人恶之，而作是诗也。"《新台》诗中有"新台有泚，河水弥弥"等句。关于新台，《水经注》中称："河水又东，径鄄城县北……河之南岸有新城……北岸有新台，鸿基层广高数丈，卫宣公所筑新台矣。"《太平寰宇记》也记载："新台在（鄄城）县东北十七里……北去河四里。"据此，新台距离黄河不过四里之地，正是卫宣公夺子之妻的事件发生地，故此《新台》一诗在叙述和讽刺卫宣公筑台纳媳这件丑事时，根据当时的环境，描写了新台之侧河水盛大之景象。

（二）生活本身与水相关

卫国百姓生活与水密切相关，诗歌中描写的生活场景都在水边发生。诗歌来源于实际生活，因此那些与生活息息相关，身边最为熟悉和亲切的事物最易被百姓写入诗歌。《卫风》中描述民间女子婚姻及命运的《氓》，写恋爱中的姑娘送别自己的心上人："送子涉淇，至于顿丘。"顿丘在今天河南省浚县西，春秋时期为卫的城池，是当时有名的繁华的商业城市，在淇水之南。③《水经注》称："淇水又北屈而西转，径顿丘北，故阚骃云：顿丘在淇

---

① 马瑞辰. 毛诗传笺通释［M］. 北京：中华书局，1989：317.

② 王应麟. 诗考；诗地理考［M］. 王京州，江合友点校. 北京：中华书局，2011：217.

③ 傅道彬. 至于顿丘［J］. 文史知识，2008（10）：28-34.

水南。"《太平寰宇记》中称:"丘县古城在卫县西北二里。"王革勋先生在《千古文明话淇河》中特别考证了顿丘的具体方位:"浚县蒋村的顿丘城,位于古淇水南岸,以《诗经》'送子涉淇,至于顿丘'而名扬中华数千年。"①诗中的姑娘居住在淇水北岸的朝歌,而情人居住在淇水南岸的顿丘,那位频繁往来于都城朝歌和繁华商业城市顿丘的"氓"与诗中的姑娘相恋,必须要渡过淇水才能相见,姑娘出嫁时的马车也要经过淇水才能到达夫家,淇水翻滚的浪花打湿了马车上的帷幕,因此诗中写"淇水汤汤,渐车帷裳"。

《鄘风·桑中》记述恋爱中的男女幽会,在桑中、上宫欢聚之后,姑娘一直将情郎送到淇水岸边,诗中写道:"期我乎桑中,要我乎上宫,送我乎淇之上矣。"诗中的桑间之地,位于濮水的北面,是春秋时期卫国百姓设坛祭祀、求雨求子之地,也是男女欢会不禁之地。郑玄曰"濮水之上,地有桑间。"(《礼记正义》卷三七)孔颖达曰:"濮阳在濮水之北,是有桑土,明矣。"(《毛诗正义》卷二)濮水,春秋时流经卫地,又称濮渠水,其上下游各有二支:上游一支首受济水于今河南封丘县西,东北流;一支首受黄河水于今原阳县北,东流经延津县南;二支合流于长垣县西。②今之濮水,穿越河南省濮阳市,全长九公里。上宫,亦是卫国都城附近的地名,位于卫县(古朝歌所在地,又名沫乡、沫邑)东北。《读史方舆纪要》中考证:"上宫台在废卫县东北。《志》云:卫县北有苑城,其东二里为上宫台。《卫风》所云'要我乎上宫'者也。相近又有沙丘台,俗名妲己台。"③由此可见,桑间、上宫,都是卫国都城附近的地名,两地都处在流经卫国的河流之畔,因此流传在这一带的诗篇,都是对当时百姓实际生活的记述和歌咏。

(三)水赋予的情感意义的延伸

除上述直接对河流水系的描写外,卫风中有较多篇章,是因水赋予的情

---

① 傅道彬. 至于顿丘 [J]. 文史知识, 2008 (10): 29.

② 见《水经注·济水》:(濮水)上承济水于封丘县,即《地理志》所谓濮渠水首受济者也。阚骃曰:首受别济,即北济也。其故渎自济东北流,左迤为高梁陂,方三里。濮水又东径匡城北。孔子去卫适陈,遇难于匡者也。又东北,左会别濮,水受河于酸枣县。故杜预云:濮水出酸枣县,首受河。

③ 顾祖禹. 读史方舆纪要: 卷16 [M]. 北京: 中华书局, 2005: 725.

感意义的延伸，故诗歌以水起兴。河水蜿蜒流淌的自然特性，与思念之悠远绵长正有相似之处，加之是流经家乡的河流，水畔有欢乐的往事和温暖的回忆，因此，水（河流）在卫风中被赋予了思念的意蕴和情感。《邶风》的《泉水》首章即以水起兴："毖彼泉水，亦流于淇。"末章再写："我思肥泉，兹之永叹。"《诗经》中提到的泉源、百泉、泉水均是卫国的同一条河流。泉水（泉源、百泉）自北环绕卫国都城，最后南流注入淇水。远嫁的卫女思归，首先想到的，就是流经家乡的这两条河流。以泉水汇入淇水的自然景观起兴，表达自己对家邦的绵绵思念和有家难归的惆怅哀伤。泉水与淇水虽自不同之处发源，却最终汇入一流，而女子远嫁，却因礼法所限不能归宁故国，的确令人忧伤。《卫风·有狐》中亦有句："有狐绥绥，在彼淇梁。"该诗借形单影只的雄狐起兴，引出女子对丈夫的担忧和挂念，诗中也将绥绥行走的狐狸出现的地点，安排在淇水之中的河梁之上。

（四）与水相关的意象书写

卫风中还有不少与水相关的意象书写。如水岸之竹、水上之舟，以及渡水、渡河之举。淇水岸边的青青绿竹，正如清雅端庄的君子。《卫风·淇奥》一诗赞扬卫国的明君卫武公的威严赫赫、风度翩翩，就用了淇水流深之处的岸边翠竹起兴："瞻彼淇奥，绿竹阿阿。有匪君子，如切如磋，如琢如磨。"春秋时期，淇水岸边栽种着大量的竹子，郁郁葱葱，一片清幽。到汉武帝时，还曾砍伐淇水河畔的竹子堵塞决堤。寇恂在河内为官时，也曾用淇水的绿竹制作百万余支弓箭。卫风中卫人以河畔之竹这种常见的景物，来比喻君子的仪容美德，是淇水意象的一种优美的衍生。

此外，还有"舟""游""渡"等与水相关的物体或行为所代表的意象。舟在卫风中，有表示忧愁和思念的意思。《邶风》首篇《柏舟》："泛彼柏舟，亦泛其流。耿耿不寐，如有隐忧。微我无酒，以敖以游。"这里"泛舟"与"遨游"是排遣忧怀之举，与"忧愁"的隐喻结合起来。《鄘风》首篇同样名为《柏舟》："泛彼柏舟，在彼中河。髧彼两髦，实维我仪。"这是因为恋情得不到父母首肯，泛舟河中以遣忧怀。《邶风》的《二子乘舟》中写道："二子乘舟，泛泛其景。愿言思子，中心养养。"这是卫人思念国家的两位贤明善良的公子——伋与寿而作的诗。卫宣公听信谗言，要设计杀掉自己的儿子公子伋，伋同父异母的弟弟公子寿得知这一消息，便拿着哥哥的信物替哥哥出使齐国，结果被杀害。公子伋担心弟弟也连夜赶到，亮明身份，同样被杀害。卫人思念两位仁义贤能的公子，以两人乘舟远去，消失于云水之间，表达思念和敬仰之情。

三、望水思源：《卫风》中以水入诗的地理考证

《卫风》中水的书写频频出现，与卫地独特的自然环境有着密不可分的关系。孔颖达《毛诗正义》中称："诗人所作，自歌土风，验其水土之名，知其国之所在。"①《卫风》中多以河流为书写对象，受到卫国天然地理环境的影响。卫国多水泽河道，其邶、鄘、卫三国的国名由来，便是出自水名。据《诗地理考》所言，"邶、鄘、卫皆以水得名。邶水在太山之阜，鄘水出宜苏山，卫水在灵寿，即真定"②。从《诗经》来看，《卫风》中出现过的河流，有淇水、百泉（肥泉、泉水）、河水（黄河）、济水、浚水、濮水等。在各国之风中，《卫风》是出现河流名称最多的一国之风。

卫地之风中出现次数最多的河流是"淇水"，在不同的诗篇中共出现了六次。淇水，即今河南省之淇河，现流经河南的淇县和浚县之间，是淇县与浚县的分界线。关于淇水的发源地，历来有不同说法。《水经注》称其发源于河内隆虑县（今河南省林州市）西边的大号山，《山海经》称其发源于"沮洳山"（今山西省晋城市陵川县西北），《地理志》称其发源于河内共县（今河南省辉县市）境内的北山。考证今之林州市、陵川县、辉县市三地相邻，应俱曾为淇水流经之处，其源头具体不可考，但淇水出自太行山中，应是不错的。据《水经注》记载，淇水在其东流过程中，汇合了沾水、女台水、西流水、泉源水、马沟水、美沟水，最后在黎阳县（今属河南省鹤壁市）附近的淇水口注入黄河。《水经注》称："淇水出河内隆虑县西大号山。

---

① 郑玄，孔颖达. 毛诗注疏 [M]. 上海：上海古籍出版社，2013：622.
② 王应麟. 诗考；诗地理考 [M]. 北京：王京洲，江合友点校. 中华书局，2011：200.

《山海经》曰：淇水出沮洳山。水出山侧，颓波潨注，冲激横山……水出壶关县东沾台下……又径南罗川，又历三罗城北……又东北历淇阳川，径石城西北……又东径冯都垒南，世谓之淇阳城，在西北三十里。淇水又东出山，分为二水，水会立石堰，遏水以沃白沟，左为菀水，右则淇水，自元甫城东南径朝歌县北……淇水又东，右合泉源水……淇水又南历枋堰，旧淇水口，东流径黎阳县界，南入河。"（《水经注》卷九《淇水》）从《水经注》的记载来看，淇水环绕卫国的都城朝歌几乎一周，先自元甫城东南流经朝歌北面，又从朝歌北面东流，汇合泉源之水及菀水，再往东流，往南转弯，从朝歌城东流过，与美沟水汇合，又往南流过枋堰，东流经黎阳县境，最后注入黄河。淇水是卫国的主要河流之一，该河流汇集了众多支流，如玉带一般环护着卫国的都城朝歌，是卫国的象征和标志。淇水水质清澈，生态环境良好，即便在现代，淇河也是华北地区一条未被污染的河流，被称为"北方漓江"。可以想见，在春秋时期的淇水，一定更是绿竹环绕，河水清澈，卫人世代在淇水河畔生活劳作，对这条美丽的河流充满了自豪与深情。因此无论是描述生活中的场景，还是抒发内心的情感，卫人都以淇水为描写对象和情感载体。

其次出现较多的河流名是泉水（又名泉源、百泉、肥泉），在卫地之风中共出现了三次。卫地之风中提到的泉源、百泉、泉水均是卫国的同一条河流。据淇县水利专家考证，该河流即今淇县境内之"折胫河"，流经桥盟乡、朝歌镇、北阳镇、西岗乡四个乡镇，一入卫河，全长约二十公里。王应麟在《诗地理考》中称："泉水，即泉源之水也……泉源水有二源，一水出朝歌西北，东南流……又东与左水合，谓之马沟水，水出朝歌城北，东流南屈，径其城东。又东流与美沟合……其水东径朝歌城北，又东南流注马沟水，又东南注淇水，为肥泉也。"① 朱熹在《诗集传》中也称："泉水，即今卫州共城之百泉也。淇水出相州林虑县东流，泉水自西北来注之。"② 可见，泉水、肥泉、泉源、百泉，均是指的同一条环绕朝歌、东南注入淇水的河流。故

---

① 王应麟. 诗考；诗地理考 [M]. 王京州，江合友点校. 北京：中华书局，2011：204.
② 朱熹著. 诗集传 [M]. 王华宝整理. 南京：凤凰出版社，2007：29.

《泉水》一诗中有"毖彼泉水，亦流于淇"的说法。

除淇水与泉水外，卫国境内还有济水与浚水。济水，即今之济河，发源于今河南省济源市王屋山上的太乙池。《禹贡》中称济水："导沇水，东流为济，入于河，溢为荥。"《汉书·地理志》写到河东郡垣县时也称："王屋山在东北，沇水所出，东至武德入河。"《水经注》承《禹贡》和《汉书·地理志》的说法，称："济水出河东垣县东王屋山，为沇水。"可见济水与沇水为同一条河流，在不同的地段有不同的名字。济河在地表三隐三现，百折入海，并不全是地上河，是济南泉水主要源头之一。济河在东汉王莽时出现旱塞，唐高宗时又通而复枯。《邶风·匏有苦叶》中多次提到济水："匏有苦叶，济有深涉"，"济盈不濡轨，雉鸣求其牡"。可见济水在当时卫国邶地人民的生活中占据着重要地位。

浚水，《诗地理考》中称"浚水出浚仪，东经邶地入济"。浚水流经邶地，最后汇入济水。北宋地理学家欧阳忞在其《舆地广记》中记载："开封县有浚沟，《诗》所谓'浚郊''浚都'也。"据《读史方舆纪要》记载："浚水旧在城北……《志》云：今城西三十里有寒泉陂，即《诗》所称者。浚水为汴所夺，故汴水经大梁北，亦兼浚水之名。"① 据此可知，浚水原在开封府的北面，开封府西三十里，其旁曾有地名"寒泉陂"，即《邶风·凯风》中"爰有寒泉，在浚之下"所吟咏的对象。

正是河流水系众多的地理环境，使得卫国百姓的生活与水息息相关。这是卫地之风中出现大量以水入诗的诗句的客观原因。

四、似水如鱼：以水入诗的民俗文化考证

水，在古人的心中，拥有着非凡的神秘力量，往往意味着生命的诞生和文明的发源。《管子·水地篇》曰："水者，何也？万物之本原也，诸生之宗室也，美恶贤不肖愚俊之所生也。"② 可见先秦时期人们对水的重视与

---

① 顾祖禹. 读史方舆纪要：卷16 [M]. 北京：中华书局，2005：1535.
② 黎翔凤. 管子校注 [M]. 梁运华整理. 北京：中华书局，2004：830.

崇拜。

正因为人们认为水具有强大的神秘力量，因此上古时期许多宗教活动都在水边举行。这种活动最初的形式是以水洗浴，以清除污垢，迎接祥瑞。《周礼·春官·宗伯》中说："女巫掌岁时被除、衅浴。"郑玄对此注曰："岁时被除，如今三月上巳如水上之类。衅浴，谓以香薰草药沐浴。"可见被除的时期，正是仲春二、三月间。彼时万物复苏，春水汤汤，民间男女齐聚河岸，临水"被除"，消灾去垢，以香草芳木祭祀神灵，达到驱邪招福的目的。这种被除与衅浴的活动在仲春之时举行，此时也恰好是官方为繁衍人口而规定大龄男女"奔者不禁"的时节。《周礼·地官·媒氏》记载："仲春之月，令会男女。于是时也，奔者不禁。"水，在这里是姻缘的媒介，也是爱情的见证。不独卫国，各国均是如此。《郑风·溱洧》一诗，就记载了仲春时节，郑国男女手持香草，相邀前往溱水与洧水的河岸游玩欢聚的事件。

古代仲春二月祭祀神灵，同时也有祈子的风俗。《礼记·月令》记载："是月也，玄鸟至。至之日，以大牢祠于高媒。"① 传说中高媒是管理人间生育之神，祈子的仪式就是祭祀高媒，求其保佑子孙繁衍。传说中殷商的始祖女神简狄，在河中洗浴之时，见水上漂浮玄鸟之卵，简狄吞食玄鸟之卵而有孕，生下了殷商的始祖契。《史记·殷本纪》记载："殷契母曰简狄，有娀氏之女……三人行浴，见玄鸟坠其卵，简狄取吞之。因孕生契。"② 可见上古神话传说中取得神秘的生育繁衍的力量的地点，也在水边。因此一般祭祀高媒的活动，也是在水边的社宫或者高媒庙中举行。《桑中》一诗有句："期我乎桑中，要我乎上宫，送我乎淇之上矣。"诗句中的上宫，就是指社或者高媒庙。上宫就在淇水之畔，诗中的情人在上宫祭祀高媒的仪式完毕，女子将情人送到淇水河边，依依不舍地告别。

每年的仲春之际，在春水汤汤的河流岸边，民间会举行各类与生息繁衍有关的祭祀活动，以顺应天时，繁衍人口，民间男女也在此时互诉衷肠，私

① 孙诒让. 十三经注疏校记：礼记正义校记 [M]. 雪克，辑校. 北京：中华书局，2009：447.
② 司马迁. 史记 [M]. 北京：中华书局，1982：91.

订终身。因此各国中都有这么一条河流，是情人们共同的记忆。卫风中有淇水、济水，郑国有溱水、洧水，连二南中也有汝水。正是在这样的文化背景下，卫风中与"水"有关的诗歌，大多与婚恋和家庭有关。

五、水之风骨：卫地之诗中独特的文化气质

《汉书·地理志》中说："凡民函五常之性，而其刚柔缓急，音声不同，系水土之风气……好恶取舍，动静之常，随君上之情欲。"这说明了不同的地理环境和人文环境对一国之风气的影响。反映在诗歌上，便是文化气质的不同。卫国地处殷商文化的核心地带，山川众多，《汉书·地理志》云："有桑间濮上之阻，男女亦亟聚会，声色生焉。"表现在《卫风》中，便是关于情感的诗歌较多。《诗经》卫地之风中与水有关的大多是情诗，被朱熹斥为"淫奔之诗"。然品读卫地之风中与水有关的诗歌，却可见其诗篇中水边的情感充满了人性的温暖，流淌着扬善抑恶的道德倾向，并非一味沉溺私情，不顾礼法。《卫风·有狐》中"心之忧矣，之子无裳"，是女性的温柔和关怀；《卫风·竹竿》中"女子有行，远父母兄弟"，是女子对亲人的思念和对故土的眷念；《卫风·硕人》通篇是卫人对美和贤良的由衷赞美；《卫风·淇奥》是对君子的从容风度和高尚德行的讴歌；《邶风·新台》是对夺子之妻的卫宣公无情的嘲笑和指责；《邶风·二子乘舟》则是对善良而无辜的两位公子的怀念和追忆。诗歌中表露的情感立场善恶明晰，反映了卫人自然淳朴的道德观。

卫风中水边的情感也并非放任自流，而是有理性的约束。朱熹尽管在《诗集传》中将郑卫之音都称为"淫声"，但也承认两地之风存在较大的区别："郑卫之乐，皆为淫声。然以《诗》考之，卫诗三十有九，而淫奔之诗才四之一。《郑》诗二十有一，而淫奔之诗已不翅七之五。卫犹为男悦女之辞，而郑皆为女惑男之语。卫人犹多刺讥惩创之意，而郑人几于荡然无复羞愧悔悟之萌。"① 卫地之风中的情感真诚质朴，饱含热情却并不越矩。《鄘

---

① 朱熹. 诗集传［M］. 王华宝整理. 南京：凤凰出版社，2007：66.

风·柏舟》写："泛彼柏舟，在彼中河。髧彼两髦，实维我仪。之死矢靡它！"女子对爱情十分忠贞和坚定，生死不渝，誓无二心。《郑风·褰裳》则写："子惠思我，褰裳涉溱。子不我思，岂无他人？"诗中的情感明显更为自我和开放。《卫风·氓》中的女子虽然与"抱布贸丝"的男子自由恋爱，却也知道"子无良媒"是不可私订终身的，要经过正式的婚礼的仪式，才允许男子"以尔车来，以我贿迁"。相悦之情"发乎情"，是人性；交往婚姻"止乎礼"，却是德行。

究其原因是，卫国在立国之初，便以宗法伦常教育约束百姓，综合消解了殷商文化中的消极因素。卫国处在殷商故地，在建国之初就天然承袭了殷商文化的放任和感性，但周王朝的统治者在建国之初便一直致力于以实践和理性的态度建立等级森严的宗法政体和善恶明晰的伦常道德观念，对殷商故地的百姓潜移默化，殷商文化逐渐与周文化融合互生，相互影响。《尚书·康诰》中描述了卫国统治者治国的基本原则："封，元恶大憝，矧惟不孝不友。子弗祇服厥父事，大伤厥考心；于父不能字厥子，乃疾厥子。于弟弗念天显，乃弗克恭厥兄；兄亦不念鞠子哀，大不友于弟。惟吊兹，不于我政人得罪，天惟与我民彝大泯乱，曰：乃其速由文王作罚，刑兹无赦。"从中可见，周人将伦常道德提升到治国的重要高度，强调恶莫过于不孝不友，如子不孝、父不慈、兄不友、弟不敬，则将以文王制定的法律严肃处置，"刑兹无赦"。正是在严格的教化引导下，殷商文化中的纵欲、纵酒、好游乐之风有所遏制，礼法与伦常观念逐渐深入人心，卫人很早就树立了正确的道德观和明晰的善恶观，殷商文化中消极不利的因素得以慢慢消解。

其次，卫国早期贤君德政泽化影响至深。卫国由武王之弟康叔立国，康叔颇有德行，在立国之初制定律例，推行教化，奠定了卫国政治文化的良好基础。《史记·卫康叔世家》中称："康叔之国，既以此命，能和集其民，民大悦。"康叔以下九世，至卫武公，武公谦逊好文，德行高尚，在位期间修康叔之政，同时在周王室为卿士，是有名的贤君。《国语·楚语》记载了卫武公的事迹："昔卫武公年数九十有五矣，犹箴儆于国曰：'自卿以下至于师长士，苟在朝者，无谓我老耄而舍我，必恭恪于朝，朝夕以交戒我。闻一二之言，必诵志而纳之，以训导我.' 在舆有旅贲之规，位宁有官师之典，倚几有诵训之谏，居寝有亵御之箴，临事有瞽史之导，宴居有师工之诵。史不失书，矇不失诵，以训御之。于是乎作《懿》诗以自儆也。"① 卫人作《淇奥》以赞颂其君子之风。这种君子之风对卫人的影响至深。襄公二十九年，《左传》记载吴公子季札到达卫国，见到卫国的蘧瑗、史鳅，公子荆、公叔发、公子朝等人，季札评论称"卫多君子，未有患也"。可见卫国的君子之风在上层贵族中影响深远。正如季札之评论："美哉渊乎！忧而不困者也。吾闻卫康叔、武公之德如是。"尽管后来的卫君多昏庸，州吁、宣公、惠公、懿公多恶行，但前代贤君打下的良好基础，早使得卫人在自由放纵的殷商文化氛围中，慢慢加入理性的约束和礼法的规范，尊礼重德、是非明辨。表现在卫地之风中，其主体思想已与周文化步调一致。这就是卫地之风中呈现出浪漫而理性、活泼而健康的思想风貌的深层次原因。卫风之诗多发乎情而止乎礼，可称得上孔子所云"思无邪"。

另外一点较为独特之处，是卫风中关于"渡河"的吟咏，充分体现了卫人无所畏惧、不屈不挠的精神气概。卫国山川众多，河水将人们分隔两地，交通不便，对生活和情感均意味着阻隔和困难。而卫风中关于渡河的态度，则是积极乐观的，无论河水深浅，人们都会因地制宜用尽各种办法去渡河。《邶风·匏有苦叶》中描写了渡河："匏有苦叶，济有深涉。深则厉，浅则揭。"如果河水深，那么就穿着衣服下水；如果河水浅，那么就提起衣裳小心渡河。《邶风·谷风》中也说："就其深矣，方之舟之；就其浅矣，泳之游之。"如果河水深，那么就造船渡过；如果河水浅，那么就直接游过去。对待困难的坚韧和顽强，是卫风中普遍表现出的一种精神气质。正如《谷风》中描写的那位女子，虽然被丈夫喜新厌旧而抛弃，然而全诗哀而不伤，充满了自立自强的精神。诗中写："毋逝我梁，毋发我笱。我躬不阅，遑恤我后。"家中的生计都是这位女子在维持，她田间劳作，造梁捕鱼，经营起了一家人的生活，"我有旨蓄，亦以御冬"。即便被无情抛弃，也还有积蓄能

---

① 左丘明. 国语集解 [M]. 徐元诰集解；王树民，沈长云点校. 北京：中华书局，2002：501.

够独立生活。

卫人的这种普遍性的精神气质在国家存亡之际表现得尤为明显。卫懿公时，北狄入侵卫国，攻占了卫国的都城朝歌，卫国几乎灭国。在这样艰难的环境下，卫人不屈不挠，团结一心。卫国的许穆夫人在国难之时赋《载驰》一诗，求援于大国，赢得了齐桓公的帮助。当时渡过黄河幸存下来的卫人不过七百三十余人，加上共、滕两地的百姓不过五千人。而这五千人在卫文公的带领下克服困难，重建家园，实现了卫国的复兴。

值得注意的是，卫地之风中关于"渡河"的两首诗，都是以女性为描写对象，或者以女性的口吻来书写的。而救援家国的《载驰》一诗的作者，也是一位女性。从《诗经》中来看，卫国的女子相较其他诸侯国的女子，更独立坚强，更有家国担当。这是因为卫国保留的殷商遗俗中母系氏族的残留影响，殷商时期妇女地位比周时要高出许多，上层女性可以主持祭祀、主管农业，甚至率军作战、享有封地，死后还能享受单独祭祀。妇好就是其中的典型代表。作为殷商文化浸润已久的殷商故地，卫国女性独立而有担当，从卫地之风中看，卫国下层女性担负起了家庭的重担，上层贵族女性则自觉以家国安危为己任。故卫风之水，不唯情意绵长，还另有一种坚强的气度和自立的风范。

略论费密的学术要旨[*]

杜春雷（四川大学古籍整理研究所）

摘　要： 明末清初四川学者费密在《弘道书》中围绕如何传承、守卫、发扬圣门旧章、圣人之道，提出了系列观念主张。其一，费密否定传统道统说，认为那不过是宋儒的"私立""妄论"。他认为只有帝王可称"统"，帝王为道之本，道统系在帝王。此道统之外，孔子以降，又有师儒传道，衍为道脉。由此，费密以帝王道统论、师儒道脉论构建其传道谱系，创建了独树一帜的"新道统说"。其二，费密以"中"与"实"为道之内涵。以"中"言道，突出了道的普适性和规范性，颇有抽象的意味；以"实"言道，则强调实事、实功、"实以致用"才是道之真义所在，将儒学推为实用之学，而与虚浮空言相对立。其三，费密极重古经，以古经为道准，经传道传，道惟经存，舍经无道，推敬古经地位至于与道共尊，由此亦更推尊古注疏。费密认为七十子与汉唐诸儒于道传绪衍脉，于经考究承继，工苦深厚，泽及后世，有大功于圣门。他们被宋儒遏绝五六百年，应拨乱反正，大力表彰。同时，费密对宋明理学大加批判，既否定其道统说，也批驳其改经、讲学、静坐等作为。认为宋明儒虚僻固陋、脱离实际，与儒家中实之旨背道而驰，是国家社稷之害。

关键词： 费密　弘道书　学术要旨

---

* 本文系四川省哲学社会科学 2022 年度课题"费密《弘道书》笺注"（批准号 SC22EZD051）阶段性成果。

费密是明末清初巴蜀地区的一位学者、诗人、思想家,他出生于明天启五年(1625),四川新繁(今属四川省成都市新都区)人,字此度,号燕峰。费密幼承父训,博学善文,后遭乱家毁,出入兵戈,辗转迁徙半天下。终寓扬州,以教授、卖文为生。晚年屡辞清廷征辟,守志穷理,阖户著书,学绩卓著。卒于康熙四十年(1701),年七十七。

费密建道统、辟理学、尊古经、重训诂,开乾嘉学风之先声,于哲学、经学、史学、文学、书法、医学皆有精深造诣,村居数十年,著作宏富,清人张邦伸评云:"蜀中著述之富,自杨升庵后,未有如密者。杨主综览旧闻,密则独撼己见,较杨更精。"① 费密著述虽多,但多以稿抄本存世,流传不广,后期又大多数散佚无存,致使其学术思想很少被人注意,在当时及整个清代影响都不大。民国初年,费密唯一传世的思想论著《弘道书》刊刻问世,其思想学说才逐渐广为人知。胡适得读《弘道书》后,"第一时间"表彰费氏之学,以为"明末清初的学术思想界里,有两个很可代表时代的人物,而三百年来很少人知道或表章的:费经虞和他的儿子费密"②。并称赞费经虞、费密是清学的先驱者。梁启超称费密是"反宋学的健将""精悍的思想家",徐世昌、钱穆的《清儒学案》都将新繁费氏之学纳入其中。而从唐君毅、谢国桢、陈祖武、何冠彪等学者的论述中,可知费密作为清初学术思想代表人物之一的定位是得到公认的③。

费密的学术思想集中体现在《弘道书》中。该书的创作初衷,从书名

---

① 张邦伸. 锦里新编 [M]. 成都:巴蜀书社,1984:308.

② 胡适. 费经虞与费密:清学的两个先驱者 [M] //胡适全集:第2卷. 合肥:安徽教育出版社,2003:50.

③ 唐君毅将费密列为清学七型中的"第一型态"(唐君毅. 中国哲学原论:原教篇 [M] //唐君毅先生全集:第19卷. 台北:台湾学生书局,1984:710)。谢国桢以"新繁"同"亭林、梨洲、船山、颜李、二曲"等并列"为明末清初学派中的主流"(谢国桢. 明末清初的文风 [M]:北京:人民出版社,1982:17)。陈祖武认为清初诸儒对理学的批判与总结,取径不一,费密、颜李与顾炎武、王夫之,孙奇峰、李二曲,钱谦益、毛奇龄不同而独树一帜(陈祖武. 清初学术思辨录 [M]. 北京:中国社会科学出版社,1992:292)。何冠彪则重视费密家学,径将费经虞、费密视为明末清初学术思想的代表人物(何冠彪. 明末清初学术思想研究 [M]. 台北:台湾学生书局,1991:1-51)。

"弘道"二字即可窥知，正如费锡璜所言："《弘道书》者，所以广圣人之道也。"① 费密的高徒蔡廷治则说："《弘道书》，尊圣门旧章之论也。"② 费密作《弘道书》，正是为了宣扬儒家圣人之道，尊依儒家旧有主张。围绕着如何传承、守卫、发扬圣门旧章、圣人之道，费密提出了系列观念主张，构成了其独树一帜的学术思想特色。现就其中大要，撮述如下。

一、新道统的构建

道统是宋明理学十分重要的概念，是儒家的基本理论之一。"道统"一词的使用虽然晚至南宋朱熹，但以道统指称圣人之道相承传授的观念则由来已久。《论语》《孟子》中已有相关理念的记载，至唐代韩愈才正式提出。宋儒继承韩愈的道统说，又有所发展，至朱熹而集大成。朱熹的道统论主要是肯定二程，推崇周敦颐，确立道学的传授系统；阐发"十六字心传"，与《中庸》结合，作为道统核心思想；作《四书章句集注》，以四书重于六经，发明道统。其建立的道统传授谱系，是从伏羲、神农、黄帝开始，经尧、舜、禹相传，以汤、文、武为君，皋陶、伊尹、傅说、周公、召公为臣，接道统之传，孔子继往圣，亲传颜子、曾子，曾子传子思，子思传孟子，孟子亡而不传，至宋始由周敦颐、二程接续，至朱熹本人而为集大成者。

朱熹的道统说随着程朱理学在元明时期的定于一尊而被广泛接受，其间有学者对此提出不同看法，如陆九渊、陈亮、叶适、吴澄等，但他们都是在朱熹原有的道统框架下进行改造。即使王阳明引"致良知"说来代替圣人之道的传授系统说，把道统论改造为心学，也并不是对整个道统论的根本否定，而是对程朱道统流弊的否定。③ 费密则不同，他对程朱理学的道统说持根本的否定态度，这主要体现在两方面：

---

① 费锡璜. 费中文先生家传［M］//贯道堂文集：卷 2. 康熙年间汪文蕃刻本.
② 蔡廷治. 题辞［M］//费密. 弘道书. 大关唐氏怡兰堂丛书本. 1920（民国九年）. 本文所引《弘道书》皆据此本，下文采取文中注。
③ 参见蔡方鹿先生《宋明理学专题研究》未刊稿。

一是认为道统乃是宋儒"私创"。

费经虞、费密认为,孔子、七十子、七十子门人、孟子、荀子、汉儒都未言道统,"魏晋而后,清谈言道,去实而就虚,陋平而喜高。岁迁月改,流传至南宋,遂私立道统"(《弘道书·统典论》),而宋儒"道统私创,违悖圣门,与经不合",其所谓道统,不过是在借鉴佛、道二教谱系下"改乱古经,以就其曲说"(《弘道书·弼辅录论》)。费氏以为,所谓"统",只有天子可以名之。二帝三王时期,"伦无弗叙""政无弗平""方隅无弗安""教化无弗行","其民淳质,以下从上,无所异趋,君师本于一人",因此才称为"统"。及至孔子,"道具而统失",孔子创六经,传圣人之道,只可以说是绵绵永存的"道脉",不可以称之为"统"(《弘道书·统典论》)。

二是认为宋儒并非独承孟子之传。

朱熹的道统说,以宋儒直接孟子,排斥先秦、汉唐诸儒,费密深不以为然。他认为七十子亲炙圣人,观经最全,闻道最近,传道最真,"圣人之道著于一时,古经传之万世,七十子辅助之力为多"(《弘道书·七十子为后一例议》)。秦代焚书,经文尽失,壁藏口授,经典不坠,是秦儒之力。正定讹残,互述传义,立于学官,经学复彰,是汉儒之力;注解音释,得遗补亡,汇编经典,儒经普及,是魏晋隋唐诸儒之力。"道之定,遗经立其本,七十子传其绪,汉唐诸儒衍其脉。"(《弘道书·道脉谱论》)历代诸儒都有功于圣门,不可抹杀。表彰汉唐诸儒,是费氏父子一大学术追求,蔡廷治即记述费密一生致力于"非宋儒直接孟氏之阿说,正汉、唐未尝闻道之詹言"(《中文先生私谥议》)。费氏父子认为:"古经之旨未尝不传,学未尝绝也,后儒自取私说,妄改古经,追贬七十子,尽削汉唐守道诸儒,恶足信乎!"(《弘道书·古经旨论》)二人对宋儒"追贬先儒,非刺太甚"的做法深为不满。

在否定程朱理学道统论的同时,费氏父子建构起以帝王为道统,以公卿为辅弼,以师儒为道脉的新道统体系。费经虞曾画出《天子统道图》授费密,颇为形象地展示出二人心目中的传道系统。

天子统道图

前文已略及，费氏父子认为，只有帝王才能称"统"，"无帝王则不可谓之统"（《弘道书·统典论》），道统之任也只有系于帝王之身才成立。由图中可见，道的传承以二帝三王、孔子、历代帝王为主线，乃君师之尊、治教之本，即以帝王为道之本，只有帝王可以统道。支线有二，一是以公卿辅行道统，修齐治平实行之，即以公卿为行道者。另一条支线是以师儒讲传道脉，修齐治平实明之，即以师儒为明（讲）道者。以帝王为道统，以公卿为辅弼，以师儒为道脉的三条线，分别就是《弘道书》开章三节《统典论》《弼辅录论》《道脉谱论》的内容，费密开宗明义地从一开始就抛出了自己新道统说的主要框架。而在具体叙述中，费密多将担当辅弼职责的公卿视为道统的一部分，"合历代帝王、公卿称曰道统"，即以帝王为主、公卿为辅，共同组成"道统"。这样他的"新道统说"实际上是由"道统""道脉"两部分构成的，即所谓"一于帝王，道则为统，传于孔子，道则为脉"。"统也者，道行于当时，薄海内外莫不化洽也。脉也者，道传于万世，王侯下逮庶人莫不取则也。"对于"道统"和"道脉"，费密曾以"上之道""下之道"指称，认为"上之道在先王立典政以为治，其统则朝廷，历代帝王因之，公卿将相辅焉。下之道在圣门相授受而为脉，其传则胶序，后世师儒弟子守之，前言往行存焉"（《弘道书·统典论》）。上之道，又可称"君道"，其要在治；下之道，又可称"师道"，其要在教，正所谓"君道立则事安，治平之要也；师道立则礼义明，久远之策也"。在费密的理论框架内，上下之道或说君师二道合体，才能构成完整的道传统绪，实现天下治平富足、民众明礼安康的"升平之世"。

二、中实思想

道是儒家最重要的核心范畴之一，也是可以言人人殊的抽象而高明的一个范畴。费密曾说"道总万物之全"，看似承认道是普遍规律，有其难以捉摸的一面，但相对于"远而难知""圣人不言"的天道，费密更看重"实而可见""圣人重之"的人道（《弘道书·圣门定旨两变序记》），甚至认为"道而远人，不可以为道"，将抽象空洞的"天道"排除在"大道"范围之外，可见费密眼中的道是具体实际的。费密称这种"道"为"吾道"，以区别于其他"道"。关于"吾道"的内涵，费密表述为"既中且实，吾道事矣"（《弘道书·吾道述》），"此为吾道，实事中庸"（《弘道书·王道久而渐变遂分表》），认为中与实是"吾道"的本质。

何谓"中"？费密在解释自己所编撰的《中传正纪》得名时说道：

> 盖羲、农尚矣，尧命舜，称"允执厥中"，舜亦以命禹，汤执中，文、武、周公无偏无陂，皆中也，万世帝王传焉，公卿用之。

> 至孔子曰"中庸",古今学者守之,庠序布焉。是中者,圣人传道准绳也。不本中以修身,僻好而已;不本中以言治,偏党而已;不本中以明学,过不及而已,故谓之中传。(《弘道书·道脉谱论》)

上古圣王递相传授的道,是"中道",孔子则诠释作"中庸",成为修身、为学、治国的准则。费密"中实"思想里"中"的含义,与儒家重要概念"允执厥中""中庸"同义,都是指称一种符合规则、不偏不倚、无过无不及的和谐境界。

费密在《弘道书》中数次论及"中",从不同维度阐释了"中"的内涵。从王道治政方面,费密认为帝王为道统所在,而"先王执中建极而行,举贤亲民为要,成升平之世,以此道也"(《弘道书·先王传道表》),认为先王以"执中"为准则,以举贤亲民为手段,目的在实现升平之世。相似的,费密还曾说:"圣人穷变通久之道,而近于时中也。立政兴事,不泥古,不随俗,或革或因,上不病国,下不困民,求合于中"(《弘道书·先王传道述》),认为圣人以"中道"为原则平治天下,所作所为皆合于中。从思想观念方面,费密说:"通诸四民之谓中,信诸一己之谓偏。"(《弘道书·吾道述》),认为"中"就是为士、农、工、商四民共同认可、接受、奉行的思想观念。从道的含义方面,费密曾回答"道者何"这一问题,说"道"是:"射之鹄也,大匠之规矩也,入焉而各自有得者也。远射焉而中,近射焉而中,左射焉而中,右射焉而中,取其中,不计其他也。规之获圆,矩之获方,求其方圆,不索于规矩之外也。道若此止耳。"(《弘道书·统典论》)所谓射鹄取中,不逾规矩,正指明了"中"为"道"之内涵这层关系。

费密所言"中"的含义,似乎对"中庸"等范畴里的原有含义没有什么发展,但他并未停留于此,而是将"中"与"实"相结合来讲,将"道"的内涵引向"实践""实用"。如他在述及"冲主危邦,保艾宗庙,内外诸司,精白输悃。至于天降凶灾,膏血及野,陨殉社稷"时,认为"此皆忠贞格于鬼神,帝王所首褒,圣门所甚重",是"道之至著者",认可此等"仁

知义烈"（《弘道书·辅弼录论》），正是道之正意。他认为"冠婚丧祭，吉
凶仪物"是"安道之用"；"军务边防，五刑百度"是"济道之用"，这些实
实在在的日常事务都是"圣门所谓道"（《弘道书·圣门定旨两变序记》）。
在费密看来，"见诸日用常行之谓实"，"事者，实也"（《弘道书·原教》）。
日常实践的具体事务才为"实"。"道在先王之事"（《弘道书·统典论》），
"圣人盖以实，乃可入用而近道也"（《弘道书·原教》），先王之道体现在
先王之事中，只有"实用"才是真正地契合于道。

作为在宋明理学环境浸染中走出的读书人，费密早年也曾尝试"静坐"
之法，追求悟道。在父亲费经虞"深加呵禁"和自身体悟之下，才最终认识
到"静坐，二氏之旨，吾儒实学当不在是"（费锡璜《费中文先生家传》），
从而走出理学藩篱，走向批判理学。这种"醒悟"是从迭经兵燹，目睹家国
沦亡、民生疾苦的沉痛经验中得来的，正是这一经历促使他形成了主张实
用、强调实功的观念。反诸己身，费密以倡明实学为任，著书立说以"身经
历而后笔之"为准则，"非敢妄言"。与他人讨论经术及古文诗辞，则"必
本之人情事实，不徒高谈性命，为无用之学"（费锡璜《费中文先生家
传》）。他不但为学重实崇实，而且躬行实践，以阐扬圣人之道，终成为明
末清初"经世致用"思潮中一位杰出的代表。

"中实"的思想主张，是在对宋明理学的反动中构建的。"中实"的反
方是"偏虚"，费密以"信诸一己之谓偏"，"故为性命恍忽之谓浮"来定义
"偏虚"（《弘道书·吾道述》），并将其矛头指向了宋明理学家。偏而不中
方面，批评他们"固陋变中"，修身治学言政，多凭一己"僻好"，多有
"偏党""过、不及"，以致"数百年来，胶固拘隘，使圣人之情偏而不中，
全道备德不著于世"（《弘道书·古经旨论》）。虚而不实方面，认为"清谈
害实，始于魏晋"，及至宋明诸儒，则"专取义理，一切尽舍"，"齐逞意
见"，"专事口舌"，"言理言欲，废弃实事，空文相争"，以致"论道益幽而
难考"，"说者自说，事者自事，终为两断"（《弘道书·圣门定旨两变序记》
《弘道书·原教》），完全背离了圣人之道，其最终后果是妨道害世，空疏
误国。

费密以为，要想力避"偏虚"，拨乱反正，秉持"中实之道"是关键。他说："中者道之平……事者道之要……安道之中，行道之事，惟圣人尽之"（《弘道书·原教》），"中而不实，则掠虚足以害事；实而不中，过当亦可伤才"（《弘道书·吾道述》），认为"中"与"实"，一"平"一"要"，为"道"之两核。二者需相合，才能共同构成"吾道"全义。他认为"欲明道行道，实焉中焉"，将"中实"视作明道行道的不二路径。至于"中实"的政治意义，费密以为先王的"制度颛画""要道经营""无不出之于实，无不行之以中"，只有既中且实，才能实现"国治天下平"（《弘道书·吾道述》）。正所谓"中实以通天下之治，万世不易"（《弘道书·吾道述》），费密将"中实之道"看作治国理政、平治天下的必由之路。

三、尊古经与崇先儒

以"中实"为内涵的"吾道"，如何教习闻知，继承流传？费密给出的答案是"古经所载可考也"（《弘道书·吾道述》），即从古经取径。费密认为，孔子"上承二帝三代之典谟，下开修齐治平之学脉"（《弘道书·吾道述》），将二帝三王的"前规盛制""敦本务实"，即圣人之道，纂述记录下来，"定之为经"（《弘道书·道脉谱论》），并借由六经使"先王之政教行之于万世而无斁"，厥功至伟。因此，虽然孔子"位不同于二帝三王"，但其与先王一样同为圣人。道虽然存于"先王之事"中，但"其得存也，系于孔子之言"（《弘道书·统典论》），孔子作为继往开来的传道者，六经作为孔子传先王之道的产物，其地位和意义是无可置疑的。具体而言，孔子做了"序《书》""定《礼》""删《诗》""作《春秋》""赞《易》"等工作，其中《尚书》是"二帝三王之鸿绩，而善政遗后之典册"；《礼》是"四代损益定制，天子、诸侯以至卿大夫、士、庶人取正之遗则"；《诗》是"祭祀燕享、敦教化俗、润色升平之乐章"；《春秋》是"天王巡狩之典阙、方伯连帅会盟征伐以尊王室之旧事"；《易》是"先王则以开物成务，而命官掌之，乃吉凶以前民用之繇辞"（《弘道书·古经旨论》）。综而言之，古经记载先王之事，皆载道之典。

在《弘道书》中，费密数次强调"经"与"道"的紧密联系，如谓"古经者，道之定"（《弘道书·吾道述》），"经传则道传"，"圣人之道，惟经存之，舍经无所谓圣人之道"，"后世去圣人日远，欲闻圣人之道，必以经文为准"（《弘道书·道脉谱论》），"古经之旨……惟古经是求而通焉"（《弘道书·古经旨论》），充分肯定了经以载道、道因经传的依存关系。甚至说"圣人之经，即圣人之道"，将"经"推到与"道"同等的位置，视"道"与"经"为一体，凸显了"经"在儒家无可取代的至高价值和地位。经与道既有如此紧密的联系，则要弘道，必要尊经。费密的"弘道"，实际上追求的是以经弘道，"直从古经旧注发明吾道定旨"（蔡廷治《弘道书题辞》）。这里所谓的"古经"，指的是经文未被宋明理学诸儒"新传""窜易"的原始经书。对此，费密曾教导费锡璜说："古经自变正书而一坏，自用新传、窜易经文而更坏。汝兄弟为学，宜自古经始。"① 这里所谓的"旧注"，指的是汉唐注疏，而非宋明儒者之注解。对此，费锡璜曾记载，费密讲学便是"取汉唐注疏以授及门"②。费密认识到因为时代变迁，经文或有隐晦难以索解处，因此特重训诂的方法，他说："古今不同，（经）非训诂无以明之，训诂明而道不坠。"（《弘道书·原教》）汉唐儒者去古未远，尚见遗书，又传授有序，卓有家法，因此其对经典的笺注训释，最得费密推崇。

反诸己身，费密为学论学，皆笃守古经，他说"古经备矣，不待后世别有所发明，其旨始显也"（《弘道书·古经旨论》），认为古经内涵丰富，无所不备，无须后世之儒"旁斜溢出"，过度阐发。这一观点的矛头实际上指向的是宋明理学诸儒。费密认为"性命""天理""即物穷理""本心良知""主静无欲""无极而太极"等理学命题不过是"窃二氏之旨，改乱古经，以就其曲说"的产物，"窜杂谬诞"，并非"圣门之旧"（《弘道书·弼辅录论》）。理学诸儒"不合于经，虚僻哓哗，自鸣有得"（《弘道书·道脉谱论》），"师心自用，敢以旁引杂人之说，诬圣人之经"（《弘道书·吾道

---

① 费锡璜. 与朱赞皇论古经书［M］//贯道堂文集：卷1. 康熙年间汪文蓍刻本.
② 费锡璜. 与王昆绳书［M］//贯道堂文集：卷1. 康熙年间汪文蓍刻本.

述》），"以其私意，假托经文，创立新旨"（《弘道书·圣门定旨两变序记》），是以"变说"乱正道，大失古经之旨。

费密认为，古经的传承，训诂的发明，离不开历代儒者的共同努力，特别是七十子与汉唐诸儒，"生平素履，累数十年积学，守卫圣人之道，工苦深厚，泽及后世"（《弘道书·道脉谱论》），居功甚伟。宋儒对此视而不见，"取其所传遗经"，却一意抹杀，"尽绝其人"，引起很多有识儒者的不满。正是鉴于"七十子与汉唐抱道诸儒为宋遏绝者五六百年"，功业不彰，费密遂一直以匡扶其历史地位为己任。在费密之前，明人张朝瑞《孔门传道录》、朱睦㮮《授经图》、邓元锡《学校志》、王圻《道统考》四书已经开始彰显七十子、汉儒功绩的工作，可惜失之简略。在此基础上，费密为传八百余篇，儒林二千有奇，辑为《中传正纪》百二十卷，"帝王公卿首著录焉，专序七十子传人见于国史者，为《圣门道脉谱》，画图详其世次，述传授之宗系"（《弘道书·道脉谱论》），以表彰包括汉唐儒者在内的历代诸儒。此外，《弘道书》卷中《祀先圣礼乐旧制议》《先师位次旧制议》《先贤封爵旧制议》《七十子为后一例议》《从祀旧制议》诸篇，从后世奉祀先儒角度入手，系统清理了其中不合理合规的封谥、从祀做法，同样展现了费密对先儒的重视。

综合上述，费密的学术思想，无论是构建新道统、中实思想，还是尊古经与崇先儒，其理论底色都可以归结为"反理学"或说"批判理学"，从这一点来说，他无愧于"反宋学的健将"这个称呼。而如果要选取一个主旨关键词来概括、代表费密的学术主张，这个词无疑应该是"实用"：以帝王为道统，强调的是"治世""政教"，尊古经、崇汉儒，是因为"古经之旨，皆教实以致用"（《弘道书·圣人取人定法论》），"古经之弘者，无所不实"（《弘道书·圣门定旨两变序记》）。对于经历了战事频仍、生民离乱、改朝换代等巨变的费氏父子来说，坎坷的遭际正足以促使他们以"实用"的标尺展开对儒学的质疑和省思。

论段正元的"真道德"说

张茂泽（西北大学中国思想文化研究所）

摘　要：作为我国近代儒学的代表，段正元成立道德学社，提出"真道德"学说，试图解决近代社会遇到的各种问题。他认为道德是体用合一的，是历史的核心，是近代革命和近代史建设的基础，是社会治乱、国家兴衰的根本所在。他重视道德的修养和教化，认为"真道德"需要真儒，真儒则应通经史，合三教，融西学。段正元一生实践道德，知行合一，确实是我国近代的"道德革命家、道德实行家"。

关键词：段正元　"真道德"说

儒学在我国近现代发展历史如何？这个问题已经影响到人们对当代中国儒学发展走向的思考。比如，有学者推崇康有为。康有为在儒学史上究竟占有什么样的历史地位？现代新儒学渊源何处？清代考据学是如何走向现代新儒学的，中间环节是什么？学界对这些问题的研究，颇有不足。我认为，儒学从古代到现当代，中间经历了近代儒学、现代新儒学。近代儒学则包含以曾国藩、张之洞为代表的洋务儒学，以康有为、梁启超、严复等为代表的维新儒学，以孙中山为代表的革命儒学在内。段正元便是我国近代儒学的代表，是革命儒学的余绪，又是现代新儒学的必要补充。

段正元（1864—1940），四川威远人。少时尝事农工商贾。十五岁，师从龙元祖，得先天后天、内圣外王、修齐治平、体用合一真传。"至三十，觉可以著书，始将觉悟所得，笔记出来"，"积稿至十二卷，定名为《阴阳正宗》",因经济原因,"只摘书中纲要刊印,成为一卷,改名《阴阳正宗略引》"。① 1912 年,在成都创办"人伦道德会",提倡伦理,扶持人道。1916 年,在北京成立道德学社,阐扬真正道德,实行人道贞义,提倡世界大同,希望天下太平。后在南京、上海、杭州、汉口、徐州、保定、天津、奉天、荥阳、随县等地成立了道德学社和分社。一生演讲、谈话,与弟子问答,有单行本、系列丛书行世。由弟子所编《师道全书》60 卷,在香港启明书局印行。其中 1930 年北平道德学社编印的《大同贞义》为其代表作。

段正元一生理想远大,面对民族国家危机,"志在万人""志在万世"②。他举办道德学社,本希望"集众思,广众益,就正高明有道之人",但各处所见,"多半是争强逞霸、时势所造之英雄,或则方技小术、矜奇好异之外道,从未见有真以挽回世道、救正人心、道集大成之大事业者"。③ 于是,他当仁不让,努力继承尧、舜、禹、汤、文、武、周公、孔子的"正统的道德思想"④。维新运动期间,一些人推崇西学,号为"新学",贬斥中学为"旧学"。段正元曰:"乱世者气数,而挽回气数者,必赖于人。人之所以贵者以道,亲道必以德。古者圣贤之所以异于豪杰者,非好为其难也,务其德成人成己而已矣。"又曰:"道德也者,不可须臾离也。小之一身一家一国能实行,则身修家齐而国治,大之大下万世能实行,则天下万世和平。"⑤ 于是,一些"新学界人"视之为"仇敌"⑥。但他依然"以道统传人为己任"⑦,借助道德学社,各处演说,弘扬道德真义,呼吁行人道贞义,开万世太平,造世界大同。

———————

① 段正元. 重刊阴阳正宗略引序［M］//段平,韩星编. 段正元文集:上. 北京:社会科学文献出版社,2017:2-3.

② 段正元. 阴阳正宗略引:学先立志［M］//段平,韩星编. 段正元文集:上. 北京:社会科学文献出版社,2017:27.

③ 段正元. 大同贞义·大德必得［M］. 北京:世界知识出版社,2015:188.

④ 段正元. 大同贞义:天然政治论［M］. 北京:世界知识出版社,2015:10.

⑤ 段正元. 道德和平序［M］//段平,韩星编. 段正元文集:下. 北京:社会科学文献出版社,2017:1.

⑥ 段正元. 大同元音［M］//段平,韩星编. 段正元文集:上. 北京:社会科学文献出版社,2017:768.

⑦ 韩星. 大同贞义序［M］//段正元. 大同贞义. 北京:世界知识出版社,2015:4.

我国近代儒学主张学习西洋工商实业、军事技术、政治制度等，现代新儒学则进而主张学习西方科学方法和民主政治。总之，他们多出入西学而返归儒家，会通中西知识、理论和方法，以诠释道德新义，成为引领时代思潮的学人。段正元则横跨维新儒学、革命儒学、新文化运动、现代新儒学前期，思想有近代儒学化西学为儒学的一般共性。而且他立足本土，志道行道，结合时代，讲说道德，思想体悟深切，德行坚固贞正，提供了近现代儒学日常生产生活的鲜活案例。

儒学在近代受到时代挑战，地位动摇。科举废除，清廷倒台，儒学官方地位不再。五四运动"打倒孔家店"后，儒家道德学说在救国救民、振兴中华的近代历史使命中究竟能否发挥积极作用，在许多人那里成为疑问。段正元观察近代中国思想大势说："当兹时运方新，国家不惜千百赀财，遣游万里之外，独至近在咫尺，未曾研究，斥为故炫神奇；夫外国输入之皮毛，犹恐纤毫之不肖，独至祖国之至纯至粹，人人所固有者，等诸无稽；一切保身心、保国家者，皆思辟前古所未有，独至此真性真命，包罗万象，不复精益求精。"① 个别崇洋媚外而数典忘祖的人，打着科学、民主的旗帜，将儒学定性为玄学，贬斥儒学为君主专制的意识形态，从而否定儒学，否定中华优秀传统文化，以便为全盘西化鸣锣开道。这种非理性喧嚣从反面刺激了现代新儒学的诞生。一些学者努力以儒学为本，结合中国近现代化的需要，比较和融会儒佛或中西学说，从传统儒学中诠释出包含科学、民主的因素，为中华优秀文化的历史长河在近现代进一步流衍奔腾疏浚河道，畅通血脉。和"学院派"的新儒家不同，段正元则直接以"真道德"为核心，论述真道德的普遍必然性、近现代历史性、未来恒久性，努力说明儒家真道德依然是我国近代革命和现代化建设的基础，是全人类走向世界大同的必由之路，留下了近代民间儒学的精彩一页。

近代以来，因为贫穷落后挨打，一些人修养不足，不免怨天尤人，挑自身历史文化的刺，将道德视为我国贫穷落后的替罪羊。恰好在历史上、现实

---

① 段正元. 圣道发凡：时务谈［M］//段平，韩星编. 段正元文集：上. 北京：社会科学文献出版社，2017：76-77.

中，社会制度新旧杂陈，某些人修养不足，自私自利，得以上下其手，左右逢源，人性异化，一些人德行不免虚伪，专制制度下的礼教甚至"吃人"。真道德受到近代历史和卑劣人性的双重考验。明清以来，中国社会相对落后，这是道德的必然表现吗？是重视道德修养、道德教化的必然结果吗？另外，近代学人受西学影响，以为道德就是伦理道德，和科学、哲学、艺术等无关，只是狭义的言行活动规范。道德真的只是狭义的伦理道德，而不包含科学、艺术、政治、经济等价值吗？没有科学支持，没有经济建设支撑，没有政治革命、民主建设保障，狭义的伦理道德能够担负起振兴中华、齐家治国平天下的伟大使命吗？这些时代课题都需要理性而明确的回应。段正元的"真道德"说，就集中回答了这两大问题。

一、"真道德"

段正元认为，儒家道德既是本体，又是大用，是体用合一的。他说："道无小大。而曰有小大者，量德以为言者也。德大故大，德小故小，德无故无。今天下以诈相尚，惑世乱民，德无矣，道奚由焉？"道是德的本源、根本，德是实现道的路径、平台。道实现多少，端赖德修养的高低。故道德修养，正是学道、行道、传道的表现。

在段正元看来，真道德有三个根本标志：

第一，道德是全体大用的。他认为，真道德是本体，有绝对性、永恒性，又是大用，有历史性。他提出，"真道德者，为天地万物之父母"①，"道德乃天地之元气，为生天、生地、生人、生万物之本根"②。又言，"天地人物皆道德所生，其源至远，其义至邃"③，"道德者，万世不易之原则"④。总之，他认为道德是天地万物的本源。我国古人理解的本源，往往有本体性。而且他

① 段正元. 大同贞义·大德必得 [M]. 北京：世界知识出版社，2015：227.
② 段正元. 大同贞义：天然政治论 [M]. 北京：世界知识出版社，2015：8.
③ 段正元. 性与录注 [M] //段平，韩星编. 段正元文集：下. 北京：社会科学文献出版社，2017：107.
④ 段正元. 道德和平序 [M] //段平，韩星编. 段正元文集：下. 北京：社会科学文献出版社，2017：1.

认为，道德是体用合一的。有体无用则虚，如佛老；有用无体则俗，如吃人的礼教。

第二，就道德的用言，他尤其关注道德和人性的内在联系。他提出，"道德者，人之根本也"①，"道德之关系于人，更有不可一日无者"②。道德就是人之所以为人的本质所在。这主要表现在两个方面：

其一，道德是人性的表现。他明确说，真道德只是良知的发用流行，任何人"诚能以大公无私之良心作事，即是道德之行为"③。反之，没有道德修养，则人不成其为人。"一言以蔽之，不知道德者，非人也。是人非人，非人是人。身虽在世，良心早死。呜呼痛哉，哀莫大于心死，此之谓也。人生于道德，不知道德，是不知本。虽具人形，亦人面兽心、人头畜鸣之类耳。"④ 这就从正反两方面说明，真道德是人的本质特征。

其二，道德也是人们做人成人的重点和关键所在。他认为，道德是人们"不可须臾离"的，有普遍性和必然性，能帮助人成为人；而且"道德乃人生之福气"⑤，有德则幸福，无德则不幸。

就本质言，道德不只是伦理道德，而且是天人合一的宇宙真实，是合真善美用信等一切积极价值在内的人性综合修养，更是人之所以为人、我之所以为我的良知。表现于社会人生中，"凡个人之身心性命，以及家国天下、万事万物，无一不在道德包孕中"⑥。如"生众食寡，为疾用舒，大道生财，则财恒足，而实行其道者即为德"。亚当·斯密研究财富来源，发现劳动创造价值。段正元说，这种"致富之道、保富之德"，正"是道德旁行于躯壳界也"。经济生产是道德的一部分，是道德的表现；这样理解道德，符合我

① 段正元. 性与录注 [M] //段平，韩星编. 段正元文集下. 北京：社会科学文献出版社，2017：107.
② 段正元. 圣道发凡·时务谈 [M] //段平，韩星编. 段正元文集上. 北京：社会科学文献出版社，2017：61.
③ 段正元. 大同贞义：为政以德之大经大法 [M]. 北京：世界知识出版社，2015：98.
④ 段正元. 性与录注 [M] //段平，韩星编. 段正元文集下. 北京：社会科学文献出版社，2017：109.
⑤ 段正元. 大同贞义：天然政治论 [M]. 北京：世界知识出版社，2015：8.
⑥ 段正元. 大同贞义：天然政治论 [M]. 北京：世界知识出版社，2015：8.

国古人原意。如司马迁描述后稷发明农业，称其"有令德"；公刘发展农业生产，使周人居有蓄积，行有资粮，当时"诗人歌乐思其德"（《史记·周本纪》），说明古人早以发展生产有成为有德。推而广之，社会上"一切卫生、实业、交通、生活、乐利等事，皆道德中一事"①，都是道德的表现。这样的道德，实即人性，属广义的道德，包含认识、艺术、政治、经济等在内。

故真道德表现在每个人身上，是全方位的。他发现，"性是道之体，命是道之用，身是道之形，心是道之灵。故人也者，大道之代表也"②。道德是人之所以为人的根本所在，人则是道德在现实世界的代表性落实。人们可以发现，道德不仅生人，而且还"能养人"，使人成为人。历史上、现实中的贤能，只是道德的凝聚结晶。他说："人者，道德之精华也"，"人才者，道德精华中之精华也。迄今人才辈出，皆由道德大泄精华。故其著书立说，无一外道德以为新"。以此为准观察现实的人，则应得出结论："人为道德全体大用，断无缺衣少食之理。世之缺衣少食者，由失道德也。"③ 道德和人生中的吃穿住行联系密切；一个人生活幸福与否的状况是结果，他是否有德才是真正原因。古人有义利之辨，而段正元这种看法，却凸显了"义一定利"的义利统一性，反映了近代中国人追求国家富强的理想。

第三，道德不仅有历史性，而且是历史的核心，是治国理政的根本，是人生幸福的源泉。

段正元认为，道德"日新又新"④，有历史变化；人类史和人伦史，"互为因果，兼程并进"⑤。他强调道德在人类文明史上的地位和作用，认为道德是人类优秀文化的核心内容，是"世界最高无上之文化"，而这种优秀的

---

① 段正元. 圣道发凡·时务谈 [M] //段平，韩星编. 段正元文集上. 北京：社会科学文献出版社，2017：66.
② 段正元. 道德和平永久和平概论 [M] //段平，韩星编. 段正元文集下. 北京：社会科学文献出版社，2017：2
③ 段正元. 大同贞义·大德必得 [M]. 北京：世界知识出版社，2015：228.
④ 段正元. 大同贞义·大德必得 [M]. 北京：世界知识出版社，2015：215.
⑤ 段正元. 大同贞义：大同主义诠真 [M]. 北京：世界知识出版社，2015：19.

人类文化，"惟中国最优美最完备"①。因为中国历史悠久，"为世界最古之国，为道德仁政发源之地。唐虞三代之盛，纯由仁政而来"②。在这种优秀文化影响下，我国历史上阐发道德的文献极为丰富，但其经典，"总之不能越《大学》之范围"③。这种文化氛围，铸造了中华民族重视道德的优秀传统。中华文明数千年尽管不断变化，但"民固犹是唐虞三代优秀之遗民，地固犹是汉唐宋元明清递传来之中华大地"，而人民大众则最"富于道德思想之国性民情"④。

他也发现道德有历史变化，认为古代道德和近代道德有不同。比如五伦，"宗法时代、封建时代，不过具五伦之雏形（如重男轻女，夫权独重）。文明进化，天下大同时代，乃得见五化之美备耳（如男有分，女有归，夫妇平等）"。

段正元还认为，在历史上，真道德是社会治乱、国家兴衰的根本所在。他说："盛德大业，即是由真道德而成。"⑤ "国家社会程度较高者，必呈日月光华、国泰民安之景象；反之，道德程度低落者，刀兵水火、夭札疾疫之灾随之而起。"道德的重要地位和作用还明显表现在每个人的社会人生中。段正元提出，"厚德所以载福，和气乃能致祥"，一个人幸福与否，端赖有无道德，或道德的高低。而且一个人成功与否，根本上看也有赖于道德修养。他发现，无论是个人还是国家，"有道者兴，无道者灭；有德者昌，无德者亡。有道德者治，无道德者乱；有道德者成，无道德者败。乃天道人事之常经。无人不欲保全身心性命、家国天下，享得人类应享之幸福，即无人不应遵循道德之坦途"⑥。故追求世界和平，当然也应以道德为基础，因为"道

① 段正元. 大同贞义：天然政治论 [M]. 北京：世界知识出版社，2015：6.
② 段正元. 大同贞义：为政以德之大经大法 [M]. 北京：世界知识出版社，2015：100.
③ 段正元. 圣道发凡·时务谈 [M] //段平，韩星编. 段正元文集上. 北京：社会科学文献出版社，2017：61.
④ 段正元. 大同贞义·政治大同 [M]. 北京：世界知识出版社，2015：2.
⑤ 段正元. 大同贞义·大德必得 [M]. 北京：世界知识出版社，2015：215.
⑥ 段正元. 大同贞义：天然政治论 [M]. 北京：世界知识出版社，2015：8.

德之和平，乃真正永久之和平"①。

在段正元看来，"真道德"有近代平等、自由等性质，属于近代道德。他认为，真道德有十大特征：1. 积极的而非消极的，"真道德是自利利他，成己成人成物之积极的模范"。2. 文明的而非腐败的，"真道德是光华灿烂正大光明之结晶，全无一点腐败黑暗污秽颓唐之气习"。3. 权宜的而非迂阔的，"真道德是执两而用中，宜民而宜人，不但可以修身，可以齐家，可以治国，实可以平天下、造大同而有余"②。4. 平等的而非阶级的，"真道德是使人人各称其量，各如其分，各得其所之大平等、真平等"，而非矫揉造作之平等。5. 自由的而非束缚的，"真道德是忠恕之道，己所不欲勿施于人。换言之，即各个人之自由，以不侵犯他人之自由为界。斯为大自由、真自由，社会上人人得其安乐，个个自在逍遥，无不而自得焉"。6. 健全的而非贫弱的，"真道德是富国强种、扬烈觐光之根本"③。7. 极乐的而非苦恼的，"真道德是与人同乐、与众同乐之天然的性量"。8. 普遍的而非偏枯的，"真道德是天理人情之所同然。一人可行，万人可推；一方可行，万方可推；一时可行，万世可推：为真正的全民政治之模范"。9. 圆满的而非缺陷的，"所谓并行并育，不悖不害，乃中国真道德之真精神，岂灭国、灭种、灭文化之狼毒思想，所能望其肩背"④。10. 真实的而非虚文的，"是言顾行，行顾言，而且敏于事而慎于言。果全国国民富有躬行实践、实事求是之旧道德思想，则必不另立标语，自可复风清俗美、民安物阜之旧观矣"⑤。

中华优秀道德文化为什么到近代以后却遭受挫折、陷入困局了呢？这是因为外有西学冲击，而内则危机深重。表现为人性异化，道德失真，阐发道德的学问乏力，人们对真道德缺乏正确认识，也缺乏虔诚实践，道德修养不足。他说，尧舜禹汤文武周公之后，"不再有圣人之君相，其政遂不再举。

①　段正元. 道德和平·序 [M] //段平，韩星编. 段正元文集下. 北京：社会科学文献出版社，2017：1.

②　段正元. 大同贞义：天然政治论 [M]. 北京：世界知识出版社，2015：3.

③　段正元. 大同贞义：天然政治论 [M]. 北京：世界知识出版社，2015：4.

④　段正元. 大同贞义：天然政治论 [M]. 北京：世界知识出版社，2015：5.

⑤　段正元. 大同贞义：天然政治论 [M]. 北京：世界知识出版社，2015：5-6.

而道德学问，亦自孟子以后，失却真传，师道不立。所谓儒者，虽以道德学问为名，其实非伪饰之乡愿，即迂腐之学究"。加之秦汉以来，"昏庸之君主，污败之官吏，害国殃民之政，皆此类之人才助成之。学术治术退化，至于陋劣不堪之时"，道德因此发生了异化。西学所谓法治文明、科学万能，以其富国强兵侵入中国，"一般人皆崇拜之，号为新知识，而以旧有之真正道德学问，同视为无用之理学文章"。① 这就解释了我国本是道德文明国家，有优秀的道德传统，何以道德失真、现实无力，只是因为所谓道德只是伪道德、假道德，而非真道德。这就揭明了近人漠视中华优秀道德文化的理论原因和历史、现实原因。

二、"三纲"是真道德的集中表现

人既然是道德的人，道德是人之所以异于禽兽者，则人的历史性必然体现为道德的历史性。有古代人，便有古代道德；有近代人，就有近代道德。但人和道德又有历史连续性，古代人和近代人都是人，有人的共性，古代道德和近代道德都是道德，有道德的共性。近代道德是什么？在段正元那里，主要表现为他对民主、自由、平等、革命等近代思想的汲取，这就使他的所谓真道德，不只是本体的道德，而且是历史的、现实的近代道德。

近代道德首先是道德，是真道德在近代的历史表现，又具有和旧道德一脉相承的共性。儒学的发展，表现为不同时代的儒家学者对不同时代的道德意义加以阐释和揭明，帮助不同时代的人们做人、成人。我国近代社会在生产生活、社会制度、思想文化等方面都发生了巨变，段正元发现，"工艺精而日用愈新，礼法立而伦常愈悉，哲学出而性命愈昭"②，这些都为近代道德的诞生准备了有别于古代的历史条件。

在他看来，"三纲五常，为我中华之国粹"，它在近现代依然有时代价值。他解释说："三纲说法，即今人所谓代表的意义、主任的意义。若社会

① 段正元. 大同贞义：为政以德之大经大法 [M]. 北京：世界知识出版社，2015：100.
② 段正元. 圣道发凡·时务谈 [M]//段平，韩星编. 段正元文集上. 北京：社会科学文献出版社，2017：75.

上一切事事物物无主体属体之分，则三纲云云，诚为谬妄。否则无论国家政体如何变更，机关名义如何改易，而三纲真理犹自长存，三纲作用犹为必要。……古人重纲之意，实重视主事人之责任，非重视其威仪。谚云：'上梁不正下梁歪'，已从反面道破三纲真义。""三纲真义"究竟是什么？在他看来，三纲在理论上"树人道之仪型，正人道之本源"①，实践上"为政以德"，"帅之以正"，只是帮助人们做人、成人，人性地治国理政而已。"若使为君者先尽君道，足以为群僚之表率，为父者先尽父道，足以为子女之仪型，为夫者先尽夫道，足以为妻室之仰望，则纲举而目张，上行而下效，一切善良政治、美好风俗由此而生，社会上又安有不自由、不平等、不文明之腐败现象哉？大凡不自由不平等之腐败行径，多从国家专横、家庭黑暗、以上压下者所酿成，断未有仁君而犹草芥忠良，慈父而犹作践子女，义夫而犹侮辱妻室也。"②　在历史上，三纲制度曾经异化为吃人的礼教。段正元认为，这主要是因为"为人君父者，往往自己专横放纵，而返责臣子以忠孝。为人夫者，往往自己奸盗淫邪，而反责其妻以贞节。一班伪儒曲士又从而推波助澜，演为'君教臣死，不敢不死，父教子亡，不敢不亡'之专横谬说。此篡弑所以相寻，淫僻所以多罪，人道之沉沦，皆由三纲之不正也"③。意思是说，三纲制度异化，不是三纲本身的原因，而是修养不足的人们误认误用三纲的结果。

　　段正元的论说使我们思考，三纲五常其实具有多方面的意义，需要进行科学发掘。首先，结合现代新儒家如贺麟等的研究，"三纲"和天人合一的道统传承相关，具有本体论意义。三纲说要求无论是占主导地位的君、父、夫一方，还是臣、子、妇一方，皆要忠君孝亲，相敬如宾。在君臣、父子、夫妇关系中，每个人对待对方，不只是现实的人之间的对待关系，而且是现

---

①　段正元. 大同贞义：大同主义诠真 [M]. 北京：世界知识出版社，2015：29.
②　段正元. 大同贞义：大同主义诠真 [M]. 北京：世界知识出版社，2015：29.
③　段正元. 大同贞义：大同主义诠真 [M]. 北京：世界知识出版社，2015：29.

实的人对人之所以为人，对人性，对人的"名"（位分）的关系①；要处理
好这些关系，照孔子的意思，就必须"正名"，即以理想的名，正现实的实。
如君君，则国君要以"君"的名正现实的君之实。因为理想的、标准的
"君"名，很少体现出来，在现实的国君身上很难见到。现实的国君继位，
往往并非因为他作为国君合格以后而继位，而是和国君素养无多大关系的其
他因素使其继位，导致德不配位成为常见现象。在这种情况下，"君君"的
要求就是必要而重要的。而臣忠于君，也不只是忠于现实中的君主这个人，
而且要忠于"君"这个名，以及这个名所代表的君主的位分。换言之，不论
现实的君主个人如何，都不会影响到君成为理想的君的意志，不会影响到臣
忠君的程度，以确保臣对君的忠诚具有绝对性和永恒性。这时，忠君不只是
对现实中的君主这个人尽忠，而且对君主的名——国家的象征——尽忠。则
这样的忠君，既是忠君，也是爱国。这样，三纲使道德成为有信念基础的道
德，提升了道德的文化层次；三纲使理性成为理性的信仰，强化了理性的精
神力量；三纲使人际关系从相对成为绝对，短暂成为永恒；三纲使人的道德
热情成为宗教狂热，忠诚进展为忠贞不贰，尊敬提升为虔敬。所以，三纲的
实践效果明显。实行三纲以后，借助思想文化的引领，中华民族共有精神家
园的建设，加强和巩固了多民族国家的统一。历史上，往往因为君主有位无
德，又不加强修养，导致君不君，则臣之不忠，便为必然。这是君为臣纲理
念不能实现的主要原因。

同理，爱子，附属于子子，是为子道。为人子，尽子道。子子者，以理

---

① 如贺麟认为，三纲说强调"绝对之爱，片面之爱"，"要求关系者一方绝对遵守其位
分，实行片面的爱，履行片面的义务。……要求君不君，臣不可以不臣；父不父，子
不可以不子；夫不夫，妇不可以不妇。换言之，三纲说要求臣、子、妇尽片面的忠、
孝、贞的绝对义务，以免陷于相对的循环报复、给价还价的不稳定的关系之中"。这
时，"位分"如忠、孝、贞等，就成为"维持理想上的常久关系的规范"，即常德。既
是常德，则有永恒性，绝对性，"不论对方的生死离合，不管对方的智愚贤不肖，我
总是应绝对守我自己的位分，履行我自己的常德，尽我自己片面应尽的义务。不随环
境而变节，不随对方为转移，以奠定维系人伦的基础，稳定社会的纲常。这就是三纲
说所提出来的绝对要求"。见贺麟. 哲学与哲学史论文集 [M]. 北京：商务印书馆，
1990：368-369.

性的儿子的道理要求现实的儿子进行子道修养，尽儿子的职责，孝敬父母等。父亲之对待儿子，不仅爱之如子，而且爱之如人。将儿子当儿子，也将儿子当人，这就是爱子如人，爱之，教化之，帮助之，使之成为合格的理想的人。岂能因儿之不肖便放弃之，不尽为父之责？所以，爱子，是道德，也是仁爱之情。既是爱现实的这个儿子，也是爱作为一般人的现实的儿子，爱儿子所具有的人性，即子子中"子"这个名所规定的内容。

三纲五常还具有修养论和教化论意义，段正元对此有较多讨论。在他看来，三纲说只是"专责在上"①，要求社会上强势的、占主导地位的君、父、夫以身作则，敢于负领导之责，此即修养。在他看来，修养论中，纲和目是一对范畴，意义相关、相应。纲，首要。"纲者，乃对于上者，重责任之义；非对于下者，为专横之地。是人无能践纲之实者，故不知其为平等自由之规矩。" 比如，"所谓君为臣纲者，责任于君，为人君要足以为人臣的纲领，作个模范，有所表率"②。意思是说，要处理好君臣关系，则在君臣关系中，首先要对君提出特别要求，纲举而后目张。"凡居君之地位者，必其道德学问足以为大众之领袖，而能负个中完全责任，始足为纲。"③ 父子、夫妇仿此，即要处理好父子关系、夫妇关系，首先要对父、夫提出修养要求。君、父、夫修养达到要求，能担负重担，负起责任，事事起模范带头作用，是为纲举，而后便可对臣、子、妇提出修养要求，要求目张。

可见，纲举修养的主要内容是，无论君、父、夫，还是臣、子、妇，都要有对道的坚定信念，对蕴含了道在内的礼法制度有信任、信赖。其次，修养的特殊的、具体的内容还有：一是君、父、夫要有使命感、责任感，勇挑重担，敢于负责，不推诿；二是君、父、夫在道德修养上要以身作则，起带头作用；三是对于事情的结果，对臣、子、妇的要求、需要，要敢于负责，不推卸责任。纲举而目张，风吹而草动，人文而化成，自然便有成效。历史

---

① 段正元. 大同贞谛 [M] //段平，韩星编. 段正元文集下. 北京：社会科学文献出版社，2017：595.
② 段正元. 大同贞谛 [M] //段平，韩星编. 段正元文集下. 北京：社会科学文献出版社，2017：595.
③ 段正元. 大同贞义：为政以德之大经大法 [M]. 北京：世界知识出版社，2015：120.

上常见的情况是，因为君主个人修养不足，甚至完全放弃个人修养，只知道
"争君之权，而忘纲之实"①，只想利用权力获得好处，不想负责任，尽义
务，沉于权力任性中，使专制肆虐。表面上君主权力无限，权势滔天，权威
无上，其实君主因为缺乏必要修养，而格局狭小，境界低俗，多为孟子所批
评的梁惠王那种"小人"心态，也耽误了自己做人、成人。这样的君主治
国，便如小人肆虐，只是人欲横流，万千民众中，有几人会心服口服？君纲
自然不振，"君为臣纲"必定落空。究其原因，都是因为君不君，所以臣不
臣，而不是臣民首先不臣。但专制君主小人心态，习惯成自然，不能自我反
思，总是怨天尤人，遇事首先怪罪臣民。

　　弱势一方的臣、子、妇，同样要自觉加强道德修养，向君子、贤、圣的
理想人格奔去。孔子说，当仁不让于师。如儿子修养，不必等待父亲，不必
以父亲的修养为准绳，而应以圣贤为标准。儿子若能以此修养，善待父母家
人，则父母家人感受到其仁爱，自然春风化雨，关系和睦而有家齐之效、享
齐家之福。

　　"三纲"还要求"常居于责任与模范之地位"的君、父、夫，担负起
"教育、保护之永久责任"②，负养育之责、亲爱之责，此即教化。君、父、
夫以身作则，便是行不言之教；君、父、夫保护臣、子、妇的安全，便是以
身教感染教化臣、子、妇。教化关键在"以善先人"，教化者带头做出榜样，
以德身教人，以仁心化人。这样，任何人都可以仁爱他人，做合格的教化
者，任何人都可以见贤思齐，虚心受教，任何社会生产生活，政治、经济、
法律、军事、文化等活动，无不是教化的领域、平台和途径，都富有教化的
意义。认识到这一点，就会在任何言行活动中非礼勿视、听、言、动，注意
社会影响。要注意的是，在教化中，仁爱情感是教化的依据、动力、起点，
教化只是仁爱的表现和落实。以仁爱人，以义正己，是关于教化对象和教化
内容的真理。对教化对象，固然应提出"义"的标准和要求，但仁爱更为重
要。因为仁是义的基础，义是仁的表现。有时，教化者只是仁爱，就进行了

_____

① 段正元. 大同贞义：为政以德之大经大法 [M]. 北京：世界知识出版社，2015：120.
② 段正元. 大同贞义：为政以德之大经大法 [M]. 北京：世界知识出版社，2015：120.

教化，且教化效果比单纯说教更好。现实中，教化不行，教化效果不佳，大多因为实施教化的强势一方没有仁爱，或没有以身作则，没有在遭遇"重大困难事件，皆以身先之"①，而只是单纯说教，甚至扼杀人性，使三纲蜕化为吃人礼教。三纲本来基于人性，修养只是人性修养，教化只是人性教化，在道德修养、道德教化中，做主宰的始终是人性的自觉和实现。离开了人性基础、准则和理想，修养和教化也必然异化。可见，历史上出现礼教吃人的现象，当然不是三纲错了，也不是三纲说错了，而只是教化执行者有私心，假公济私，利用三纲说维护自己私下统治的必然恶果而已。

段正元对三纲的解释颇有时代色彩。如他解释君臣有义，就含有近现代意义。他说："作事的相互团结间有主持人，有服从人，于是谓之君臣。""即今之称总司令、总指挥、部长、科长，以及主任、主席等等，明目虽不称君，其为主体之实则一。今之部员、科员、局员、兵卒等等，明目虽不称臣，其为从属之实则一。固不得以一提到'君臣'二字，便是有皇帝思想，为帝国主义也。"他又说："主持一国家一团体事业之人，必以一国家一团体之全体利益为标准，而后合乎为君之义。助理一国家一团体事业之人，必对于其所承当之事业，切实负担责任，而后合乎为臣之义。"② 君主臣从，君仁臣敬，只要合乎大义，"则主事者必有指挥命令之主权，从事者必有服从指挥命令之义务，而后政行而事理。故君使臣以礼，臣事君以忠，实人道当然之典则，办事不易之常经"。或以为近代是平等社会，人与人之间是同志关系，君臣一伦可废。在段正元看来，其实不然。他说："同志云云，殆所谓以义合者也。虽曰同志，而同志之中，要必有主事之人与从事之人。主事之人即是君也，从事之人即是臣也。""固不得谓一称同志，便可不用命令，不讲服从，无上无下，无好无歹，一概可以自由行动，任意妄为也。"③ 归根结底，"三纲之实为平等自由之规矩"④ 而已。

---

① 段正元. 大同贞义：为政以德之大经大法 [M]. 北京：世界知识出版社，2015：120.
② 段正元. 大同贞义：大同主义诠真 [M]. 北京：世界知识出版社，2015：23.
③ 段正元. 大同贞义：大同主义诠真 [M]. 北京：世界知识出版社，2015：24.
④ 段正元. 大同贞义：为政以德之大经大法 [M]. 北京：世界知识出版社，2015：119.

为什么说三纲说不是维护等级制，而是平权制？段正元解释说，因为"道德者，人之平权也。平权之义，是以道德为基准，使不平者各得其平，非不问其本位如何，一律等而齐之也。人之长幼尊卑、智使（疑当为识——引者）能力，不可强同者也。各就其本分，尽其所应尽，享其所应享，是为道德之平权，是为真平权"①。由段正元理解的真道德引申出来的，是个人人格的自由，君臣、父子、夫妇关系的平等，真道德落实到政治上，就是民主共和制。这些理解完全克服了等级制、君主专制，超越了古代，洋溢着近代精神，属于近代道德范围，段正元的真道德说，确实是我国近代儒学的道德学说。

三、近代道德的修养和教化

道德在本质上是实践的，属于实践理性。这在我国古代表现为知行不离、知行合一等论述。而我国古人所谓知，主要是对人性的认识，不是见闻之知，而是德性之知；我国古人所谓行，主要的不是认识的实践，而是道德的实行、践履，表现为道德修养和道德教化。知行的目的，在于使人做人、成人，进而使整个社会成为理想社会。修己以安人，修己以安百姓，帮助所有人做人、成人，是我国古代儒家道德学说的中心任务。故段正元说"人何以能成道？由修德始。人何以能有德？须要顺道路而行"②，进行道德修养和道德教化，使人们达到一定的道德境界。

段正元认为，古人认识到的道德真理，记载于"圣贤载道之经文"中，而与"前清科举时文之文学"③ 无关。关于"圣贤载道之经文"，他十分推崇《大学》。他断定，"《大学》一书，实为古今中外道德之结晶，任何学说、任何教义不能出其范围。而格致诚正修齐治平八目，实为人类进化必由

---

① 段正元. 性与录注［M］//段平，韩星编. 段正元文集下. 北京：社会科学文献出版社，2017：106.
② 段正元. 大同贞义：大同指南［M］. 北京：世界知识出版社，2015：71.
③ 段正元. 大同贞义：天然政治论［M］. 北京：世界知识出版社，2015：14.

之正轨，顺之则存，逆之则亡"①。古人实践的道德真理，即圣贤德行。段正元强调，真道德是"君子躬行之实德"，而非"伪儒假借之道德"②。《大学》三纲领、八条目，说清楚了准绳、次第，如能照此躬行实践，必"大用大效，小用小效"③。

如何进行道德修养和道德教化？我国古人提出的方法有很多。但归根结底，最重要的就是孔子所说"必也正名乎"的"正名"，即用概念的、理念的、表达理想的人的"名"，引领、纠正现实社会人生的"实"。用段正元的话说，就是综核名实。他说："能发一令必谋一令之效，设一官必举一官之实，用一人必当一人之才，作一事必如一事之分，全国士农工商各安其业，文武上下各尽其职，自然无事不办，无政不行，无国不治。"④ 此外，表彰先圣，尊重师道，也是必要的文化氛围。这样内外交养，"必人人皆学道德，明道德，行道德，而后能以公道心办义务事，不致为名利所陷害。人民程度如此，则真贞天下为公必将实现，天下亦不期而成大同矣"⑤。

其中，远大理想的树立尤为重要。远大理想，就是"正名"中"名"的内涵，是这种"名"的内涵的心理表现。段正元提出，人们进行道德修养和道德教化，实行真道德，必须明人伦，正纲目，行大同，如《礼运》所谓"选贤与能，讲信修睦。故人不独亲其亲，不独子其子。使老有所终，壮有所用，幼有所长，鳏寡孤独废疾者皆有所养。男有分，女有归。货恶其弃于地也，不必藏于己。力恶其不出于身也，不必为己。是故谋闭而不兴，盗窃乱贼而不作"，"活现一敦厚和平贤亲乐利之大同境界"⑥。为什么说大同社会就是人伦实现的理想社会呢？他解释说："选贤与能，君臣一伦之究竟也。讲信修睦，即朋友一伦之极则也。故人不独亲其亲，不独子其子，即父子一伦所推及。男有分，女有归，即夫妇有别之大义。至于老有所终，壮有所

①　段正元. 大同贞义：天然政治论 [M]. 北京：世界知识出版社，2015：9.
②　段正元. 大同贞义：天然政治论 [M]. 北京：世界知识出版社，2015：14.
③　段正元. 大同贞义：天然政治论 [M]. 北京：世界知识出版社，2015：9.
④　段正元. 大同贞义：天然政治论 [M]. 北京：世界知识出版社，2015：15.
⑤　段正元. 大同贞义：大同指南 [M]. 北京：世界知识出版社，2015：67.
⑥　段正元. 大同贞义：大同主义诠真 [M]. 北京：世界知识出版社，2015：30.

用，幼有所长，鳏寡孤独废疾者皆有所养，则缘长幼之序所流演而发皇者。是大同世界仍一人伦昌明之世界，并非别有神奇玄妙不近人情之异端。"①他还认为，小康社会也实行人伦，只是"伦常之演绎谨而严"②实行得全面而彻底。段正元相信，人们如果进行真道德的修养和教化，尽管近代中国贫穷落后，也一样可以很快就达到理想社会。他推论说："人人均存一大公无我、一视同仁之高尚思想，则不但伦常之中不生悖逆问题，而资本劳动既无相对立异之情形，自贫富均安，亦无发生阶级斗争之余地。……如此大同世界平等之中贤能为主，自由之行安分为规，劳资之间公德为尚，乃为真平等、真自由，不言均平，自然平均，实人道昌明之极则、人类应有之庸行。"③他还比较大同和平均，认为历史上的"平均思想出于贫富悬殊之愤世的私情，故奖励斗争；大同思想出于人类天性之普遍的公道，故主张亲睦。平均手段，则利用社会上不肖愚人（实际仍少数操纵），以为破坏共具，故错杂纷纠，莫可究诘。……大同手段，则利用社会上贤能分子（真足代表多数），以为建设中坚，故因革损益，时措咸益"④。在他看来，真道德说当然是大同思想，用大同手段。

比如，段正元对于孝道就有真切感悟，新见迭出。他认为孝行有小、中、大三个层次："孝义酬劬劳之德，为百行原。竭力将顺，没世不忘，小孝也。立身行道，喻亲于德，中孝也。孝不外乎爱敬。爱仁敬义，达之天下，大德获报，前人一荷无穷之福，大孝也。三者俱至，谓之纯孝。"⑤又认为有"四重父母"："孝堂上之父母易，孝头上之父母难。要晓得有四重父母，翻得过八个阴阳，这才算得大孝。第一要知道身体发肤，受之父母，不敢毁伤身体，不敢忤逆亲心，孝敬生身父母。第二要知道心思灵巧，秉自阴阳造化，凡事仰不愧天，俯不怍人，孝敬天地鬼神。第三要知道天地万

① 段正元. 大同贞义：大同主义诠真 [M]. 北京：世界知识出版社，2015：30.
② 段正元. 大同贞义：大同主义诠真 [M]. 北京：世界知识出版社，2015：30.
③ 段正元. 大同贞义：大同主义诠真 [M]. 北京：世界知识出版社，2015：30.
④ 段正元. 大同贞义：大同主义诠真 [M]. 北京：世界知识出版社，2015：30-31.
⑤ 段正元. 阴阳正宗略引·纯孝全忠 [M] //段平，韩星编. 段正元文集上. 北京：社会科学文献出版社，2017：27.

物，一道所化，立身行道，诸恶不作，众善奉行，为孝之终。第四要知道道由何知，由何明，由何行，必得名师传授，尊师重道，上报师恩。"①

段正元论师道也亲切有味。他说："民生于三，事之如一。父生之，君养之，师教之。师者，所以解惑传道也。道散诸书，则有经师；道征诸事，则有人师；道垂诸后，则有先师；至道在性天，恒不世著，则有亲相授受之明师。师也者，为君父补其不及，为天地遂其生成。人而无师，道有不明；得道忘师，道有不行。不明不行，沦于禽兽。师之所系，岂不大哉！师即道之所寄。故重道者，罔不尊师。道即师之所传。故尊师者，尤当重道。"②他认为，人成为人，需要老师教诲，传道解惑。老师有多种类别：经师、人师、先师、明师等。老师的职能主要有二：于人，弥补君、父所不及；于天，参赞天地化育，成己成人成物，遂万物生成。人之成为人，必须明道。而师乃道之所寄，道乃师之所传，师道统一。没有老师，人难以明道；忘记老师，人难以行道。不明不行，沦于禽兽。故重道必尊师，尊师尤其应当重道。

他理解诚明修养与鬼神的关系，也有新意。他说："人不先事神则不诚，不事人而事神则不明。已事人而未及于神，则诚与明不至。事之实何？一曰敬，敬立而礼非虚文；一曰礼，礼行而敬为实用。敬礼施于祭祀，所以报神明之功；敬礼见于修持，所以合神明之德。致其精明交神，神通而心之神愈明。明至则诚，诚至则神。两而化，一而神也。"③ 段正元认为，"凡一切神没鬼出，莫非常道之发皇"，"有以神奇煽者，要知神奇不外中庸"④，这种鬼神观，其实还是儒家一贯的主张。

在段正元看来，真道德的教化，就是仁义道德的感化，是以德树人，以

① 段正元. 大同贞义：三纲五伦八德之建中立极 [M]. 北京：世界知识出版社，2015：78.
② 段正元. 阴阳正宗略引·尊师重道 [M] // 段平，韩星编. 段正元文集上. 北京：社会科学文献出版社，2017：28.
③ 段正元. 阴阳正宗略引·敬礼神明 [M] // 段平，韩星编. 段正元文集上. 北京：社会科学文献出版社，2017：29.
④ 段正元. 阴阳正宗略引·师言约志 [M] // 段平，韩星编. 段正元文集上. 北京：社会科学文献出版社，2017：31.

文化人，举凡社会政治、经济、教育、文化、风俗、法制等，在最高意义上，无不服务于此。故真道德的教化即文化，即文明。段正元明确提出，"由真道德发出之政治是为仁政"①，真道德的经济就是民生主义，真道德产生的制度就是民主、法治。

段正元认为，以德治国的政治，是本于人性、合于天命的"天然政治"②。国家治理，"有道德则治，无道德则乱；有道德则成，无道德则败。乃天道人事之常经"③。治国者有无道德，如何观察？他认为，看圣人如何即可。因为符合民心民意，"非大圣人不能"。大圣人就是"天人一贯、道全德备之人"，表现为"能合天道顺人情，大公无私，以真良心做事"。更具体说，"即是清贵无上，无丝毫权利欲望，不要金钱，不要名位，以大慈悲大智慧来办救济苍生实事"④。在社会上，"以道德行政，利己不损人，成人即成己，互相亲爱，互相扶持，修天爵得人爵，共享悠久无疆之道德幸福，乃实知道德花美味无穷"⑤。

在他看来，当时"世界乃一万国交通、文明进化、人类大同之维新时代也"⑥，"欲务和平，惟用道德。何为道德？《记》曰'大道之行也，天下为公。选贤与能，讲信修睦'云云一段经文，即是道德之本真，亦即和平之模范也"⑦。落实到公民身上，段正元提出，"男子要有君子德""女子要有淑女德""人民要有亲爱德"⑧。

---

① 段正元. 道德永久和平概论［M］//段平，韩星编. 段正元文集下. 北京：社会科学文献出版社，2017：3. 也见段正元《大同贞义·永久和平·为政以德之大经大法》："由真道德出发之政治，是为仁政。"（北京：世界知识出版社，2015：100.）

② 段正元. 大同贞义：天然政治论［M］. 北京：世界知识出版社，2015：2.

③ 段正元. 大同贞义：天然政治论［M］. 北京：世界知识出版社，2015：8.

④ 段正元. 大同贞义：为政以德之大经大法［M］. 北京：世界知识出版社，2015：104.

⑤ 段正元. 大同贞义·大德必得［M］. 北京：世界知识出版社，2015：212.

⑥ 段正元. 大同贞义：时务放言［M］. 北京：世界知识出版社，2015：33.

⑦ 段正元. 大同贞义：时务放言［M］. 北京：世界知识出版社，2015：33.

⑧ 段正元. 大同贞义：大同指南［M］. 北京：世界知识出版社，2015：71.

四、真道德是近代革命的基础

段正元的革命说，足以作为近代儒学革命思想的代表。近现代儒学不只化西学为儒学，不只在学术思想上，哲学、史学、文学上有追求、努力，在社会政治、经济、文化上也有其主张，对近代以来频繁出现的革命，有深刻反思和理论说明，在革命理论上也推进了儒学近代化。

我国近代以来，革命风行。段正元批评辛亥革命，"革专制也，革其名，未革其实，故革之功未尽，革之效未呈也"①。原因是什么？在他看来，只是因为辛亥革命的道德基础未曾建立、巩固。他认为，只有"圣人革命，革所当革，经纬万端，裁成辅相，而至常至正。有秩序、有主义、有建设之革命思想，乃真正道德思想之发皇"。他认为，辛亥革命，建立民国，对清廷专制而言，固已"革其实"，但革命任务没有完成，革命良效还没有见到。因为辛亥革命中虽然有儒学思想在其中发生影响，但主要的不是儒学，不是"真正道德思想之发皇"，故革命效果大打折扣。可见，段正元所谓革命，不只是政治革命，尤其指广义的历史变革、人性自觉和实现。认识改造自然，发明礼乐文化，是革命；去野蛮，趋文明，是革命；克服人性异化，消除人不成其为人的制约因素，也是革命。他说："人类社会应文明，而不应腐败黑暗；国家政治应善良，而不应专横暴虐。此实天经地义，人道当然之目的。故社会习俗腐败，害及人类正当之生存与向上之进化时，应当从而改革之。国家政治不良时，致人民辗转死亡于天灾人祸、穷凶极恶时，亦当起而改革之。所谓'易，穷则变，变则通，通则久'，'自天佑之，吉无不利'。故经一度改革，社会更加必增一度之进化。不但当世人民悉蒙其福利，天下万世且赖其生成。乃为有秩序、有主义、有建设之大革命，正人类道德思想中恻隐心、羞恶心、是非心、责任心之大发皇，非徒杀人流血、横决破坏为职志也。譬如上古人穴居而野处，后世圣人易之以宫室；上古结绳而治，后

---

① 段正元. 大同贞义：礼问政问：关于礼法政治 [M]. 北京：世界知识出版社，2015：139.

世圣人易之以书契。因改革而进化之事实，历史上不胜枚举。即如伏羲正夫妇之伦，一格野蛮自恣之陋劣，而启四千年文明华胄之大端。黄帝、尧、舜垂衣裳而天下治，一革游牧部落之狉獉，而开礼乐会同之秩序。凡所以应兴革命，靡不宜民宜人。况乎夏桀肆虐，成汤革之；商纣暴厉，武王革之。伐罪即所以救民，取残①即所以救国。故大易革卦象辞曰：天地革而四时成。汤武革命，顺乎天而应乎人。革之时大矣哉。何为顺天而应人？即革其逆天道、拂人情之不道德的残贼行为，而恢复兴起上合天道、下顺人情之道德的仁爱行为，俾斯世斯民出水火而登衽席，解倒悬而得安乐耳。所以，唐尧揖让，汤武征诛，因革各不相同，其为圣人则一。一者何也？曰仁心仁政、救国救民而已矣。"②

段正元针对近代以来频繁革命的现象，提出了儒家革命观。他主张真正革命，"大革命"。在他看来，革命的意义，不仅是暴力革命，也包括和平改良，不仅是政治革命，也包括社会经济文化的变革，尤其指人性的自觉和实现的人道主义革命，人类文明的灿烂繁荣。如此，"大革命"绝不是历史的退步、文明的破坏，而是推动社会历史的变化、发展、进步；革命不能只是破坏，其实包含改革，尤要建设；革命不只是对象性的物质建设、制度建设、精神建设，尤其是人成为人的巨大进步，人的主体性的自觉和挺立。革命不仅是人的事情，而且涉及天，是天人合一的活动。真正的革命，必然是顺乎天而应乎人的，是天人合一的道德革命，是人格境界的提升。尽管如此，革命毕竟主要是人的事情，是人对人的革命，是人成为人的活动过程的革命性进展。人是革命的主体，人道是革命的依据和准则、理想，人成为人是革命的目的。革命的原因、动力、出发点，在于不人道，人不成其为人，如君不君、臣不臣，父不父、子不子等；革命的内容、实质，就是以有道伐无道，以正胜邪，以善止恶，消除不道德、非人道，恢复人本性的道德仁爱；革命的目的，就是去恶扬善，使人成为人，推动道德提升、历史进化；革命的准则、标准，就是人道，"宜民宜人"。除暴安良，维护社会和谐稳

---

① 取残，意不可解。疑为去残。记者听写或有误。

② 段正元. 大同贞义：天然政治论 [M]. 北京：世界知识出版社，2015：10.

定，确保民众安全生产生活就是救民，去除专制独裁残暴统治就是救国。故这种革命，就是人的革命。这种革命，就是建设，所以是人的社会文明建设，助推人的发展，帮助人成为人。这种革命思想，当然是建设性的革命思想，有革命和建设既矛盾又统一的深意，暗含了今日人的发展的意思在内。故在段正元看来，圣人也革命。圣人之所以为圣人，实在是因为他因仁心，行仁政，救国救民，进行社会革命，取得了革命胜利，消除了人的发展的阻碍因素，为人的发展创造了更好的条件，帮助人们能更好地成为人，推动了文明前进。在段正元心中，圣人已经成为革命的理想人格。

段正元明确反对假革命、小革命。他反对借革命之名而穷兵黩武，实行警察统治，反对对外用兵，主张限制以至最终废除国籍和军备。因为国家机器已经异化，"仅为少数野心家猎取虚荣之材料，及少数资本家造吸收金钱的机会"①。段正元这些论述，实乃对传统儒家革命观的传承发展，可谓革命儒学思想。此种革命儒学思想，不仅适应了辛亥革命的历史需要，凸显了辛亥革命的学术思想基础和意义，而且并维新运动、洋务运动而总结之，集其成。段正元的道德革命论，充实和丰富了儒家革命思想内容，凸显了近代革命的历史特点。现代新儒学开山祖师熊十力反思辛亥革命，认为革命必先革心，由此走上创建现代新儒学的道路。段正元的革命论，正可谓革命儒学的余绪。同时，这也足以帮助我们思考马克思主义革命理论的人学意义，发掘我国古代地主阶级革命、近代资产阶级革命、现代无产阶级革命所共具的人性论意义。

五、真道德是近代化建设的基础

段正元认为，真道德还是我国近代化建设的基础。这种主张，可谓我国近代儒学的建设思想。他提出，道德是民国成立和发展的基础。而这里的道德，乃是指现实生产生活中生长出来的真道德，和人的生产生活，和人的名

---

① 段正元《大同贞义·永久和平·为政以德之大经大法》："由真道德出发之政治，是为仁政。"（北京：世界知识出版社，2015：109.）

利追求密切相关，和人们的政治权利，如士农工商自由权、国家为政公理权、中外人民平等权也相辅相成①。为民国的成立和发展提供道德基础，进行理论说明，是近代儒学的基本历史任务。段正元自觉意识到这点，并进行了努力，当之无愧成为民国儒学的代表，是现代新儒学的必要补充。

他明确提出，近代我国"欲求世界大同、自由平等，必根据道德，乃能事半功倍。民族之团结，以法律团结之，不若以道德团结之也。民权之提倡，以政治提倡之，不若以道德提倡之也。民生之维持，以经济维持之，不若以道德维持之也。换言之，以法律、政治、经济而促大同之实现，其功效小而暂；以道德促大同之实现，其功效大而久也"②。其弟子杨献庭序《圣道发凡》概括说："专制君主，利用圣人之文章，非断章取义，不足以施其伎俩，牢笼人心。民主共和，民智大开，非实行圣人之大道，不足以符名实。圣道之实行，亦未有宜于此时者也。"③真道德和建立民国、实现大同是什么关系？一言以蔽之，"非圣道不足以成民国"。"不用中于民，则政体不和。政体不和，则民国不立。民国不立，则世界无由进于大同。欲世界进于大同，必先成立民国。欲成立民国，必先政体共和。欲政体共和，舍致中之学，无由而致。致中有道矣，首在设立中和学堂，俾天下之人，可与共学，可与适道，可与立。欲立中和学堂，必先知大成之学，可以合中外，可以合古今，可以赞天地之化育。欲知大成之学，必先知道德之华，在明明德于天下，然后可以亲民，可以止于至善。"④可见，道德是民国政治、经济、文化建设的基础。具体来看，有以下几点：

第一，道德是民国政治的基础。段正元提出，"道德为民国之根本"，"真成民国即是大同基础，平权自由之根本。必要人人知道德，行道德，方

① 段正元. 大同贞义：大同指南［M］. 北京：世界知识出版社，2015：65-67.
② 段正元. 大同贞义：国家问题之根本研究［M］. 北京：世界知识出版社，2015：43.
③ 段正元. 圣道发凡［M］//段平，韩星编. 段正元文集上. 北京：社会科学文献出版社，2017：34.
④ 段正元. 圣道发凡［M］//段平，韩星编. 段正元文集上. 北京：社会科学文献出版社，2017：35.

算民国"。理由是："如民无道德，民何以能自治，何以能治民？"① "真为民国，必先以道德立教。在朝在野，壹是皆以道德为本。"② "即我中华，果为民国，即应实行道德仁义，扩充先王之仁心仁政，不应假借共和，为个人私家谋私利。""果真行开诚布公的政治，不言同胞，四万万人自然同胞；不倡自治，各省自然自治；不言爱国，自然爱国在其中。先王之仁心仁政，即是万国和平之极新政治。"③ 比如建立共和制度，是民国政治的任务。段正元认为，我国古代唐虞治国，"辟四门，明四目，达四聪，下情唯恐不上达，和衷共济，未尝自作聪明。凡所以保土地，安人民，无一不区画尽善。然后发号施令，出自一人。名似专制，实则共和。且远胜于假共和之名实，以遂其多数人之专制"④。他尤其从道德即人本性角度，揭示真道德必是真共和，说："道德者，人之共和也。道并行而不相悖，人人能实行道德，自修、自治、自强、自爱、自由，亲其亲，长其长，无权利之争，世界自然共和。"⑤

在他看来，为政以德，实行仁政，符合民心，公而无私，即是真共和。他解释永久和平的意义说，"和者共和，平者平等，乃人类自然之幸福"，故真正和平乃"道德和平"⑥。据此"改革其不良之政体与其不良之制度"，而"不必模仿他国成例"。段正元反对直接照搬西方议会制度。他认为这种"议会代表制，最便于作伪济恶，党同伐异"⑦。这是对近代政治上全盘西化论的有力抵制。那么，应该如何以德治国？段正元认为，关键在民众有担当，治国者要垂范。首先是治国者"不可以自固""不可以自私"，因为

---

① 段正元. 大同元音 [M] //段平，韩星编. 段正元文集上. 北京：社会科学文献出版社，2017：765.
② 段正元. 大同元音 [M] //段平，韩星编. 段正元文集上. 北京：社会科学文献出版社，2017：768.
③ 段正元. 大同贞义：为政以德之大经大法 [M]. 北京：世界知识出版社，2015：99.
④ 段正元. 圣道发凡·时务谈 [M] //段平，韩星编. 段正元文集上. 北京：社会科学文献出版社，2017：66.
⑤ 段正元. 性与录注 [M] //段平，韩星编. 段正元文集下. 北京：社会科学文献出版社，2017：107.
⑥ 段正元. 道德和平·序 [M] //段平，韩星编. 段正元文集下. 北京：社会科学文献出版社，2017：1.
⑦ 段正元. 大同贞义：为政以德之大经大法 [M]. 北京：世界知识出版社，2015：104.

"自私以为己固者，必败之道也"。明乎此，便知任何时候治国，当务之急都是"以道治天下"①。

第二，道德是自由的基础。段正元说，当时人解自由，约有二义：以法律为准，以他人之自由为界。他分析认为，此两条实难实行。法律多而日增，民众难知，他人界限究竟在哪里，也难知难行。"故欲求真自由，当以实行道德为唯一之方法。诚能行住坐卧、视听言动不离道德，自然不受法律之制裁，不为他人所干涉。疾病不生，灾害可免。君子素位而行，无入而不自得，自由之至也。"②"欲得真自由，要讲礼让，不要全靠法律"③，"欲得真自由，要反求诸己，不要以他人为界"④，"欲求他人之自由，不如先求自己无不自得自乐之真自由"⑤。在他看来，我国历史上儒家提倡的王道政治，"所谓先王仁心仁政，即是以人民生活自由为根本之政治"⑥。因为从根本上说，真正的自由只是道德自由，以及道德自由基础上的现实社会自由、政治自由、经济自由、人身自由等。他说："道德者，圣人自由之言行也。道德之义理，虽至平常，但非本身上学问造到，确有道德，不足表现于外。圣人道全德备，其所言行，无处不是道德。自由者，从容中道，极自然之致，诚于中形于外，故言而民莫不信，行而民莫不悦也。"⑦ 他阐发的正是孔子"从心所欲不逾矩"之道德自由真义。

第三，道德是民主建设的基础。段正元断定，真正的民主是符合"真民意"的民主。"真民的主体，是在田野市廛日出而作日入而息的男女老幼，不在自命为代表的少数人。"他们的意志，才是真正的民意，他们"是不要

① 段正元. 大同贞义：礼问政问——关于礼法政治 [M]. 北京：世界知识出版社，2015：128.
② 段正元. 性与录注 [M] //段平，韩星编. 段正元文集下. 北京：社会科学文献出版社，2017：106.
③ 段正元. 大同贞义：自由新义 [M]. 北京：世界知识出版社，2015：85.
④ 段正元. 大同贞义：自由新义 [M]. 北京：世界知识出版社，2015：86.
⑤ 段正元. 大同贞义：自由新义 [M]. 北京：世界知识出版社，2015：88.
⑥ 段正元. 大同贞义：为政以德之大经大法 [M]. 北京：世界知识出版社，2015：110.
⑦ 段正元. 性与录注 [M] //段平，韩星编. 段正元文集下. 北京：社会科学文献出版社，2017：108.

兵匪扰害其安宁秩序的，是不要巧立名目横征暴敛、掠夺其衣食的，是要能安居乐业，以上事父母、下育妻儿，即所谓乐岁终身饱、养生送死无憾的"①。符合这种真正的民意的法才是"至法"，行出来的政才是仁政。只有这样的至法、仁政，才能得人人良心之同。

第四，道德是法律的基础。之所以道德能够成为法律的基础，是因为法律的制定必须基于人性而符合天理。段正元分析说："法律是人造的，以人造之物要人遵守，必其能合天道顺人情，完全大公无私之良心发出来的，而后能得人人心理之同。"但历史上、现实中的法律，却并非如此。这种"法律只可以一时治愚民，而不可以长久修齐治平"②。为此，段正元批判当时的法律说："试问创造法律时，全体人数之中有几人，个人心中有几分，是用合天道顺人情、大公无私之良心为标准？逐条逐字，剖开来看，有几点不是以意气感情之结合、金钱之贿买、威力之胁迫、人位之关系而成的？"如果法律真是由道德出发制定的，则"果然能得心理之同，决不至于人不遵守。如犹未得心理之同，即不应专以不遵守责人。且不忙说全国人民，试思同时创造法律之人，是否能同一遵守？其号为遵守者，是否能彻底遵守？如有未能，其隐微之真因何在？"不考虑这些法律背后的道德因素，而妄言哪种法律好不好，是一叶障目，不知其本。这些人之所以还要这样，是因为他们暗中所持的标准其实只是该法律是否"利于己"③，自私自利而已。自私自利不可能成为良法善俗的基础，因为良法善俗正是对自私自利的克服和超越。

可见，道德修养是法律的前提和基础。段正元还提供了两条具体依据：其一，道德是法律的基础。从道理上说，"法律乃死物，道德乃活物。不讲道德，身心性命中见为所当禁令者，法律终难普及"，没有内在的道德规范，便很难自觉遵守外在的法律。还因为"法律之途狭，道德之途宽"，许多言行活动，并不违法，但违背道德，法律管不上、管不到，但道德均能规范

---

① 段正元. 大同贞义：为政以德之大经大法［M］. 北京：世界知识出版社，2015：103.
② 段正元. 大同贞义·大德必得［M］. 北京：世界知识出版社，2015：203.
③ 段正元. 大同贞义：为政以德之大经大法［M］. 北京：世界知识出版社，2015：101.

之。其二，有道者是立宪的基础。宪法是"一切法律之统纲，故曰根本法"。但"非有道者断不能立宪。陆子静曰：宪典二字甚大，惟知道者能言之。是道为宪之母，而宪又为法律之母。宪既不可离道，法律自不离道可知"。这是从反面说。从正面说，"今虽立宪，不过为道德发其华"。故法律必须有道德支持，才能成为真正的法律，有法律的效用。所以，只有道德和法律配合，"既有法律以范围其身，又有道德以涵养其心"，才是内圣外王的大道。① 他总结说："道德者，人之法律也。天下无道，不得已，借法律以维持秩序。其实法律之效用，仅及于一部分人。稍具聪明之小人，便有逃法之术；恃势横行者，更非法律所能钳制。况法律仅足绳人之行为，不能制人之心意。实行道德，凡百以良心作主。无须许多条文，自然无出法律范围者。固（疑当为故——引者）有道德，则法律无所用。法律无用，法律之效乃全。"② 又说："人必有穷理尽性之功，法律始能改不良为良。"为什么西方能实行法治？段正元指出，因为他们"于法律上之道德，成为习惯，遂至国富兵强"。

第五，道德是经济建设的基础。他要求"民生主义之推行，要以道德为骨子"，因为"中华古大圣人立法与其一切政治作用，莫不以教民养民为当务之急。所谓老安友信少怀、养生送死无憾，皆以谋民生之安全也"③。他指出，清末变法以来，"教授科学，提倡实业"，但效果甚微。"科学究不迈进，实业反多倒闭，国愈困，民愈穷"，为什么？因为他们只是物质上模仿，不知有精神作用，"徒知摹仿外人物质的文明，而不知发扬吾人固有之道德的文明，以厚其根而荣其华。故国家多一种新政，国民加一层负担，未受其利，先蒙其害"④。所以，他主张，应以道德为物质文明的基础，"使全国人民各安其业，各谋其生，各尽所长，各如其分"。政治上，"不必添兵，不必

---

① 段正元. 圣道发凡·时务谈 [M] //段平，韩星编. 段正元文集上. 北京：社会科学文献出版社，2017：63.

② 段正元. 性与录注 [M] //段平，韩星编. 段正元文集下. 北京：社会科学文献出版社，2017：107.

③ 段正元. 大同贞义：天然政治论 [M]. 北京：世界知识出版社，2015：11.

④ 段正元. 大同贞义：天然政治论 [M]. 北京：世界知识出版社，2015：11.

筹饷，不必借钱买枪炮，但因其势而顺应之，利导之，秩序之"即可。① 他明确反对用武力搞民生。

故在段正元看来，道德是国家富强之源。提高全民族科学文化水平，不能局限于物质经济、科学技术。他认为，理论上说，"道德文明乃物质文明之源泉，物质文明为道德文明之流溢，固人类开化普通之公例"。而在现实中，"物质文明发达，实为道德文明发达之先驱，而道德文明发达乃完美物质文明之实用"。西方文化在道德文明上，"有偏而不全、美而未善之处"。只有中国文明，以道治国，以德化人，致广大而尽精微，极高明而道中庸，无美不备，无用不周。② 反之，"若物质的文明愈发达，而无道德的文明以范围之，则社会上一方面愈文明，他方面愈黑暗。欧美工商竞进，贫富悬殊，侦探强盗俱有绝技，皆物质文明发达之结果。若道德的文明愈发达，再利用物质的文明以推展之，则地球上立成大同世界、极乐世界"③。中国道德文明发达，物质文明本也发达，领先世界，后来才落后了，原因何在？"只因道德堕落，物质文明亦随之沮丧，不如西人之愈研而愈精"。但中国道德文化的真精神，固然遗存酝酿在国人脑海中，故中华民族依然是"优秀盛大之民族，民情犹为温厚和平之民情"④。近人"若徒知开民之智，为身计，为家计，为国计，计在富强，而不知所以平其富强，进于富强，终非长治久安之道"⑤。这里暗含着段正元的道德史观。

第六，道德是人才之本。之所以说道德是近代政治经济文化的基础，是因为道德是一切人才的根本素养。段正元指出："治世需才，乱世尤需才。才也者，所以拨乱世而反之治也。然才必由德出，始足以治世。否则，适足以乱世。盖才者，末也；德者，本也。德赋于天，而才成在学。理也，性

---

① 段正元. 大同贞义：天然政治论 [M]. 北京：世界知识出版社，2015：12.
② 段正元. 大同贞义：天然政治论 [M]. 北京：世界知识出版社，2015：7.
③ 段正元. 大同贞义：天然政治论 [M]. 北京：世界知识出版社，2015：6.
④ 段正元. 大同贞义：天然政治论 [M]. 北京：世界知识出版社，2015：7.
⑤ 段正元. 阴阳正宗略引·后序 [M] //段平，韩星编. 段正元文集上. 北京：社会科学文献出版社，2017：2.

也，命也，皆德也；穷理尽性至命，皆学也。"① 他认为，近代我国需要的真正人才，应是"大同家长"。他说："何谓大同家长？以其人能穷则独善，已美备修身齐家之实德，推而至于治国平天下，亦不过圆满古人所谓天下一家、中国一人之分量云尔。"② 其弟子解释说："天下为一人，故曰大；万国为一家，故曰同。"③

段正元还归纳出大同家长的五大标志：其一，出身。以传承道统为己任，出身清白，受明师教育，有学习精神，参加过艰苦劳动，天下为公，"曾在社会办过数十年经天纬地之道德事业，未用公家一文钱，未受国家一名位"④。其二，学问。明心见性，上知天道，下合人情。"能将中外政治大纲，执两用中，通权达变，择善而从，不善而改。"行有余力，方以学文。知畏天命，行乐天命，成己成人。其三，人格。内除七情六欲，外无一切嗜好、丝毫劣迹。言行合一，谦让和平。不淫不移，独善兼善。救世度人，毫无名利思想。大公无我，素位而行。其四，家庭。立身行道，影响家人，善教子女。内不用阴谋，外不用压迫，阖家上下，和气一团。克勤克俭，以身作则。家教甚严，"即儿童亦能循规蹈矩"。其五，责任。大同家长是"世界各国之表率、人民之模范、社会之纲领"。存心做事，可以致中和，位天地，育万物，凡有血气，莫不尊亲。视天下如一家、中国如一人。⑤ 用此五大标志衡量、批评近现代人才，适足以成为近代儒学人才评议的指针。

六、通经史，合三教，融西学

真道德需要"真儒"。段正元界定儒说："凡能言能行，踏实认真，一时可行，万世有益，一人可行，天下有益，有教无类者皆儒也。……真儒

① 段正元. 阴阳正宗略引·大学解 [M]//段平，韩星编. 段正元文集上. 北京：社会科学文献出版社，2017：4.
② 段正元. 大同贞义：治平无二大方针 [M]. 北京：世界知识出版社，2015：94.
③ 段正元. 大同贞义：附大同元音序 [M]. 北京：世界知识出版社，2015：175.
④ 段正元. 大同贞义：治平无二大方针 [M]. 北京：世界知识出版社，2015：95.
⑤ 段正元. 大同贞义：治平无二大方针 [M]. 北京：世界知识出版社，2015：95-96.

者，贯通天地人，具足智仁勇，各教圣人之实行实德，皆包藏其中。"① "真儒"修养是一种人性综合修养，在学问上融合古代经学、史学、子学在内，而段正元本人还打通儒释道，归于儒家。他对近代传入中国的西学，则吸收了自由、民主、平等、法治等价值观念，但反对学习西方的政治制度。这些都体现出他博学深识、切身实践的思想特点。

同时，道德修养毕竟要有学问基础，经典理解方法要求如实、合理而有效。段正元的学问，总的看是以《大学》为根底，结合时代，融会诸家。对传统经学，以经解经、经史结合是段正元的基本方法。段正元曾以《四书》解《易传》曰："明德，自强不息也；亲民，厚德载物也；止于至善，思不出其位也。三者括《易》之全体也。"② 这是以经解经，只不过是以 A 经解 B 经而已。就合理性言，它不如以 A 经解 A 经更有说服力。好在《易传》《大学》均属儒家文献，都重视仁义道德修养，有共同的思想旨趣。以《易传》解《大学》，不是不能接受的。

段正元十分推崇《大学》一书，认为它"实为古今中外道德之结晶，任何学说、任何教义不能出其范围。而格、致、诚、正、修、齐、治、平八目，实为人类进化必由之正轨，顺之则存，逆之则亡"③。他诠释《大学》要旨，认为孔子之后，"古今之变化，有经书一以贯之。经书之博大，有《大学》一以贯之。《大学》之次第，明明德一以贯"④。他认为，"《大学》则有以探其源，持其后也。独至一切制度，削而不载。非不屑也，因时制宜，书不尽言，言不尽意。惟存其大体，日新又新。必有政事，以新民新命，如一元之浑沦于天地。五行百物，随时并妙敷施。环球万国之新书，有

① 段正元. 道善［M］//段平，韩星编. 段正元文集下. 北京：社会科学文献出版社，2017：144.
② 段正元. 阴阳正宗略引·前叙［M］//段平，韩星编. 段正元文集上. 北京：社会科学文献出版社，2017：1.
③ 段正元. 大同贞义：天然政治论［M］. 北京：世界知识出版社，2015：9.
④ 段正元. 阴阳正宗略引·大学叙言［M］//段平，韩星编. 段正元文集上. 北京：社会科学文献出版社，2017：3.

能超出《大学》之范围哉！是在善学者，默有以会其通耳"①。这些解释，体现出他结合历史变化以解经的特点。以史解经，或以经解史，或经史互证，都是经学解释传统中有巨大影响的方法，其依据就是明清实学思潮提倡的道器不离、理事不离原理。

对儒释道三教，段正元则主张三教合一，归诸儒家《大学》。他说："释教空诸一切，道教超诸一切，而其旨又不出《大学》知止一节（释道两家，为儒家所。其实释家舍释道之理，大道难全）。"② 又说："至儒教踏实一切，《大学》'明明德'一节，已足发其大凡。其实释道未尝不从事于明明德，不过略言明明德，详言定静安。儒家到复命归根，终必从事于定静安。不过略言定静安，详言明明德。分而为三，合而为一。由是观之，大学之道，先天与后天之学俱全，真万教之纲领，而为吾儒完全性命之书也。"③

发挥真道德说，冷静、理性批评时论，彰显真道德的现实意义，是段正元常常演讲的内容。维新运动期间，西学以新学名义盛行。一些学人因此否定传统儒学。段正元不赞成，认为我国传统养心学问是优秀传统，应当传承发展。他说："西国借以富强，因时者所必学也。然学以保国，无不可也。若因保身而不暇养心，且并訾养心之无用，大不可也。……至养心之学，吾中国人言之悉矣，闻之熟矣，西人不能驾而上矣。……祸莫大于心死，而身死次之。故善学者量其力，择其要，保身之学，一以养心之学贯之。自西学东来，不是古非今，是中非外，亦不非古是今，非中是外。惟虚心实意，以折于大中至正之道已尔。"④ 大中至正之道，在他那里就是他推崇的大学之道。从他的批评思路看，这只是儒学中道思维的稍稍应用而已。

① 段正元. 阴阳正宗略引·后序［M］//段平，韩星编. 段正元文集上. 北京：社会科学文献出版社，2017：2.
② 段正元. 阴阳正宗略引·大学解［M］//段平，韩星编. 段正元文集上. 北京：社会科学文献出版社，2017：5.
③ 段正元. 阴阳正宗略引·大学解［M］//段平，韩星编. 段正元文集上. 北京：社会科学文献出版社，2017：5.
④ 段正元. 阴阳正宗略引·时学叙言［M］//段平，韩星编. 段正元文集上. 北京：社会科学文献出版社，2017：21.

民国初年，军阀混战，一些学者议论时事，希望世界和平、人类幸福。段正元批评他们，多"未闻大学之道，身内身外皆无至善之标准，只知依后天情意之所揣测立说。最初不过惝恍游移，逐渐支离，不觉流为邪诐"；失却中道，标准不立，虽托名自由、解放，也必然异化，"虽至毁灭伦常，亦不顾惜"，"虽至于情同劫掠，亦认为当然"①，结果流于抒发空洞理想，其实只是见利于己，便取而行之罢了。

段正元的个别学术思想批评，或可商榷。他受当时否定传统思潮的影响，也大力否定传统学术思想。如言"汉儒训诂，有其名而无其实；宋儒理学，得其似而乱其真"②。这就将两汉经学、两宋儒学全盘否定了。可以批判否定，但恐不至此。段正元是为了彰显真道德，由此就有批判否定旧道德说的意思。我认为，他的真道德确实有纠偏除弊、超越旧道德的历史作用。它纠偏旧礼教对道德的桎梏、污染，用真道德克服假道德、伪道德，超越了旧道德的内涵和范围；他的真道德说，有助于人们正确认识道德的内涵和外延，消除近代受西学影响而出现的对道德意义的狭隘、抽象理解的弊端，帮助人们澄清近代以来一些人对道德意义和作用的误解和黑化。

段正元没有受过正规近代大学教育，分科治学不够，专业技能不强，逻辑分析欠缺，尤其是对唯物史观完全不了解，导致其"真道德"说的学术性或有所不足，不免令人痛惜。如他面对儒家难解的问题，总是习惯性地借助佛道思想加以解决，使儒学和佛、道二教难以区别开来。又如，他不是以有科学性的历史观理解历史的发展变化，而是以传统的天运气数思想解释朝代更替、社会治乱，不是科学、理性地理解现实人生幸福的条件、途径，而是以所谓"前功祖德"③解释现实中某些人行恶得福之类现象，涉及神秘气运和"因果报应"④说。这些解释，既不合理，也非纯儒之言，体现出他在知

① 段正元. 大同贞义：为政以德之大经大法 [M]. 北京：世界知识出版社，2015：122.
② 段正元. 大同贞义：天然政治论 [M]. 北京：世界知识出版社，2015：14-15.
③ 段正元. 大同贞谛 [M] //段平，韩星编. 段正元文集下. 北京：社会科学文献出版社，2017：625.
④ 段正元. 性与录注 [M] //段平，韩星编. 段正元文集下. 北京：社会科学文献出版社，2017：111.

识储备和理论思维上，与现代新儒学有一定差距；有些演讲，特别是早年演说，缺乏近代新学必备修养，今人读之，如面对古人说话，难免令人遗憾。但瑕不掩瑜，学术毕竟是术，还不等于道；唯有以道为对象的学术，才可能近于道。因为他有志于道，一生学道、行道、言道、传道，一直在社会上打拼，了解社会百态，人生阅历丰富，生命体验深刻而亲切，能近取譬熟悉而自然，他的真道德思想乃是从他自己鲜活的生命中流出，绕过了层层表象和各种成见，敏锐直探本真，确非久居象牙塔中的书生学者可比。真正说来，段正元不只是道德学者，尤其是真正的近代儒者。他实践道德，知行合一。他一生打假道德，批伪道德，希望"恢复道德本来真面目"。诚如他自称的，段正元确实是我国近代"道德之革命大家、真贞实行道德家"，"道德革命家、道德实行家"①。

---

① 段正元. 大同贞义·大德必得 [M]. 北京：世界知识出版社，2015：211.

略论龚道耕先生的三礼学

李冬梅（四川大学古籍整理研究所）

摘　要： 龚道耕先生乃近代蜀学的重镇人物、一代经学大师，平生治学最精深者为三礼之学，以为名山之业旨在于此，所成或拟作礼学著述甚多，然可惜的是，今存世者却寥寥。本文以其仅存的《三礼述要》残本、《写本〈丧服经传注疏〉题辞》、《〈丧服经传五家注〉叙》、《〈丧服经传五家注〉跋》、《〈礼记郑氏义疏〉叙例》，以及零散的几篇礼学之文和《经学通论》一书中所论的《礼》之名义、篇目、沿革、学说等篇章，就丧服、《礼记郑氏义疏》来具体论述龚道耕先生的三礼学思想，以见其出入汉宋，留意今古，合义理、考据为一家的治经特色及成就。

关键词： 蜀学　龚道耕　三礼学

在近代蜀学当中，龚道耕先生博学渊博、通鉴别裁，不仅仅是近代四川高校的知名教授，亦是近代中国著名的学术大家、蜀学的重镇人物、一代经学大师。先生生平治学最精深者为三礼之学，以为名山之业旨在于此，所成或拟作礼学著述甚多，有《三礼述要》《丧服经传注疏》《丧服经传五家注》《礼记旧疏考正》《叶辑礼记卢注疏证》《礼记郑氏义疏》等专著，又有《补〈礼经〉宫室例》《妇为舅姑服三年辨》《妇为夫之姊之长殇服义质》等专文，以及其著《经学通论》中所论《礼》之名义、篇目、沿革、学说等章节。不过由于先生"特以世受家累，不免牵于人事，故所著述，多未写定。又性不喜表曝，平居恒覆其所有，虽在及门，莫得尽窥，且戒人勿有意著书，故于已作印行者甚少"①。长孙龚读籀在《先祖父龚向农先生生平简述》中也有大体相同的论述，说："祖父治学方面广，著作勤，但因人事纷扰牵缠，所著多未定稿。又素性不喜表曝，教学生也以草率成书为戒。所有写稿，平时不轻易示人，已作印行的也甚少。以为名山之业，不可仓促求成，故虽年过六十，尚不急于定稿成书。"② 故先生所著礼学之作虽杀青，辄复弃置，印行者少，以致或为他家所先发，或因岁久而遗亡，或因故不及具稿。如《丧服经传注疏》《丧服经传五家注》《礼记旧疏考正》《叶辑礼记卢注疏证》等书，今皆未见传本，仅有《写本〈丧服经传注疏〉题辞》《〈丧服经传五家注〉叙》《〈丧服经传五家注〉跋》《〈礼记郑氏义疏〉叙例》③、《三礼述要》残本传世，以及零散的几篇礼学之文和《经学通论》一书中所论的《礼》之名义、篇目、沿革、学说等篇章。存世文献虽寥寥，但借此种种，却足可以观先生礼学思想之大成。

一、论丧服

张之洞尝言，在三礼之中，《仪礼》最为易治，以其仅十七事，而文质语简，历代治之者少，异说无多故也。但《仪礼·丧服》一篇，却异义滋众，自七十子即有异同。

究其原委，盖丧服乃人道所具，礼意至为精深，立教明伦，于时尤有关系，故自七十子以来，礼服之学遂兴。西汉之时，夏侯胜、萧望之皆善说礼服，而马融则始为之注。自后，王肃、孔伦、陈铨、裴松之、雷次宗、蔡超宗、田俊之、刘道拔、周续之等，皆专注《丧服》。郑玄以礼学名，三礼之中，《仪礼》最精。其虽全注《仪礼》十七篇，然于《丧服》一篇，却尤为用心。除《仪礼》本注外，又有《丧服经传》《丧服变除》《丧服谱》《丧

---

①　徐仁甫. 龚先生著述目录 [J]. 志学：龚向农先生逝世纪念专号，1942（6）：16-17.

②　龚读籀. 先祖父龚向农先生生平简述 [J]. 成都志通讯，1986（4）：66.

③　又题名《〈礼记郑氏义疏〉发凡》。参见：龚向农. 礼记郑氏义疏发凡 [J]. 志学（1、3），1942（1）：9-20；1942（3）：8-9. 据弟子刘道穌说，《发凡》盖先生初稿，《叙例》则经先生重定，略有异同。

服纪》等书,"推明经例,补苴传文,旧读乖舛,尤多发正,闳意眇旨,卓然千载之上"①,自晋至唐,立于学官,多为后世义疏家所本。龚道耕先生推崇郑玄,为学与其相近,故于《丧服》亦重之。年十五岁,师受《丧服经》,略辨句读,思通大义,著文论之。

如《妇为舅姑服三年辨》②,针对时人所问:"《丧服经》妇为舅姑齐衰不杖期,后唐刘岳《书仪》始改为齐衰三年。宋乾德间,魏仁浦等议用之,以迄于今,相沿莫革,说礼服家,盖无不斥之也。今曰礼,然则周公非欤?"先生以《大戴礼》"与更三年之丧者不去",以及晋荀讷所言:"子妇为姑,既期除服,时人以夫家有丧,犹白衣"为据,认为此固后王之制,然实亦不悖乎周公之意,妇为姑舅虽服期,而有三年之实,周以来未之有改也。并进而论曰:"原先王之意,岂不欲为之制再期哉?以为子妇同服,则是卑其子,而夫亦无以异于妻,故特正以期年之名,而使之循乎再期之实。亦犹父在为母齐衰期,而父必二年乃娶,以达子之志,其权衡有审焉者矣。若使几筵未改,箭笄遽彻,夫方衰绖,妻已绮纨,齐体之亲,吉凶迥绝,制体之圣人,不若是之不近人情也。且古今世异,因有可得与民变革者。后世妇之于舅姑,其恩义不如古之笃也,其事之不能如古之尽礼也。故深明大义者,十一二见,而途人其舅姑者比比。赖有三年之重服,凛然峻为之防,使之顾名而思义,矫薄以厉惇,若并此而降之,是帅天下而坏妇道也。"因此主张"丧服与其情不足而服不足也,不若情不足而服犹有余也",宋制齐衰三年,古今两不悖矣。

再如,《妇为夫之姊之长殇服义质》③,《丧服·缌麻》曰:"为夫之姑姊妹之长殇。"按,古者男子三十有室,长殇服不得有姊。龚道耕先生列举诸例,如《左传》"郑伯男也",《礼记·杂记》"为妻,父母在,不杖,不稽颡",《丧服小记》"生不及祖父母诸父昆弟,而父税丧,己则否",《文王世子》"养老幼于东序",《玉藻》"大夫不得造车马"等,以为因伯而连男,

① 龚向农. 论丧服经传二篇 [J]. 志学,1945 (22):7.
② 龚向农. 妇为舅姑服三年辨 [J]. 志学:龚向农先生逝世纪念专号,1942 (6):2-3.
③ 龚向农. 妇为夫之姊之长殇服义质 [J]. 志学,1942 (9):14.

因父而连母，因昆而及弟，因老而言幼，因车而言马，此乃古人立文之例，有因此以及彼者。姑姊妹亦《礼记》之恒言，今长殇服虽不得有姊，亦连类而并及之。先生所论，有理有据，诚为一家之言。

二、《礼记郑氏义疏》

相较于《仪礼》来说，《礼记》因每篇各一事，且每篇之中又复出他事，纷繁复杂，尤为难治。故廖平先生尝谓《礼记》如深山穷谷，人迹不到之处甚多。龚道耕先生弟子刘道龢也说："清人于群经皆有新疏，惟《穀梁》《戴记》阙如，盖《穀梁》淡泊，《戴记》则《孔疏》已极翔实，故难治耳。"① 汉晋之世，其注《礼记》者，据《经典释文·叙录》所载，有卢植、郑玄、王肃、孙炎、业遵、庾蔚之六家。郑玄为礼学名家，三礼皆有注，其注《礼记》虽不如《周礼》《仪礼》精密，然终非他家所能比，故代列学官，迄于唐宋，治礼之家终以郑玄为宗，余则皆不传。

龚道耕先生为学近似郑玄，亦治三礼之学，以为此乃名山之业，故面对清世治礼之现状，指出："以清代经学之盛，而注《礼记》者，所见止朱彬《训纂》、孙希旦《集解》二书，且皆未尽精善。其余零星考释者，亦较少于他经。……若能编辑诸儒之说，采其精善，补其漏略，纂为新义疏，以补胡（培翚）、陈（立、奂）、刘（宝楠）诸儒所未逮，则诚不朽之盛业。"② 是先生有作《礼记》新疏之意。龚读箈《先王父向农府君学行述略》于此也有追述，云："当逊清乾嘉间，音韵训诂之学盛极一时，学者施以治经术，颇有成书，用是有十三经新疏之议，惟《礼记》付阙如。前贤苦其难治，多未敢自奋，并研廖君，至论其书如深山大泽，多人迹不到之处，然所著亦但有《凡例》，而未遑造述。府君精三《礼》，思藏其事，以为名山之业旨在于斯，亦所以启前秘而导来学者也。历年苦于生计，仓卒未能。迨中日战起，府君随大学迁峨眉。三十年，以例得退修家居，遍发图书，罗列案右，

---

① 龚向农.《礼记郑氏义疏》叙例：附记 [J]. 斯文半月刊, 1943, 3（12）：16.
② 龚道耕. 经学通论：群经学说：礼 [M]. 成都：维新印刷局, 1929.

日夜沉思研理，为《礼记义疏》。"① 然而非常遗憾的是，先生仅完成了《叙例》（又题《发凡》），不幸骤然离世，未及完稿成书。《叙例》文虽不长，但体例完备，于此足见龚道耕先生《礼记》新疏之宗旨大义。

如题名《礼记郑氏义疏》之意，其著《经学通论》明确指出："此新义疏仍以发明郑义为主，不必高谈西京家法也。"② 先生认为，礼是郑学，系魏晋以来学者之公言，以迄于唐宋，礼家终以郑学为宗。虽然自清庄绥甲、李兆洛訾其变易古文家法，并研廖平从而衍之，谓郑玄礼说无一可通，但是以郑玄之义推诸经传，实为浑浑圜圜，盛水不漏。故先生为新疏名义说："今此《义疏》，以郑为主，故定名曰《礼记郑氏义疏》，亦藉以别于唐宗敕定之名，清代官书之目云尔。"③

如论治礼之宗法门径，龚道耕先生云："《礼记》所载，其于经制，时有异同者。盖六经所载，惟举大纲，条目施行，或不详备。故传其学者，或损益经制，而推为新礼（如益《士冠礼》以为《公冠》，损《射礼》以为《投壶》，及后仓推《士礼》而致于天子之说）；或服行经义，而别定仪文（如吊服不饰，曾子、子游所同，而子游袭裘必候主人小敛之后）；或经有所略，而益之为详（如《丧大记》多《士丧礼》经记所未备）；或经著其常，而推及其变（《曾子问》一篇多言变礼）；或解经而各持异见（如小敛之奠，或云东方，或云西方）；或援经以衡论是非（如既祖推柩而反，曾子曰礼，子游曰非礼，各有所据）。说非一人之说，书非一家之书，矛盾互陈，职由于是。至若四代典礼，故书雅记，偶有流传（成书如《周官》《周书》《国语》，《记》文多所摭取。散文如《记》所称周弁、殷冔、夏收，夏尚黑，殷尚白，周尚赤之类，陈澧考之详矣）。以及霸者定制（如《左氏传》所云文襄朝聘之制），国别所行（如《记》所载晋、卫、齐、鲁之异），儒生政论之斟酌古今（如《荀子》所云论序官之法），大夫风操之自为节度（如

① 龚读籀. 先王父向农府君学行述略 [J]. 志学：龚向农先生逝世纪念专号, 1942 (6)：16.

② 龚道耕. 经学通论：群经学说：礼 [M]. 成都：维新印刷局, 1929.

③ 龚向农.《礼记郑氏义疏》叙例 [J]. 斯文半月刊, 1943, 3 (12)：14.

《记》所载晏平仲、孟献子之行事），苟大旨于经无畔，亦复存而不革。知此则小戴之《记》本无今文、古文之别，《记》义之异，且非今文、古文所能赅，而郑君注经，兼取古今，亦不得谓之破坏师法矣。"①

又云："《记》中通论诸篇，发明礼意，及圣门论治论学微言大义，最为精深。汉唐注疏既失之简，宋元解说又多朱子所谓舍经作文，繁而寡要，几同制举经义。今本诸《尔雅》《说文》以正其训诂，掇取儒先讲说以发其精微，破汉宋门户之成见，合义理、考据为一家，庶于经义，或有所当。至《大学》《中庸》二篇，朱子承程子之意，为之章句，与《论语》《孟子》合为《四书》，元明以后列在学官，故陈澔以下解《礼记》者咸缺而无说（陈澔《集说》、吴澄《纂言》、孙希旦《集解》、朱彬《训纂》皆然）。窃谓朱子《章句》，穷理尽性，固如日月经天，非敢如毛奇龄、汪中之徒妄肆击难。而郑君旧注，甄综经纬，义自渊懿，《孔疏》以外，绝少发明。今仍加疏释，以存古义，俾与《章句》并行不悖。"②

晚清民国年间，井研廖平著成《今古学考》，主张以礼制为准绳，说经要分别今文、古文。此论实发千古之覆，为前人所未悟，俞樾推许为"不刊之论"。自此，经学风气为之一变，儒者治经，其学虽或异于廖平，但治经却多相从于廖平的"平分今古"之说。先生亦认为廖平"分别今古，举世所推，其发明经制，厥功尤巨"③，不过其具体论说则有不妥之处，"所谓今文学、古文学，乃哀、平以后之名（廖君初说，谓今学为孔子晚年之说，古学为孔子壮年之说，孔门弟子即分两派，甚至以《仪礼经》为古文，《仪礼记》为今文，皆大缪，后亦不持此说矣）。西京五经家（此亦后汉古文学家称西汉博士学者之名），固尚无此区别。其于后来古文家根据之书，凡有所见，未尝不兼综博采，以扶微广异，初非摈斥不道（廖君谓汉代古文、今文学者，相邅如洪水猛兽，此非事实。无论西汉博士绝无今文、古文之见，即汉古文家三郑、贾、马，先治今文学，具见本传。而二郑之注《周礼》，马

---

① 龚向农.《礼记郑氏义疏》叙例 [J]. 斯文半月刊, 1943, 3 (12): 13-14.
② 龚向农.《礼记郑氏义疏》叙例 [J]. 斯文半月刊, 1943, 3 (12): 15.
③ 龚向农.《礼记郑氏义疏》叙例 [J]. 斯文半月刊, 1943, 3 (12): 13.

融之注《尚书》《丧服》，亦颇取博士说，惟何休绝不引《周礼》耳）"①。
因此认为二《戴记》中兼有今文、古文之说，廖平完全以今古文之别来区分
《礼记》中的礼制异同是不对的，"小戴之《记》本无今文、古文之别，
《记》义之异，且非今文、古文所能赅"②，"概以今文、古文为别，殊不足
以括之"③。故主张《礼记》新疏当以郑玄注经之法为准，兼取古文、今文
之说，不必高谈西京家法。

又论汉学、宋学之择取，先生数其事实，论其优劣，有褒有贬，无所偏
倚，弟子罗孔昭评论其师治经之旨就说："持汉宋之平，守正不亚于兰甫，
究师法之变，甄微每近于鹿门。"④ 故先生所著《〈礼记郑氏义疏〉叙例》指
明拟作《礼记》新疏，一要以《尔雅》《说文》为本，正其训诂；一要掇取
诸家之说，发其精微。由此以破汉、宋门户之成见，合义理、考据为一家。

综上所述，正是由于龚道耕先生能够出入汉宋，留意今古，故能兼综诸
儒之说，勒成一家之言，短短数千字之《叙例》，足见其礼学思想之大概。
李雅南《祭龚向农先生文》就说先生"晚笺《小戴》，九十其训，叙列并
者，附以诤论。轨躅虽殊，各履康庄，蜀学昌明，于古有光"⑤。姜亮夫也
说先生《〈丧服经传五家注〉叙》《妇为舅姑服三年辨》等文精湛博辨，"置
之三百年来诸儒书中，精慎无与比伦"⑥。

---

①　龚向农.《礼记郑氏义疏》叙例 [J]. 斯文半月刊, 1943, 3 (12): 13.

②　龚向农.《礼记郑氏义疏》叙例 [J]. 斯文半月刊, 1943, 3 (12): 14.

③　龚向农.《礼记郑氏义疏》发凡 [J]. 志学, 1942 (1): 11.

④　罗孔昭. 三礼述要补: 叙目 [J]. 志学, 1942 (11): 2.

⑤　李雅南. 祭龚向农先生文 [J]. 志学: 龚向农先生逝世纪念专号, 1942 (6): 18.

⑥　姜亮夫. 学兼汉宋的教育家龚向农 [M] //四川省政协文史资料研究委员会, 四川文
　　史馆. 四川近现代文化人物. 成都: 四川人民出版社, 1989: 123.

"续""新"纠葛：学术转型中的《续校雠通义》与《校雠新义》

李勤合（九江学院庐山文化研究中心）

摘 要：在近代目录学转型中，刘咸炘《续校雠通义》与杜定友《校雠新义》分别从目录学名称、分类标准、类目、著录方式等方面提出了不同方案，表现了近代目录学者强烈的文化自觉和文化主体意识，展现了近代中国目录学转型的两个路向：传统学术科学化和西方学术中国化。近代中国目录学转型的结果并不是西学取代中学，而是两者并存，互相影响，共同发展。

关键词：《续校雠通义》 《校雠新义》 学术转型

中国传统目录学的转型，是接续传统还是革故鼎新？是接着讲还是照着讲，抑或是其他？近代中国已有不少学者进行了探索，其中刘咸炘、杜定友两人值得注意。他们两位一个出身于国学世家，但亦饱读西书；一个留学外国深受西学影响，却又钟爱传统文化。两个人分别写出了《续校雠通义》与《校雠新义》这样的不朽著作，为近代中国目录学转型做出了重要贡献。这两部书蕴藏了近代中国目录学转型的什么密码？笔者在此拟做一初步探讨，请各位方家和读者指正。

一、近代中国目录学转型之大背景

承清学之盛，目录学在传统国学中上升到十分重要的地位。王鸣盛说：

"目录之学，学中第一紧要事，必从此问途，方能得其门而入。""凡读书最切要者，目录之学。目录明，方可读书；不明，终是乱读。"① 这多少点出了清学绚烂的一些秘密。张之洞《书目答问》的成功，更让目录学获得了令世人瞩目的声誉。

而随着西方新事物涌进中国，这种情况又逐渐发生变化。学校与图书馆是晚清新政较见实绩的两个方面，伴随着西方图书馆进来的便是西方目录学。西方目录学藏以致用等思想带给传统目录学莫大的冲击。"藏书楼"这个新名词兴起不久，便作为落后的东西被"图书馆"三个字取代了。②

19 世纪，国人编译西方书籍或出外考察，对西方图书馆多有记录。1893年，郑观应《盛世危言》出版，其中《藏书》一章详细介绍了欧美各国图书馆概况，呼吁在中国各地多建图书馆。1896 年，李端棻上《请推广学校折》，也有"设大书楼"之议。1898 年，京师大学堂成立，设置了藏书楼。1904 年，浙江古越藏书楼正式向公众开放，湖南图书馆、湖北图书馆也于同年建成。至 1911 年，各省图书馆已建成 20 余所，各学校也多附设图书馆。

出版书籍的增多及图书馆的发展，促进了目录学的演变，尤其是分类法的变化。1896 年，梁启超撰《西学书目表》，设学、政、杂三类，三类之下又分 28 小类。这个分类体系彻底打破了以往七略、四部的分类体系，初步确立了自然科学、社会科学、综合性图书三大类的雏形，和此前对四部分类法的修修补补有着本质区别。1897 年，康有为撰《日本书目志》，其书著录日本明治维新以来的新书，分生理、理学、宗教、国史、政治、法律、农业、工业、商业、教育、文字语言、美术、小说、兵书 15 门，门下又分 246小类。③ 这些分类虽然都是针对西学的，还没有直接触动传统古籍的分类，

---

① 王鸣盛. 十七史商榷［M］. 黄曙辉，点校. 上海：上海书店出版社，2005：1，45.
② 至今还有许多人把藏书楼当作中国古代图书馆的名称来使用，而不知道"藏书楼"是中国人对现代图书馆的称呼，"图书馆"是日本人对现代图书馆的称呼而最终被我国借用。参见程焕文. 晚清图书馆学术思想史［M］. 北京：北京图书馆出版社，2004：1-21.
③ 相对于学界普遍强调康有为此书目的创新性，沈国威指出，康有为的这个分类是依照日本书目的分类，而不是他自己的发明，见沈国威. 康有为及其《日本书目志》［J］. 或问，2003（5）：51-68.

但已充分表明：传统分类法不能适应西学书籍，不能适应现实需要。1904 年开放的古越藏书楼曾编印过两个书目，前一书目分为经、史、子、集、时务五部，而随后由冯一梅新编的《古越藏书楼书目》，则开始分学、政两大类，并以此囊括所有新学旧籍，虽然其基本类目大多仍沿袭传统类目。不管怎样，传统目录学正在受到强烈的冲击。

如果说康、梁、冯等人还处在依葫芦画瓢的阶段，那么随着出国学习图书馆学的留学生学成回国，情况发生了根本变化。这批留学生不仅有对国内外图书馆反差的强烈感受，而且有着专门的理论储备，他们将带给传统图书馆学和目录学更猛烈的冲击。

19 世纪末 20 世纪初，西方图书馆学和目录学也只是刚刚建立起来，图书馆学教育（目录学教育）还处在初步阶段。1892 年英国成立了伦敦目录学会，1895 年在布鲁塞尔成立了国际目录学会，1904 年美国成立了美国目录学会。在美国，图书馆学教育刚从师徒模式过渡到图书馆附设培训班、图书馆附设图书馆学校、独立的图书馆学校三种模式并存。西方图书馆学方面的理论还未能系统地介绍到中国来，留学生中学习图书馆学的也很少。1914 年，创办"文华公书林"的美国人韦棣华派文华毕业学生沈祖荣赴美国纽约公共图书馆学校学习图书馆学，这是中国留学生学习图书馆学的开始。1916 年，沈祖荣学成回国。1919 年，胡庆生从美国学成回国。1921 年，杜定友从菲律宾学成回国，洪有丰从美国回国。戴志骞、李小缘、刘国钧等人也相继学成回国。西方目录学这才随着西方图书馆学理论在中国传播开来。

1917 年沈祖荣和胡庆生编制出版了《仿杜威书目十类法》。1920 年武昌文华大学创办了图书科（其名屡易，亦名武昌文华图书馆学专科学校）。1922 年，杜定友发表《世界图书分类法》。1925 年上海中国国民大学设立图书馆学系；同年，中华图书馆协会成立；次年，该会创办了《中华图书馆协会会报》和《图书馆学季刊》。1926 年，杜定友《图书目录学》由商务印书馆出版。1927 年，南京金陵大学设立图书馆学系；同年，刘国钧《中国图书分类法》出版。

在近代目录学学者中，像刘咸炘、汪辟疆、姚名达等，一般都接受了传统目录学的训练，有着深厚的传统文化根基，他们多从传统目录学出发去观照西方传入的近代目录学，在欧风美雨之下，其视角尤值得理解与慎重对待；而像沈祖荣、杜定友、刘国钧等学者，他们一般都接受了系统的西方图书馆学教育，相对于前者，他们对西方目录学有着更深入的认识，同时又对传统目录学有一定的同情之了解，在近代中国转型之时，从西方目录学视角反观传统目录学，常作入室操戈状。

以上两种类型的目录学家在近代中国目录学转型中都起到了重要作用，我们今天的目录学还在受他们的影响。他们或立足于传统学术，或从西方目录学视角反观传统目录学，经历不同，感受不同，实践不同，自然地给我们了解近代目录学转型提供了两个绝佳视角。研究这两种不同类型的目录学家，似乎更能完整、科学地把握传统与近代之间转型的奥秘。

学术日新的近代中国，一方面，一部分传统学人从过去的历史和思想资源中不断汲取营养，以"变则通，通则久"的信念和"通古今"的气概，积极应对变化，开出新路；另一方面，一部分出国留学的新式学人则通过类似输血、嫁接的办法拿来西学，并努力使西学与中国国情相结合，开创新学。

近代中国目录学研究十分繁荣，仅目录学理论专著就有杜定友《图书分类法》（1925 年），刘咸炘《目录学》（1928 年），《续校雠通义》（1928 年），容肇祖《中国目录学大纲》（1928 年），余嘉锡《目录学发微》（1930 年），杜定友《校雠新义》（1930 年），刘纪泽《目录学概论》（1931 年），姚名达《目录学》（1933 年），《中国目录学史》（1937 年），刘异《目录学》（1933 年），汪辟疆《目录学研究》（1934 年），胡朴安、胡道静《校雠学》（1934 年），蒋元卿《校雠学史》（1934 年），周贞亮《目录学》（1935 年），张舜徽《广校雠略》（1945 年），蒋伯潜《校雠目录学纂要》（1946

年）等。当然还不止以上这些。①

在这些著作中，刘咸炘《续校雠通义》和杜定友《校雠新义》都把目光投在了传统校雠学总结性著作——章学诚《校雠通义》上，但一者强调自己是在此基础上的延"续"，一者强调自己要出"新"，发表时间比较接近，自然显得十分抢眼。

二、"续""新"纠葛

（一）《续校雠通义》与《校雠新义》大略

刘咸炘，字鉴泉，号宥斋，四川双流人，1896 年生于成都。祖父刘沅，字止唐，为四川一代儒宗，著有《槐轩全书》，世称其学为槐轩之学。父刘梖文，字子维，亦为蜀人所敬重。刘咸炘受家学熏陶，五岁能写文章，九岁自学，日读数十册书，习古文，读四史，得章学诚《文史通义》而细研之，晓然于治学方法与著书体例，遂终身私淑章实斋。从此，每读书必考源流，初作札记，后作论文，然后渐成专著。曾任教尚友书塾十余年，育才无数，后任敬业学院哲学系主任、成都大学教授、四川大学教授。一生以教学著书为事，足未出蜀，1932 年不幸病逝。陈寅恪、梁漱溟、蒙文通等先生对其学术都有较高评价。

刘咸炘有关校雠方面的书较多，如《旧书别录》《目录学》《续校雠通义》《校雠述略》《历史目录学教本》等多种。《续校雠通义》书后自序说：

> 炘好目录，推重纪章，上下探索，如有所立，爰续章书，以究

---

① 西方目录学学者多重视实践操作，故于分类表十分重视，而对于分类原理阐发较少。影响所及，中国近代新式分类法也多是只给出类表，而对于理论部分无甚发明阐释。所以这方面新式目录学学者的目录学理论著作甚少，唯杜定友《图书分类法》分上中下三编，上编"说明"专门介绍中外图书分类法之历史、分类意义、分类原理等，在当时别树一帜。而传统目录学的理论著作如此之多，可能和这一阶段需要理论总结有关系。

斯业。始事己未年十一月十九日，人事牵扰，十日而稿成。成之日，吾生日也，生盈二十三年矣。越九年，戊辰，授目录学于成都大学，创编讲本，因更定此书。旧本辨簿录第十四，取孙强第十五，全易之。首二篇未足，则加之。纠郑篇碎乱则整之，余亦有所修补。旧说至此乃成具矣。至于簿录体别、编次小例及求书辨名之法，章氏书第一卷所讨论者，已详《目录学》中，此皆不及，使二书相备。修定凡八日，五月十一日毕。撰序目第十七。①

由此可知该书写于 1919 年，修定于 1928 年。《目录学》和《续校雠通义》都是为在成都大学讲授目录学课写定的，两书相辅而相成，都偏重于理论方面，与《旧书别录》等注重校雠实践有所区别，但两书又有所不同。《续校雠通义》是刘咸炘在校雠方面的心得之作，是著述之体，《目录学》则是刘咸炘在校雠方面的钞辑之作，是专门针对课程编写的教材。如《目录学·弁言》所说："诸篇之文，多裁旧说，己意造文，十不四五，志在传宣，不愿窃袭也。戊辰二月，忽忽始事，倩徒分钞，十日稿具，仅得成书。类例粗张，自知文词不洁，征引未周，修补化裁，以待他日。"② 但其中间发己意，予以品评，多有创见，亦如作者所说"似因实创"。

《续校雠通义》的大要，在于倡导存古通今、通古救今的理念，发明七略、四部之大义，用七略法以治四部，存七略于四部之中。于历代目录中，以为隋志定四部，而无害于七略，为一线之传；旧新唐志渐失大义，罪之魁也。郑樵独言校雠，而言多偏弊；纪氏四库不知七略之意；遂参考章学诚、张之洞，定四部细目。主张增"外编"一部，以位置七略四部不能囊括的书籍，对于过去四部不曾注意或重视不够的俗书、异域之书给予适当地位，对章学诚学说中的纰漏也予以匡正。

《续校雠通义》的核心在于定四部。他肯定了章学诚四部不能反七略的

---

① 刘咸炘. 推十书·续校雠通义［M］. 成都：成都古籍书店，1996：1645.（本文所引《推十书》中标点均为笔者所加。下同。）
② 刘咸炘. 推十书·目录学［M］. 成都：成都古籍书店，1996：1729.

意见，用寓七略于四部之中这样的调停办法来平息七略四部之争，又根据历史发展对四部予以补充，增加了外编一部作为补充，强调存其大义，认为通大义才是真正的通古今。"七略之大义明，即以为四部之大义。而吾之四部乃真与七略合而非俗之四部矣。"他对四部具体小类一一条分缕析，"定其门类，自以为校雠之学至此定矣"。①

《续校雠通义》虽然肯定四部不能复七略，但面对历史发展，却并没有开出新的方子。相比之下，《校雠新义》的确显出了"新"义，它先从传统目录学十分重视的类例出发，批评中国无分类法，然后总论四部之失，分论四库各部之失，继而从目录编次、书目两方面纵论新旧目录学之优劣，从而认为不仅四部不能复七略，即四部亦不能复也，从而确立他的新目录学观。

《校雠新义》，杜定友撰。杜定友，广东南海人，1898 年生于上海。祖父曾在香港以补皮鞋为生，后来迁居上海。父亲以开照相馆为生，后又迁居武汉。杜定友幼时上过私塾、新式小学，但因家境不好，时读时辍。15 岁考入上海工业专门学校（南洋公学前身）附属小学，才开始了稳定的求学生涯。1918 年，他由上海工业专门学校官费派往菲律宾大学留学，学习图书馆学。1921 年毕业，获图书馆学学士、教育学学士、文学学士三个学位。学成回国后，辗转任广东省图书馆馆长、复旦大学图书馆馆长、南洋大学（交通大学）图书馆馆长、中山大学图书馆馆长等职。新中国成立后曾任广东省人民图书馆第一任馆长和省文史馆馆员，在图书馆学史上与刘国钧并称"南杜北刘"。

《校雠新义》在杜定友著作中占有特殊的地位。首先，分类学是杜定友最主要和最重要的学术成就，《校雠新义》是杜定友分类学成就中的一部分；其次，这是他唯一一部专门讨论中国古典目录学的著作。杜定友曾自述："在我的图书馆学的研究中，友人以为《杜氏图书分类法》《汉字形位排检法》及《校雠新义》，较为重要。"② 此虽为友人评论，但亦为他所赞同。

---

① 刘咸炘. 推十书·续校雠通义［M］. 成都：成都古籍书店，1996：1586.
② 杜定友. 我与图书馆学［M］//钱亚新，钱亮，钱唐. 杜定友先生遗稿文选. 南京：江苏省图书馆学会，1987：48.

1930 年 6 月,《校雠新义》一书由中华书局出版。① 在该书的前言中,杜定友指出,我国传统学术一直十分庞杂,虽然历代目录之书颇多,但"校雠之司,未闻其法",郑樵、焦竑、章学诚等人虽有所论列,却不免于门户之见,是非得失未能厘别。"近来欧化东渐,图书之学成为专门,取其成法融会而贯通之,亦我国言校雠者之责也。"② 由此可见,杜定友撰著此书的目的乃在于融会西方图书馆学方法于传统校雠学,达到贯通之目的。实际上,杜定友撰写此书还有其他的原因。

杜定友学成初回国的几年里,图书馆作为新生事物一方面处于蓬勃发展之中,使他坚定了从事此业的信念(杜定友在国外攻读三个学位,即有从谋生出发而另图他业的想法),另一方面,此时正是图书馆发展史上所受种种阻力最大的时期。其时正当新文化运动的高潮,各种思想之间的交锋正在火热进行之中,杜定友提倡的图书馆学受到许多人的反对,在主持图书馆事务中经常遭到有意无意的排挤。他在自传中说:"记得当时提倡打破经部分类方法,振振有词,康有为听见了,说要杀我,章太炎的兄弟章篯说我姓了杜,就盲从杜威。刘学询说我自幼生长美洲,不识中文,竟呈控请省长免我的职。"③ 他在另一篇自传文章中明确地说:"《校雠新义》是因为一句话而作的。在 1923 年,我被人告了一状,说:'杜氏生长美洲,不谙中文。'我自问中文的根底也着实太差了。中学毕业即远赴重洋,几与中外图书馆绝缘,对于中国目录学及版本学,尚未得其门而入。于是发奋读书,在百忙中偷读古籍。"④

当此之时,一方面,中国真正有西方图书馆学背景的人,据言只有几人

---

① 《校雠新义》成书大概在 1928 年。1929 年《中山大学图书馆周刊》3 卷 2 期已刊登了杜定友的同名论文《校雠新义》。王子舟也说,杜定友在 1928 年"经过数年努力,完成了对中国古代传统分类技术与分类思想的疏理过程",见王子舟. 杜定友和中国图书馆学 [M]. 北京:北京图书馆出版社,2002:82.

② 杜定友. 校雠新义:自序 [M]. 台北:中华书局,1969:2.

③ 杜定友. 我与图书馆 [M]//钱亚新,钱亮,钱唐. 杜定友先生遗稿文选. 南京:江苏省图书馆学会,1987:28-29.

④ 杜定友. 我与图书馆学 [M]//钱亚新,钱亮,钱唐. 杜定友先生遗稿文选. 南京:江苏省图书馆学会,1987:48. 原文"中外"疑为"中国"之印刷错误。

而已，大家对西方图书馆学还不能理解；① 另一方面，当时言西方图书馆学的人虽已有一些，但真正能贯通中西的人就更寥寥。作为提倡西方图书馆学的杜定友来说，要真正说服对手，莫过于深入虎穴。所以，他才要下决心研究传统目录学。

《校雠新义》的核心在于破古之目录学，立今之目录学。杜定友认为中国"有古之目录学而无今之目录学"，古之目录学研究对象不明，研究方法不系统，没有原理规则可循，目录与书目、类例、著述史相混。今天与古人治学时的环境已大不相同，随着印刷术的进步，今天的藏书动辄以百万计，读者每天都有千百人，目录卡片成千上万，而时间又很紧迫，如果还以古代的方法来做今天的目录，万万行不通。

（二）校雠乎？目录乎？

"目录"与"校雠"名义之争在学术界已是个老话题，本文因为主要讨论类目问题，所以仍用目录之名。刘咸炘和杜定友两书虽然都用了"校雠"之名，但实际上刘咸炘是真正钟情于此名，而杜定友实际是否定校雠之名的。

刘咸炘有多部书都是以校雠命名的。关于校雠与目录之间的关系，他曾在《目录学》中明确地说：

> 所谓目录学者，古称校雠学，以部次书籍为职，而书本真伪及

---

① 杜定友1926年曾撰文说："全国图书馆界中，曾留学受过专门图书馆训练在一、二年以上的，只有下列9人（中国向有的目录学者，并非专门。其富有经验者，亦因没有受过专门训练，故未列入）：沈祖荣，武昌文华大学；杜定友，上海南洋大学；李小缘，南京金陵大学；李长春，开封中州大学；袁同礼，北京北京大学；洪有丰，南京东南大学；胡庆生，武昌文华大学；刘国钧，南京金陵大学；戴志骞，北京清华大学。"参见：杜定友. 图书馆学的内容和方法［M］//钱亚新，白国应. 杜定友图书馆学论文选集. 北京：书目文献出版社，1988：13. 1923年，杜定友即将去广东省图书馆馆长之职，有馆员上书请愿，希望能挽留他。请愿书中也曾说："吾国之精研图书馆科学者，都不过6人，冀北居其二，汉沪间居其三，我西南六省，则惟杜主任一人。"见：王子舟. 杜定友年谱初编［M］//杜定友和中国图书馆学. 北京：北京图书馆出版社，2002：218.

其名目篇卷亦归考定。古之为此者，意在辨章学术，考镜源流，与西方所谓批评学者相当，中具原理。至于校勘异本，是正文字，虽亦相连，而为末务。其后任著录者，不能具批评之能，并部次之法，亦渐失传。至宋郑樵、近世章学诚，乃明专家之说。而版本之重，始于明末，校勘之精，盛于乾嘉，于是目录之中，有专重版本之一支焉。要之，目录学者，所以明书之体性与其历史者也。①

这话说得很清楚：目录学即校雠学，版本、校勘是其中的一部分。至于"俗间亦有目录学之称，乃以多记书名为尚，是号横通，仅同老贾，不足为学也"②。

杜定友虽然用了《校雠新义》的名字，但他对"校雠"这个名字是持否定态度的。其书最后一章《校雠第十》分三篇，重点即在第一"正名论"。他不仅引用"名不正，则言不顺；言不顺，则事不成"的古训，而且从"古今学术之淆乱，中外名词之抵触，无不因名物不副而转滋讹会"的角度说明正名的必要。

杜定友先引《风俗通义》《通志》《校雠通义》的话来说明古人赋予校雠学太杂的内容。《风俗通义》："一人读书，校其上下，得谬误为校；一人持本，一人读书，若冤家相对为雠。"这是说校雠即是校勘。《通志》："册府之藏，不患无书；校雠之司，未闻其法。欲三馆无素餐之人，四库无蠹鱼之简，千章万卷，日见流通。"则校雠又兼类书、流通之义。"章学诚撰《校雠通义》，复讥樵论求书之法，校书之业，而未究求书以前文字如何治察，校书以后图籍如何法守，故有《原道》一篇，《藏书》一篇。然则校雠之学兼及图书学之全部矣，能不杂乎？……书有书之校雠，目有目之校雠，版有版之校雠，似未可以专成一学也。故校雠不可名家。但自郑章而后，其义斯混，兹编仍用旧名，实则未为可也。"③

---

① 刘咸炘. 推十书·目录学 [M]. 成都：成都古籍书店, 1996：1729.
② 刘咸炘. 推十书·续校雠通义 [M]. 成都：成都古籍书店, 1996：1644.
③ 杜定友. 校雠新义 [M]. 台北：中华书局, 1969：121-122.

这就是说，校雠学"杂"而且"混"，实不可用作学科名称。

关于目录学与校雠学之争，程千帆先生 1941 年曾撰有《校雠目录辨》一文，其中有比较通达的分析：

> 盖始有校雠目录之事，继有校雠目录之名，终有校雠目录之学。其始也相别，其继也乱，其终也相蒙。……而今欲尽其道，则当折中旧说，别以四目为分。若乃文字肇端，书契即著，金石可镂，竹素代兴，则版本之学宜首及者一也。流布既广，异本滋多。不正脱讹，何由籀读？则校勘之学宜次及者二也。篇目旨意，既条既撮，爱定部类，以见源流，则目录之学宜又次者三也。收藏不谨，斯易散亡；流通不周，又伤锢蔽。则藏弆之学宜再次者四也。盖由版本而校勘，由校勘而目录，由目录而藏弆，条理始终，囊括珠贯，斯乃向、歆以来治书之通例，足为吾辈今兹研讨之准绳。而名义纷纭，当加厘定，则校雠二字，历祀最久，无妨即以为治书诸学之共名；而别以专事是正文字者，为校勘之学。其余版本、目录、藏弆之称，各从其职，要皆校雠之支与流裔。①

但 1941 年以后，这个争论并没有停止。除张舜徽《广校雠略》（1945年）等仍坚持校雠包举目录的观点外，图书馆学界对此多有否定。两种观点续有论争，其间优劣，一时恐难以定评，倒是两种观点所反映出的学术倾向值得注意。盖西学是分科之学，"学有专门，事乃精进"②。所以，杜定友强调传统校雠学的混杂不清，他的《校雠新义》虽然用了"校雠"之名，但却是持否定态度的；而我国传统学问强调博约之间的平衡，所以刘咸炘钟情于"校雠"之名，并强调校勘异本、是正文字为末务，又说俗间目录学以多记书名为尚，是号横通，仅同老贾，不足为学也。所以，从某种意义上说，目录学与校雠学的对立，是学术风格的区别，而不是学理的对立。

---

① 程千帆. 校雠目录辨 [J]. 文献，1981（1）：257，260.
② 杜定友. 校雠新义 [M]. 台北：中华书局，1969：78.

（三）辨体乎？辨义乎？

分类是目录学中最重要的一个部分。中国传统目录主要是分类目录，七略、四部即是分类之法。刘咸炘和杜定友皆认为分类必须统一标准，但刘咸炘主张"分部别居，以体为主"，而杜定友则主张"类例条别，例当从义"，恰成相反之势。

类例之辨在传统目录学中是最重要的焦点。类例不仅是排比书籍，而且事关学术明晦存亡。郑樵说："学之不专者，为书之不明也；书之不明者，为类例之不分也。有专门之书则有专门之学，有专门之学则有世守之能。人能其学，学守其书，书守其类。人有存没而学不息，世有变故而书不亡。以今之书校古之书，百无一存，其故何哉？士卒之亡者由部伍之法不明也，书籍之亡者由类例之法不分也。类例分则百家九流各有条理，虽亡而不能亡也。"① 不仅如此，类例还关乎着辨章流别，宣明大道。章学诚说："著录部次，辨章流别，将以折中六艺，宣明大道，不徒为甲乙纪数之需，亦已明矣。"② 由此可见类例部次在传统目录学中的重要地位，亦无怪乎《续校雠通义》的核心只在于定四部细目："因议四部细目，定其门类，自以为校雠之学至此定矣。"③

杜定友对此亦有清晰的认识，其《校雠新义》的主体也是讨论类例，但又有所区别，他认为图书分类应该首先求便于应用。"古之言类例者，于辨章学术三致意焉，而于图书之应用未尝及也。夫古之藏书重于典守，今之藏书重于致用，势所然也。类例不分，则图书散乱，图书散乱，则无以致用。故今之分类所以求图书之便于应用而已。"④

要定细目，必先定一标准。"凡分类者必有标准，若标准歧出，则类例不通，此人所共知也。"⑤ 刘咸炘举例指出过去著录家标准混乱的六个方面：

---

① 郑樵. 通志 [M]. 北京：中华书局，1995：1804.
② 章学诚. 校雠通义 [M]. 北京：文物出版社，1985：95.
③ 刘咸炘. 推十书·续校雠通义 [M]. 成都：成都古籍书店，1996：1644.
④ 杜定友. 校雠新义 [M]. 台北：中华书局，1969：2.
⑤ 刘咸炘. 推十书·续校雠通义 [M]. 成都：成都古籍书店，1996：1592.

昔之著录家往往歧据他端，以乱部类，此最当先戒者也。如《四库提要》以官定仪入政书，私仪注则附经部，是以作者之官私为断也；律吕之学入乐类，讴歌弦管则入艺术词曲，是以论者所定之雅俗为断也；记事大者入杂史，小者入传记小说，是以事之大小为断也；别传在传记，而《明高皇后传》则入杂史，是以人之贵贱为断也；《建康实录》以载宋齐梁陈事入别史，而《华阳国志》以载公孙、二刘、李氏事入载记，是以论者所定之正伪为断也；章氏《史籍考》以家传、家训、家仪附谱牒，云同行于家，是以群之范围为断也；《四库》传记之中分圣贤、名人二目，而存目之《安禄山黄巢事迹》遂不得不别名为附录，非自扰乎？①

杜定友对古代目录标准混乱的情形也有详细的批判。如批评分类不应寓褒贬于其中："然类例之法则不宜存褒贬于其间。有其书当有其目，有其目当有其类，如其书为不当有，则去之可也，存目之谓何哉？此古人目录学者着眼之误，又迷于学术源流之说，故目录编次益觉凌乱，类例条别毫无标准。"② 在论纪事本末体时又说："《四库》既主体例，创立纪事本末矣，然于偶然记载，篇幅无多者，则仍隶诸杂史、传记，不列于此。则纪事本末之外又以篇幅多寡及偶然与不偶然为标准耶。"③ 在批评章学诚把茅坤、归有光评点的《史记》和苏洵评的《孟子》附于史评之下时，他说："如《茅、归〈史记〉》《苏批〈孟子〉》等，其义既为史为子，自当附于原书，以资考证，而便摩习，今曰：'岂可复归正史类乎？岂可复归经部乎？'此门户之见，尊古之念，不知求学之道，分类之理，有以致之也。"④

虽然刘、杜二人在分类必须统一标准的问题上意见一致，但在具体的标准取舍上还是有所分歧。"所谓标准者何？曰体与义。体者，著述之题材也，

---

① 刘咸炘. 推十书·续校雠通义 [M]. 成都：成都古籍书店，1996：1592. "附录"，四库提要原文作"别录".

② 杜定友. 校雠新义 [M]. 台北：中华书局，1969：5.

③ 杜定友. 校雠新义 [M]. 台北：中华书局，1969：36.

④ 杜定友. 校雠新义 [M]. 台北：中华书局，1969：39.

义者，学术之系统也。"① 体与义之间如何抉择？刘咸炘的意见是："条别著述虽以义为主，而分别部居则以体为主。……苟以其义，则六艺同出于圣人，亦无庸分为六门矣。后世不知辨体而执辨义，往往以义混体。……体之与义，固每成经纬之形，然分部固当以体，若以义，则一子部足矣，何七四之纷纷乎？"②

值得注意的是，刘咸炘在分类标准上虽然主张统一，但并不讲唯一，只是讲"为主"，所以他又有分类标准不能"极其严明"的主张。他解释说：

> 然介在两歧、出入二类之事则恒有之，虽物质科学归纳所成之类例亦然，况于著录之事。书籍之质素本多混合，而著录者以一书为单位，又不能如治物质之隔离分析。其所分类例不过论其大体而已，故又有别裁互注之法以济之。且以一文论之，叙事之文岂无论议之语，抒情之作亦有记述之辞，然而事、理、情之大别固不以此破也。是以部类之标准、配隶之界画不能极其严明，固势之必然，而非学者不精之咎也。然而非无标准也，非无界画也，特不能极其明严耳，非不明严也。③

相比之下，杜定友的主张似乎更系统和彻底一些。杜定友首先把图书分类和学术分类区别开来。他批评古代目录学者只知辨章学术源流而不知学术与图书的差异，以至混淆书与学之别。他举例说，周代设六艺以教万民，有五礼之义、六乐之歌、五射之法、五御之节、六书之品、九数之计，是学术之区分；而刘歆《七略》改为易、书、诗、礼、乐、春秋，则是图书的分类。

其次，他把分类法和分类目录区分开来。"分类法在总括群书，而不以

---

① 刘咸炘. 推十书·续校雠通义 [M]. 成都：成都古籍书店，1996：1592.
② 刘咸炘. 推十书·续校雠通义 [M]. 成都：成都古籍书店，1996：1592-1593.
③ 刘咸炘. 推十书·续校雠通义 [M]. 成都：成都古籍书店，1996：1592.

现有者为限。以书为限者，分类目录而已，非分类法也。前人均不辨此二事。"① 类例是分类法，所以它应该脱离具体的书来分类，应该为古今未来之书分类，不能以现有或已有之书为依据。"古之言类例者，未尝离书而立类。……类例条别，惟以既有之书为依归，未尝为后世法也。"②

在分类的标准上，杜定友也指出："类例条别，有辨体辨义之分。体者，书之体裁也；义者，书之内容也。"③ 但在体与义的问题上，杜定友"类例条别，例当从义"的主张，恰与刘咸炘相反。他举例说："樵讥《班志》《司马法》入礼出兵，焦竑谓宜入兵，章谓其未见班固自注，实则入兵宜也。盖《司马法》为军礼，礼，其体也，兵，其义也。"④

杜定友不仅提出类例条别，还提出部居次第的问题。类例条别讲的是类与类之间如何区分的问题，部居次第则讲类例之间先后顺序的问题。杜定友指出："从来目录部次以辨章学术考镜源流为标的，部居次第亦惟此是从。"⑤ 而各家世相祖述，本无所根据。章学诚推崇辨章学术考镜源流，对甲乙部次之法最为贬低。杜定友对此批评说："章氏宗刘，故为是说，要亦误于学术源流之意，不知图书部次，首重甲乙。古者学术未昌，印刷未明，故图书寥寥。易，十三家，书十五种；书，九家，书十一种；诗，六家，书十五种；礼，十三家，书十三种；乐，六家，书六种。古之学者，书无不读，学无不通，故目录之学别其流次，以便于学，意至善也。……今则图书充栋，学者唯一类一书是求，未必览其全部，故部居次第，必重甲乙，此古今为学之不同也。"⑥ 所以，古人只讲类例条别，不讲部居次第，在现代是行不通的。

（四）四部抑或其他

为了定四部细目，刘咸炘《续校雠通义》用两章的篇幅专门讨论经史子

① 杜定友. 校雠新义［M］. 台北：中华书局，1969：54.
② 杜定友. 校雠新义［M］. 台北：中华书局，1969：5.
③ 杜定友. 校雠新义［M］. 台北：中华书局，1969：4.
④ 杜定友. 校雠新义［M］. 台北：中华书局，1969：4.
⑤ 杜定友. 校雠新义［M］. 台北：中华书局，1969：6.
⑥ 杜定友. 校雠新义［M］. 台北：中华书局，1969：7.

集四部的处理问题，又用四章的篇幅分别讨论四部细目的处理问题。而为了破四部，建立新目录学，杜定友《校雠新义》也用了一章的篇幅讨论经史子集四部，继又用四章的篇幅逐一讨论四部细目。

对于四部，刘咸炘是持基本肯定态度的。中国历史上目录学的争论主要围绕着七略、四部展开，因此刘咸炘从通古今的角度出发，主张通七略四部，存七略之意于四部之中，用治七略的方法去治四部。这看来的确是个折中的办法。《续校雠通义》首篇《通古今》说："古曰七略，今曰四部。章先生明四部之不可复为七略，而欲人存七略之意于四部中，诚善矣。……吾所以通之者，明四部之无异于七略耳。七略之大义明，即以为四部之大义。而吾之四部乃真与七略合而非俗之四部矣。"①

但七略、四部纷争，岂可简单地抹杀区别就能平息？所以，刘咸炘发明了两点新主张来支撑他的七略四部互通的主张。一是重新解释七略四部大义。他认为七略之中，六艺为干，诸子、诗赋、兵书、术数、方技为支，皆统于六艺；四部之中，史、子为干，经为干之根，集为干之末，经为史、子、集之源。这样一来，经、史就相当于六艺，子就相当于诸子、兵书、术数、方技，集就相当于诗赋，所以四部和七略也就无所差别了。刘咸炘反复申说七略、四部大义无异的道理：

> 七略之大义云何？六艺，统群书，干也。诸子、诗赋、兵书、术数、方技，支也。诸子出干为支，犹之小宗别立门户也。诗赋、兵书、术数、方技，则附干之支，犹之正宗之中有一室焉，人繁而异宫也。
>
> 四部之大义云何？以史、子为干。六艺者，干之根也。别为经部，但收附经之传说，六艺之流则归之史焉，别出则子焉。文集者，由诗赋一略而扩大之，兼收六艺之流者也，则殿焉，是干之末也。譬之于人，居史为大宗，子为小宗，经则庙也，集则小宗而又

---

① 刘咸炘. 推十书·续校雠通义 [M]. 成都：成都古籍书店，1996：1586.

杂居者也。经史者，七略之六艺；子者，七略之诸子、兵书、术数、方技；集者，七略之诗赋。如此则四部犹七略也。

要之，昔之视四部为平列，今之视四部，则史子为主，经在上而集在下。……天下之学惟事理，故天下之书惟史、子矣，集则情文而兼子、史之流者也，经则三者之源也，此四部之大义也。

六艺外之五支，凡分三类焉，而皆统于六艺，此七略之大义也。①

四部之中，既分干、根、末，则理当区别对待。所以刘咸炘治四部的方法就有所变化，所谓："要之，昔之视四部为平列，今之视四部，则史子为主，经在上而集在下。"这个主张具体地说，就是："七略四部之大义既明，则可以七略法治四部矣。治之云何？一曰尊经，二曰广史，三曰狭子，四曰卑集。"②

"何谓尊经？经既以尊而别出为部，部中所收，当限于经之传说。"③这就是说，经既取尊敬之意，去取当严，律吕之书、私仪注都不应该妄附。

"何谓广史？六经之流皆入史部，苟非诗赋、子、兵、方技、术数，无不当入史部。"④史部的范围扩大了。

"何谓狭子？子者能成一家言者也。九流既衰，成家之学已少。"⑤谱录、杂记、类书等类都该剔除。

"何谓卑集？汉隋二志时，集中无子、史专书。后世文集之滥，章先生详言之矣。然既有此部，已成万不可反之势，知其为下流所归，可也。"⑥这就是说要认清集部过滥，地位不高。

刘咸炘的第二点新主张是在四部之外别立外编一部。为了解决四部分类

① 刘咸炘. 推十书·续校雠通义［M］. 成都：成都古籍书店，1996：1586-1587.
② 刘咸炘. 推十书·续校雠通义［M］. 成都：成都古籍书店，1996：1586-1587.
③ 刘咸炘. 推十书·续校雠通义［M］. 成都：成都古籍书店，1996：1587.
④ 刘咸炘. 推十书·续校雠通义［M］. 成都：成都古籍书店，1996：1587.
⑤ 刘咸炘. 推十书·续校雠通义［M］. 成都：成都古籍书店，1996：1588.
⑥ 刘咸炘. 推十书·续校雠通义［M］. 成都：成都古籍书店，1996：1589.

法在现实中遇到的困难，他一方面强调不能走复古路线，四部万不能反七略，另一方面对四部割舍不下，以他自己的尊、广、狭、卑四法对四部进行了变化，但这只是在四部内部做些调整而已，并不能完全解决问题，所以他又提出另立外编一部的主张。

"七略义例所有，虽七略无其书，亦可治也。七略义例所无，强编四部之中，而四部以芜，七略以乱，此则不可治也。收之不可，弃之不能，惟有别为外编，使与四部并立，亦如章氏修方志三书之外，别为丛谈，不使混于经要也。"① 这里有一个很重要的观点，就是刘咸炘承认七略虽然完美，但也是有缺憾的，七略义例并不能涵盖所有。既然是以七略大义来治四部，那么在七略义例不能覆盖的情况下，就必须另谋新篇。

为何要设外编，外编的内容是什么？刘咸炘把来源和内容说得很清楚："章氏举四部之不能返七略者五端，而各为之记。……所患乎不能复古者，在增古所无，难于位置耳。灭古所有，固不足病，不必如章氏以考证书、释道家附会名墨也，所患者钞辑、类书、评点三者耳。尚不止此，吾为增之，一曰杂记，二曰考证书，三曰蒙求，除评点可如章说，余五者当统为外编，以别于四部焉。"② 以下他具体地说明了类书、钞辑、评点、杂记、蒙求等类归附的理由，除评点之书宜附文评或依本书各归其类外，其他四者均宜编入外编。最后定下外编五类：一考证书、二杂记、三类书、四书钞、五蒙求。

因为张之洞在此之前已于四部之外增设"丛书"一类，所以刘咸炘这里还对主张设"丛书"一部的意见给予了驳斥。"丛书者，汇刻之书。簿录卷帙，则当别为一目，条别种类，则当散归各门，不宜蹈汉志、刘向所序，扬雄所序。苟以人聚，不加别择也。"③ 这是刘咸炘坚持统一分类标准，反对以人类书的必然结果。

杜定友对以四库为代表的四部分类法给予了严厉的批评。他首先就说，

---

① 刘咸炘. 推十书·续校雠通义 [M]. 成都：成都古籍书店，1996：1589-1590.
② 刘咸炘. 推十书·续校雠通义 [M]. 成都：成都古籍书店，1996：1590.
③ 刘咸炘. 推十书·续校雠通义 [M]. 成都：成都古籍书店，1996：1592.

《四库全书》实是一大丛书，而非图书馆、分类法、目录学。"此《四库全书》之辑与近代藏书之旨迥乎不同。近人以《四库全书》为图书馆，误也；以四库门类为分类法，误也；以四库总目为目录学，误也。"① 这实际上是说《四库全书》所代表的分类法不是目录学要讨论的分类法，而只是一部丛书自己的分类法，意在说明传统学术的杂糅混乱。

其次，章学诚、刘咸炘提出四部不能反七略，杜定友更在此基础上提出连四部也不能回归。"四部之不能返七略，亦犹今日之分类不能返四部也。"②

四部的弊端至少有五点：

> 四部之弊有五：一曰不详尽。以九十四类类四库全书可也，以九十四类类今日之群籍，可乎？晚近学术日繁，典籍日多，文章流别历代增新，有是一家，即应立是一类，有是一体，即应立是一格。医学一门，身体百肢，疾症千百，中西药石，毋虑万种，以医家一类总之，可乎？二曰不该括。近人为学新旧兼治，图书内容中外并陈，文字有中外之分，学术无国别之限，有旧而无新，可乎？有中而无外，可乎？有诸子而无哲学，可乎？有诗赋而无戏曲，可乎？有中国史而无外国史，可乎？有释道而无耶教，可乎？三曰不合理。释道分割而名墨不列家，四书入经而孔门弟子夷于门外，史部不以时次而以体别，子部庞杂不成一家之言，集部诗文不分而出词曲，其卤莽灭裂、是非颠倒，不一而足。夫分类之法，所以总括群书，部次条别，所以便于用也。今学术不辨，泾渭不分，假卫道之名，寓褒贬之意，分类之理，岂若是哉？四曰无远虑。四部之法以成书为根据，未为将来着想。新出之书，无可安插，后起之学，无所依归。经史子集，本非学术之名，而强为图籍之目，圣道之外，不复知有科学者，岂有今日之图书而可仍四部成法哉？五曰无标记。分类之法，最重标记，前已具论。而四部之分，各类分配多

---

① 杜定友. 校雠新义 [M]. 台北：中华书局，1969：18.
② 杜定友. 校雠新义 [M]. 台北：中华书局，1969：24.

寡异殊，组织系统尚欠完密。①

既然如此，四部自然不能再用了。"四部之法，数千年来人之奉为圭臬者，时也，势也，非其法之善也。四部之所以不能用于今日者，亦时也势也欤?"②

《隋书·经籍志》后，四部分类法取得了统治地位，其他分类法虽间亦有用，但主要见于私人分类，始终未能撼动四部之地位。至张之洞《书目答问》出，于四部之外增设"丛书"一类，虽然终于没有直接称"部"，但已示人以四部之弱。此后，主张保存四部分类法或中西书分别用中西法分类的学者对于四部之法都有修订。1902 年徐善兰《古越藏书楼书目》第一版列经、史、子、集、时务五部;1936 年，柳诒徵主持的《江苏省立国学图书馆图书总目》在四部之外，立"志""图""丛"三部;1947 年，张舜徽《初学求书简目》在经史子集外加上了"综合论述"一部。而吸收西洋分类法创立的新式中国分类法正在努力包容古今中外一切图书，杜定友 1922 年出版的分类法叫《世界图书分类法》，王云五 1928 年出版的分类法则称《中外图书统一分类法》。

（五）修订抑或否定

相较于四部大类的稳定，四部细目自产生后就没有停止过修改。"乾隆钦定《四库提要》出而唐宋以来目录家纠纷一清，自《隋志》以来未尝有也。……私家目录利其详备，咸遵用之。"③刘咸炘和杜定友都对四部细目进行了详细讨论，但刘咸炘的目的在于修订细目，而杜定友则主要立足于否定。

关于经部，刘咸炘抱着尊经的原则，剔除各类中混入之书，调整位置失当，如把小学中蒙求之书入外编，四书中类目调整为论语、大学、中庸、孟

① 杜定友. 校雠新义 [M]. 台北: 中华书局, 1969: 24-25.
② 杜定友. 校雠新义 [M]. 台北: 中华书局, 1969: 24.
③ 刘咸炘. 推十书·续校雠通义 [M]. 成都: 成都古籍书店, 1996: 1612.

子、四书总义五子目，又删掉乐类，增加纬类，用以尊经。共定经部十类：一易，二书，三诗，四礼，五春秋，六孝经，七四书，八诸经总义，九纬，十小学。

杜定友反对尊经，认为"分类之学在辨章学术，无所用其尊也"①。他以经部易类为例说，易类"既不辨家学，又不辨体裁，其弊在一以时代为次，以后诸类亦同病焉"，"总之，经部之弊，在一以时代为次"。②

至于史部，杜定友以为四库的史部分类，以体裁为主，在主体之外又以门户之见、尊古之念（史钞史评类）、篇幅多寡（纪事本末类）等为多重标准，甚至连辨体也忘掉了（杂史类）。"总之，史部之弊，在一以体裁为制，无复辨章学术之意"，"史部门目，传记而外，无一可存者，其厘定条别是有待于后学者矣"③，把史部基本否定了。

刘咸炘也承认"经部依经分类，集部目少，子部宜狭，惟史部门目最多，而最不易理"④。他依据史部是六艺之流的原则，把史部分定十二类：纪传第一、编年第二、纪事本末第三、杂史第四、史学第五、方志第六、谱牒第七、传记第八、制度第九、地理第十、簿录第十一、金石第十二。"六艺惟易流为术数，乐流为乐律，皆为专门技术，别在子部。尚书入于春秋，纪传、编年继春秋而纪传又兼尚书官礼之意。尚书之遗，又入纪事本末、杂史，皆一国之史也。方志则一方之史也。谱牒则一家之史也。传记者，史之散，而别传则一人之史也。以上八门，皆春秋家学。制度者，官礼之流也。地理，古有专书，禹贡职方，特其大要。簿录之书，亦出史官工虞之司，皆官礼之一目也。金石者，后世始为专门，不与六艺之流，而特资考证者也。故以终焉。"⑤

因为子部宜狭，所以刘咸炘对子部的去取异常严格，"子者能成一家言

①　杜定友. 校雠新义［M］. 台北：中华书局，1969：33.
②　杜定友. 校雠新义［M］. 台北：中华书局，1969：27，32.
③　杜定友. 校雠新义［M］. 台北：中华书局，1969：42，43.
④　刘咸炘. 推十书·续校雠通义［M］. 成都：成都古籍书店，1996：1616.
⑤　刘咸炘. 推十书·续校雠通义［M］. 成都：成都古籍书店，1996：1630.

者也。九流既衰，成家之学已少"①。

> 刘氏七略本以诸子、兵书、术数、方技各为一略，诸子但空言，自成一家。兵书、术数、方技则有道有器，有义理，有法式，与诸子之言通理者异。
>
> 阮以兵书少，附合于子，然犹称子兵，不以兵为子也。
>
> 隋志合并四略而称子，则竟以兵书、术数、方技亦为子矣。此已稍失古意，开后来滥子之端。然而律以子家之义，兵书、术数、方技固皆专家之术，不与史部相混，而隋志叙次亦犹存四略之旧，未尝乱之。
>
> 迨后类书、考证、杂记、谱录相继阑入，非理非术，亦据专门，而九流渐湮，门目并少，宾喧主夺，所以名似而实非也。今剔除类书以下，而杂家之本旨见；归断狱之书于政书，而法家之本旨见；然后条别诸子之通理，兵书、术数、方技之应用，正小说之本体，以定九流，叙艺术小道，加乐律以备技用，四略之意不亡，六艺之支斯在，安得名似而实非哉？②

杜定友"子部之弊，其病在杂"③ 的主张和刘咸炘"狭子"的主张如出一辙。杜定友认为，农家、医家、天文算法家、术数艺术、谱录、类书、小说均不当入子部。子为成一家之言的著作，"子为无形之学，即近世之哲学、理学也。子部所收术数、艺术、神仙、房中，于言何有？"④

杜定友认为"集部之弊，其病在简"⑤。如总集，"四库总集一以时代为次，《文选注》以下，凡一百六十五部，九千九百四十七卷，又存目三百九

---

① 刘咸炘. 推十书·续校雠通义 [M]. 成都：成都古籍书店，1996：1588.
② 刘咸炘. 推十书·续校雠通义 [M]. 成都：成都古籍书店，1996：1631.
③ 杜定友. 校雠新义 [M]. 台北：中华书局，1969：54.
④ 杜定友. 校雠新义 [M]. 台北：中华书局，1969：55.
⑤ 杜定友. 校雠新义 [M]. 台北：中华书局，1969：60.

十八部，七千一百三十四卷，诗文选注杂厕其间，未能一一厘别，分类苟简之故也。"又如诗文评中，"诗与文各有体系，未可相合为一"①。

这些主张和刘咸炘也多有相通之处。刘咸炘议定集部门目为一楚辞、二别集、三总集、四词曲、五制义、六小品、七评说。对于总集，刘咸炘说："又总集之中当别种类，有括一代，有限一方，原于《毛诗》；有通选，古今取佳，善搜遗佚；有专录一体，有专录一类，如《岁时杂咏》之类；有选一时交友；有以倡和合编，应分七目：一曰断代，二曰限地，三曰通选，四曰专体，五曰义类，六曰人联，七曰事联。"② 这正契合了杜定友说总集太简的意见。刘咸炘还把"诗文评"改为"评说"，也分七目：文评说、金石例、诗评说、词曲小品评说、词曲谱、词曲韵、杂说。这也和杜说相通。

（六）互著与别裁

刘咸炘肯定互著别裁对传统类的补充作用，但又认为不可以太过依赖，免失体义轻重；杜定友也肯定互著别裁的功绩，并指出古人互著实际上可以分为类例之互著与目录之互著，古人的别裁实际上是一种分析目录。

互著法在我国的使用可以追溯到 13 世纪王应麟（1223—1296）的《玉海》、14 世纪初期马端临（1254—1323）的《文献通考》，他们分别使用了类目和图书的互著。互著与别裁兼用则可追溯到 1620 年祁承爜（1565—1628）编成的《澹生堂书目》。到章学诚《校雠通义》时，专辟两章讲"互著"与"别裁"，而且放在较重要的位置（仅次于"原道""宗刘"之后）。章学诚对互著与别裁的功用、意义及如何应用都给予了详细阐述，把这一理论推向了成熟。

章学诚提出互著与别裁，是为了解决"理有互通，书有两用"的问题。当一本书涉及的主题不止一个，若只归在一类之中，显然不能全面揭示其内容。"书之易混者，非重复互注之法，无以免后学之牴牾；书之相资者，非重复互注之法，无以究古人之源委。……权于宾主重轻之间，知其无庸互见

---

① 杜定友. 校雠新义 [M]. 台北：中华书局，1969：59.

② 刘咸炘. 推十书·续校雠通义 [M]. 成都：成都古籍书店，1996：1637-1638.

者，而始有裁篇别出之法耳。"①

对互著与别裁，刘咸炘给予了极高评价。"凡分类者必有标准，若标准歧出，则类例不通，此人所共知也。然介在两歧，出入二类之事则恒有之，虽物质科学归纳所成之类例亦然，况于著录之事。书籍之质素本多混合，而著录者以一书为单位，又不能如治物质之隔离分析。其所分类例不过论其大体而已，故又有别裁互注之法以济之。"② 这是把互著与别裁提升到了作为分类标准补充的地位。

但他也对章学诚的互著与别裁提出了补正，并特别置于《匡章》一章中，可谓用心良苦。刘咸炘说："章先生发明七略，功越郑樵，近古以来未尝有也。别裁互著二法，特标精义，诚不刊之论，而主持太过，致伤体义。"③

他论互著之过说："主张互著太过，失体义之轻重也。互著之例固善，然不可太零碎。"他先批评章氏互著广言无限，没有限制："章氏此义因书有易混与相资为用而发。夫易混而混，自是辨体不明耳，相资亦当有限制，若广言无限，则群学固莫相资，安能一概互注。学者类求，自当旁通，又岂能于一类之中，备其所资哉？盖书有体有用，二者或不相符而本用之外复关涉于他类，互注之法乃以济此，其于旁涉，当限于本具二用者，不当广言相关，章氏于此殊未明晰。"又批评互著之中，忘其本类，失其轻重："夫体自体，用自用，著录自当依体以定其本类。互注者，于本类之外他类复存其名耳。本类为主，存名为宾，是有轻重焉。存名者，但注云见某部而已。"④

他论别裁之过说："主张别裁太过，似编类书也。"刘咸炘的意见是别裁亦不可滥用，别裁之书的内容必须"专门"，形式上必须是可以"单行"。他举例说："章氏所举别裁之例多裁所不当裁，如《尔雅》释天释草，记名物之书，非天文农家专门也。若释草可入农家，农家固不止草，释木亦可入

---

① 章学诚. 校雠通义 [M]. 北京：文物出版社，1985：96—97.
② 刘咸炘. 推十书·续校雠通义 [M]. 成都：成都古籍书店，1996：1591.
③ 刘咸炘. 推十书·续校雠通义 [M]. 成都：成都古籍书店，1996：1641.
④ 刘咸炘. 推十书·续校雠通义 [M]. 成都：成都古籍书店，1996：1641.

矣。医家亦需草木，二篇又可入医家也。《邹子》说阴阳，乃虚谈，非实测，未可入之天文专门。《无逸》者，周公告成王重农之意，《豳风》者，歌咏农事，《小正》《月令》不专为农言，皆非专门农家，不可别裁。惟《吕览·辨土·任地》等四篇乃真古农家遗言，可仿《戴记》之例裁出耳。要之，别裁一例，当以专门本可单行为主，其为全书一类者，不可轻议裁出。若如章氏之说，虽自辨为非类书，其弊不至似类书不止。割《尔雅》之分篇，冠专门之首简，不似类书而何似也。"①

刘咸炘批评章学诚似编类书，不仅如刘氏已指出的为章学诚自己所反对，而且也为其他人所诟病。章学诚在《校雠通义·焦竑误校汉志》中说："或曰：裁篇别出之法行，则一书之内，取裁甚多，纷然割裂，恐其破碎支离而无当也。答曰：学贵专家，旨存统要。显著专篇，明标义类者，专门之要，学所必究。乃掇取于全书之中焉，章而釽之，句而厘之，牵率名义，纷然依附，则是类书纂辑之所为，而非著录源流之所贵也。"② 刘师培《校雠通义笺言》也有这样的"吹毛求疵"。③

鉴于"互著"与"别裁"的重要地位，杜定友在《编次》一章中专辟两节予以讨论。

杜定友肯定了互著法发明的功绩，但他批评古人不能区别"分类法"与"目录学"，兼之古时书少且只有分类目录，所以能在每条之下并列其书，不觉其繁，所以他首先提出了互著与互见的区别，并提倡互见，而不是互著。章学诚所言"互著"有时也写作"互注"，因为其方法乃是用图书的多处著

---

① 刘咸炘. 推十书·续校雠通义 [M]. 成都：成都古籍书店，1996：1641-1642. 刘咸炘这里所说不无道理，但所举的例子是用章学诚之例，似亦有误解章学诚的地方。章学诚发明互著别裁，是从《七略》（依据《汉志》注文）中发现的，所以他的论证都是从《汉志》出发。而实际上《七略》《汉志》之时是不可能有意识地使用别裁互著的，所以章氏别裁互著的意见大致正确，而其所举例子却大都错误。王重民先生称之为"郢书燕说"。详见王重民. 校雠通义通解 [M]. 上海：上海古籍出版社，1987：26-27.

② 章学诚. 校雠通义 [M]. 北京：文物出版社，1985：101.

③ "吹毛求疵"用王重民先生语，详见王重民. 校雠通义通解 [M]. 上海：上海古籍出版社，1987：28.

录达到"互注"的目的。① 章学诚的"互著"是图书的著录方法，杜定友提出的"互见"主要是分类中的处理方法，即只有类之互见，而无书之互著。"有一书言二类者，则类次目录可以见之，无须乎互著也。其有命名相通，种类出入者，但见其名其类可也，不必一一尽载其书，此古人不辨互著法之意义而甲是乙非，莫衷一是，亦可笑矣。"② 这和刘咸炘"忘其本类，失其轻重"的批评是一致的。

古人知互著之法，但法则远未尽善。杜定友提出互著之法有类例之互著和目录之互著两种。类例之互著是因为各类内容互有出入，则当于分类表和类次目录中互著，分类表互著的目的在于使图书管理者便于权衡，予以恰当分类；类次目录互著的目的在于使读者检索目录时可以触类旁通。类例互见又有两种，类名相通则取其一不取其二，取其近不取其远，如用"文集"而不用"文翰"，只在分类表中说明"文翰"见"文集"；类名相资则不能在分类表中表示，而必须在类次目录中清楚列举出来，如"地理"参见"兵家形势、游记、外记等"。

目录互著不是像古人那样用于分类目录，而是用于书名目录和著者目录。有一书两名或名异而实同者，可用互见之法。"书名互见之法必于书名目录中见之，于分类目录及其他目录无与焉，且互见条下必曰见而不互著之，盖从简也，免误会也。"③ 也有一人数名的情况，则在著者目录中用其正而见其别号，如韩退之见韩愈，韩昌黎见韩愈，这就是著者目录互见法。

杜定友认为，章学诚所言别裁之法实际上是分析目录之法。"所谓分析目录者，乃编目之法，而绝非章氏所谓以全书判裁者也。"④ 他把分析目录的原因归结为丛书的兴起，而不像章学诚那样把别裁之法的对象归结为原可单行之专门书。丛书为数种书的集合，这些书虽冠一总名，但其具体著者、

---

① 参见王重民解互注与互著。王重民. 校雠通义通解 [M]. 上海：上海古籍出版社，1987：15.
② 杜定友. 校雠新义 [M]. 台北：中华书局，1969：72.
③ 杜定友. 校雠新义 [M]. 台北：中华书局，1969：72.
④ 杜定友. 校雠新义 [M]. 台北：中华书局，1969：73.

具体书名、具体种类都有可能不同，需要一一分析，分别编目，才方便读者使用。"《别下斋丛书》有龙仁夫《易传》八卷，经也；曹履泰《靖海纪略》四卷，史也；韩百谦《箕田考》一卷，子也；彭孙贻《茗斋诗余》二卷，集也。此同一丛书而所著者不同，书名不同，种类不同。《东壁全书》，著者同而书名不同也。《十三唐人诗》，书名同而著者不同也。非一一厘正分别编目无以尽其用。"①

"至若某书之一篇一节，如有特长者，亦必提出编目，便于检查。"② 所以，这种分析目录并不一定限于那种原本单行之书，而实际上是一种深度分析书目，把书中特别的内容特别标引出来，方便读者深入了解该书。

杜定友的批评是建立在有"分析目录"的基础上的，若必在分类目录中收到"分析目录"的效果，则恐非如章学诚法不可。

三、近代中国目录学转型的特点：一个扩展性讨论

刘咸炘不止一次地说过，他的学问得益于章学诚："吾学方法得自会稽章君。"③ 在写作《续校雠通义》时，他明确地说："此书续章，非攻章也。"④ 这是《续校雠通义》的一个基调。

杜定友对传统校雠的意见也是一贯和明确的，他也曾多次表达过类似的意见："我国向来有目录学、校雠学，也差不多有图书馆学的意思，不过内容却大不相同。……我们向来以为图书馆学，除了目录、版本之外，就别无长物，不必深究，所以数千年来，图书馆事业还是不发达。"⑤ 因为"校雠"之名影响最大，所以尽管对"校雠学"这个名字有自己的意见，杜定友还是在自己的书里用了"校雠"二字，并仿章学诚《校雠通义》取名《校雠新义》而特别强调"新"字。

---

① 杜定友. 校雠新义 [M]. 台北：中华书局，1969：73.
② 杜定友. 校雠新义 [M]. 台北：中华书局，1969：73.
③ 刘咸炘. 推十书：浅书 [M]. 成都：成都古籍书店，1996：2326.
④ 刘咸炘. 推十书·续校雠通义 [M]. 成都：成都古籍书店，1996：1645.
⑤ 杜定友. 图书馆学的内容和方法 [M] // 钱亚新，白国应. 杜定友图书馆学论文选集. 北京：书目文献出版社，1988：7, 10.

　　本来"人惟求旧，器惟求新"，新旧之间有一种难以言传的平衡。但近代以来，"新"与"旧"总难以和平相处，斗争的最后，"新"字似乎取得了主导地位，带着一股不怒自威的意味。虽然用"新"之人未必总有这份心，但看"新"之人却常存着这心思。"维新"里开始忌讳讲旧的内容。可以举出太多的例子来说明这一点。梁启超可能表现得比较突出。梁启超的政治学说要叫《新民说》，他的史学要叫《新史学》，他编的杂志要叫《新小说》，他写的小说要叫《新中国未来记》。现在讨论的《校雠新义》自然也算是又一个例子。

　　单从字面上来看，与"新"相对的是"旧"。但"旧"与"新"不在同一个时空，真正与"新"相反而又同在一个时空的似乎应该是"续"："续"意味着延续过去。刘咸炘不仅书名取《续校雠通义》，更在自序里明标其意。与"续"相通的还有"广"。这方面的例子有张舜徽《广校雠略》和程千帆《校雠广义》。

　　"续"用大白话来说，就是"接着"。冯友兰曾明确宣布他的哲学是接着宋明理学在讲："我们现在所讲之系统，大体上是承接宋明道学中之理学一派。我们说'大体上'，因为在许多点，我们亦有与宋明以来底理学大不相同之处。我们说'承接'，因为我们是"接着"宋明以来底理学讲底，而不是"照着"宋明以来底理学讲底。"①

　　冯友兰虽强调"接着"，但他的"接着"反对的是"照着"而不是"新"，可见他自认，他的"接着"也是"新"，或者说，"周虽旧邦，其命维新"，所以，他的书又叫《新理学》，而最终没叫《续理学》。这就可见，"续"和"新"也不是全然相反的。陈来在论冯友兰的"接着讲"时说："在学术思想史的意义上，冯友兰的'接着讲'说，就其具体意义而言，并不能仅仅一般地被理解为'发展'，它还包含着学术'近代化'的意义，是近代化与民族化的统一。"② 陈来的这点论述似乎在启发我们，在近代学术

---

① 冯友兰：新理学：绪论［M］//三松堂全集：第 4 卷．郑州：河南人民出版社，2002：4.

② 陈来．现代中国哲学的追寻［M］．北京：人民出版社，2001：5.

史上，"续"与"新"都有转型的含义，都是近代学术转型的内容，它们之间是纠葛在一起而呈胶着状的。

从前节分析，我们已可看出，刘、杜二人虽然目的不一样，一个是要定四部之目，一个是要推翻四部，但他们在许多地方却又惊人地相似。

刘咸炘重新解释了七略和四部的意义，消除它们之间的紧张，并在四部之外设外编一部，从而保存了四部的基本格局，这是他延续《校雠通义》最重要的地方。除却这个宏观层面的问题之外，我们在细部讨论上经常发现刘、杜两位学者有着相似或相同的意见。他们都主张统一分类标准，只是体义之辨上一个主体，一个主义而已。杜定友"子部之弊，其病在杂"的主张和刘咸炘"狭子"的主张如出一辙。刘咸炘细分集部总集和诗文评也和杜定友"集部之弊，其病在简"的主张相通。杜定友提出互见"但见其名其类可也，不必一一尽载其书"的意见和刘咸炘对章学诚"忘其本类，失其轻重"的批评也惊人地一致。这两位学者虽然年岁相近，但家庭背景（一为世儒，一为手工业者）、学习经历（一为家学熏陶，一为新式教育）悬殊，而其对中国传统目录学的意见却多有相通之处。我们不能不说，是真理在沟通着这两位背景差异如此之大并且相隔千里互不相识的学者。这也从另一方面生动地证实了"续"和"新"不全是相反的，而是可以互通的。

近代中国目录学转型是在近代中国转型的大背景下发生和进行的，那么它有什么特点呢？笔者权且尝试着在以上分析的基础上做一些探索。

（一）近代目录学者大都具有强烈的文化自觉和文化主体意识

近代目录学者都意识到社会和学术的转型，并自觉作为转型的主体，这使他们在近代中国目录学转型过程中更加主动地推动这个过程，既不是旁观者，也不是被动者，因而也可以说近代中国目录学转型的动力在中国。

刘咸炘曾对学生讲，他的方法是"采西方专科中系统之说，以助吾发明整理也。昔印度之学传入中华，南朝赵宋诸公，皆取资焉，以明理学，增加名词，绪正本末。以今况古，势正相同。此非求攻凿于他山，乃是取釜铁于陶冶。"① "求攻凿于他山"与"取釜铁于陶冶"的区别正在于被动与主动之态度，一个是取用现成，一个是取以作资。而刘咸炘所举印度之学传入中华的例子正是陈寅恪当年在《冯友兰中国哲学史下册审查报告》中指出的"新儒家之旧途径"，亦足见刘咸炘和陈寅恪一样主张："必须一方面吸收输入外来之学说，一方面不忘本来民族之地位。"②

而在主张中国无目录学的杜定友身上，我们也同样可以看到他强烈的民族本位意识。杜定友初入菲律宾大学学习，就明白外国的图书馆学固好，但未必适合中国。所以他的学位论文题目是《中国书籍与中国图书馆》，其中提到："没有一所外国图书馆学校能够养成全面的图书馆学者，以应中国图书馆用的。"③ 因为中国有中国的特殊国情，不能把外国的东西贩运过来直接就用。因此，他特别注意兴办图书馆教育，以培养中国的图书馆学者。

这在当时的目录学家中似乎是一个共识。梁启超在 1925 年中华图书馆协会成立大会上的讲演中明确提出建设"中国的图书馆学"。1926 年创刊的《图书馆学季刊》在发刊词中也表示了"形成一种合于中国国情之图书馆学"的决心。沈祖荣也指出："国式的图书馆，就是纯粹的中国色彩，合乎中国人的性情。我们虽然取用了人家科学的方法，但是在实质上要变为中国化的图书馆，如分类、编目、图书设备等等，都能代表中国的文化，可由中国图书馆显现出来。"④

（二）近代中国目录学转型的两个路向

近代中国目录学转型有两个路向，即传统学术科学化和西方学术中国化，这也是中国目录学转型的内容。

刘咸炘代表的是传统学术科学化的路向，笔者且以《续校雠通义》和《目录学》编撰体例上的一点改动为例。《续校雠通义》全书分十七章，结

---

① 刘咸炘. 推十书·浅书［M］. 成都：成都古籍书店，1996：2329.
② 陈寅恪. 陈寅恪史学论文选集［M］. 上海：上海古籍出版社，1992：512.
③ 转引自杜定友. 图书馆学的内容和方法［M］//钱亚新，白国应. 杜定友图书馆学论文选集. 北京：书目文献出版社，1988：16.
④ 沈祖荣. 我国图书馆事业之改进［J］. 文华图书馆学专科学校季刊，1933，5（3-4）264.

构一以古义，最后一章名曰"序目第十七"，这种把"序目"放在最后的做法是一明显特征，此虽小事，但亦可看出其人风尚。但在编写《目录学》时，已没有了"序目"，取而代之的是放置在书前的"弁言"。论者可能以为这是著述与教材体的不同所致，或者说这只是个形式问题，但余嘉锡先生把这点说得很明白，其《目录学发微》卷首说："吾国学术，素乏系统，且不注意于工具之述作，各家类然，而以目录为尤甚。故自来有目录之学，有目录之书，而无治目录学之书。盖昔之学者皆熟读深思，久而心知其意，于是本其经验之所得以著书。至其所以然之故，大抵默喻诸己，未尝举以示人。今既列为学科，相与讲求，则于此学之源流派别，及其体制若何，方法若何，胥宜条分缕析，举前人之成例加以说明，使治此学者有研究之资，省搜讨之力，即他日从事著作，亦庶几有成轨可循。"① 由此可见，刘咸炘、余嘉锡等人都注意到传统目录学的弊端，并且身体力行地推动传统学术的科学化。

从《续校雠通义》和《目录学》的内容来看，两书多引西方学术原理来论证，只不过他像许多大家一样，所用多不露痕迹而已，这或许可以看作科学化的一个标志。如刘咸炘在论术数、方技、兵书与诸子的区别时说："术数与方技、兵书不与诸子同编者，固由专门各校，亦以其体实微与诸子殊也。章先生谓为虚理与实事之分，其立名不甚显白，且易与史子之别相混，此当借西方之名以名之曰通理与应用之分。"②

刘咸炘教育学生也多注意西学的陶冶。比如在讲到治学工具中的"论理考证法"时说："如欲专求，当读近译枯雷顿《逻辑概论》《法人史学原论》，若为寻常通用，则先取浅明之译籍数本合观之，其次第如下。"③ 其下即列有严复译耶方斯《名学浅说》、费培杰译《辩论术之实习与学理》、王星拱《科学方法论》等。《浅书续录》中有一篇《新书举要》，其中专列日本、欧美译本及国人所著新书。

① 余嘉锡. 余嘉锡说文献学：目录学发微 [M]. 上海：上海古籍出版社，2001：5-6.
② 刘咸炘. 推十书·续校雠通义 [M]. 成都：成都古籍书店，1996：1587.
③ 刘咸炘. 推十书·浅书 [M]. 成都：成都古籍书店，1996：2328.

当然，刘咸炘并不以西学为全部科学。笔者原以为刘咸炘虽熟读西学，但多是西方哲学之书，对西方图书馆学、目录学限于条件而欠缺了解，后来发现自己错了。① 他不仅指出中国目录学与西方目录学的同异："校雠乃目录之学，西人亦有之，而所谓辨章学术考镜源流则不同"②，"古之为此者，意在辨章学术考镜源流，与西方批评学者相当，中具原理"③，而且畅论西方目录学之不足，在论述如何处置西学之书时，他说："或曰既混而编之，则经不足以统之，何不直用西人法之为整齐乎？曰：此又不然。用西法则旧书多不可归，吾已言之矣。经虽为吾华所专，此固世界最古之书，非他方所可比。且以吾华人编目，自当有主客之辨，若西人编目，则以华经散之史子可也。且子以为西人目录果整齐邪？美学在哲学中，而艺术皆以为原理，自然科学之于应用技术，应用技术之于美术，皆互有出入，而哲学家书亦常有贯论社会问题与吾华同者，诸科专史之当互注史子，又相类也。盖学术系统固相牵连而记载著述亦不可严画，吾固屡言之矣。焉有截而齐之目录哉？"④ 所言之理或可商榷，而其对中西目录学之思考已非浅尝所能概之则明矣。

杜定友代表的则是西方学术中国化的路向。他们在引进西方目录学时，多注意到中国特殊的国情，认为西方学术必须中国化才能适应中国，真正救中国。杜定友《校雠新义》序言："近来欧化东渐，图书之学成为专门，取其成法而融会贯通之，亦我国言校雠者之责也。"说的正是西方图书馆学中国化的课题。1922 年，杜定友出版了《世界图书分类法》，1925 年予以改进后又以《图书分类法》为名出版。刘国钧称这个分类法是代表"解决中国特有问题之趋势"⑤ 的作品。杜定友还研究了中文著者号码表编制方法，建议增补百家姓，按汉字检字法排列，使每姓有固定号码，于 1925 年出版

① 刘咸炘自己本有"吾泛览新书，才及年余，所见不多。又不通外国文字，仅能读译本"之类的话。见刘咸炘. 推十书·浅书续录［M］. 成都：成都古籍书店，1996：2350.
② 刘咸炘. 推十书·浅书续录［M］. 成都：成都古籍书店，1996：2346.
③ 刘咸炘. 推十书·目录学［M］. 成都：成都古籍书店，1996：1729.
④ 刘咸炘. 推十书·目录学［M］. 成都：成都古籍书店，1996：1641.
⑤ 刘国钧. 现时中文图书馆学书籍评［J］. 图书馆学季刊，1926，1（2）：348.

《著者号码编制法》。1931 年又出版《汉字形位排检法》。结合中国国情，创建中国图书馆学在当时已是共识，前已有述及，此处不再赘述。

（三）近代目录学转型的结果

近代目录学转型的结果并不是西学取代中学，而是两者并存，互相影响，共同发展。社会转型问题之研究从资本主义世界大扩张时就开始了。摩尔根的《古代社会》描述的就是一个传统社会正被新社会破坏和取代。从那时起，许多人都以进化论的信念相信：旧的必将被新的取代。在这种思想体系中曾产生了"城市—传统""乡土—城市""同化模式"等多种理论模式。为弥补传统与现代相对立模式的不足，后来又出现了并存模式下的依附、连结、嵌入等理论。① 这些理论都在探讨转型时不同形态事物之间关系的问题。

程焕文已分析过晚清时期，西方图书馆学和传统藏书思想之间的关系不像其他领域那样斗争激烈，而是各自沿着自己的道路相对独立地发展。② 而这个现象似乎一直在延续。一个事物只要它生存的空间没被破坏，它就会继续存在。并且与人相关的事物还会受到人的作用与反作用，其兴衰存亡实难料定。

传统目录学生长的生态环境并没有完全被破坏，而是以另外的形式保存着。毫无疑问，西方的科学体系在中国战胜了传统的学科体系。七略、四部之学的结构不存在了，道德、经济之学也不存在了。但在新建立起来的现代中国科学环境下，传统目录学仍在历史学、文学、哲学三个学科中以历史文献学、古典文献学等形式发展着。利用传统目录学整理祖国历史文化遗产催生了累累成果，传统目录学的生命力依然强大。

相对于学科体系还处在形成期的民国，各种观点激烈的争论局面在当代

---

① 项飚. 跨越边界的社区：北京"浙江村"的生活史［M］. 北京：生活·读书·新知三联书店，2000：7-12.

② 程焕文. 晚清图书馆学术思想史［M］. 北京：北京图书馆出版社，2004：325-326. 但是和晚清温和的斗争不一样，我们在杜定友身上发现新旧的斗争是激烈的，参见本文有关《校雠新义》写作背景的一段文字。

已开始变化，由于传统目录学和西方目录学各自找到自己的"婆家"，也就安心地各自成长。程千帆终于写出他的《校雠广义》，而张舜徽则已舍校雠学而另立文献学之名，传统校雠之学业已形成良好的生长局面。① 及于近年，以文、史、哲名义重新聚合的学术行为更逐渐多起来，多所著名高校成立了多学科综合性研究机构。这种机构当然不是传统学术的复活，但显然为传统学术基因的遗传提供了环境。并且"家传秘方"也被重新发掘出来，可想而知，它们将继续发挥作用。② 即使在西方目录学一直占据主导地位的图书馆学中，前辈们开创的吸取传统学术精华的道路依然被继承下来，对传统目录学的批判继承一直在延续，而西方目录学在传入中国后，也在中国大环境的熏染下形成了鲜明的中国特色。

---

① 程千帆《校雠广义》成稿于 20 世纪 40 年代，而在 1985 年修订后正式出版，到 1998 年出齐。张舜徽有《中国校雠学》书稿，基本内容曾连载在 1979 年第 1、3、4 期和 1980 年第 1、2 期的《华中师院学报》上，后来这部书稿经过增订，以《中国文献学》的名称由中州书画社在 1982 年出版。

② 戴建业. 别忘了祖传秘方 [J]. 读书，2006 (1)：128-137.

刘咸炘的神学观——以《神释》为阐释中心

马旭（中国社会科学院文学研究所）

摘 要：《神释》是刘咸炘对中西神学、迷信、宗教问题的探讨。刘咸炘受家传易学和"刘门教"的影响，从儒家经典学说中阐释了神与灵魂的存在，肯定了西方宗教从多神论演变为一神论的进步性。对于人与神灵沟通之事，刘咸炘否定了祭祀和轮回说，肯定天人感应说。《神释》看似是对儒道思想中鬼神观的再阐释，实际是刘咸炘在时代思潮中对中西文化会通的再思考。他以灵学思潮为切入点，对中西神学、迷信、宗教进行辨析，从而找到中西哲理范畴的契合点。

关键词：刘咸炘《神释》 灵学 鬼神

刘咸炘（1896—1932），字鉴泉，号宥斋，成都双流人。刘咸炘的学术思想自承家学又私淑章学诚。作为足不出川的地方性学者，刘咸炘在清末民初的时代变革中，与站在历史变革"中心舞台"的重要人物相比，似乎微不足道。但近代中国的现代化进程又绝不是几个"中心舞台"的人物所能左右的，正是各个区域性、地方性的现代化才完成了中国整体的现代化。从这一角度来说，地方性学者对近代中国的现代化贡献并不小。就刘咸炘而言，他幼承家学，祖父刘沅是清儒大学者，著有《十三经恒解》，是清代少有的能通经治经之人。其学融合儒释道三家，自成一家之言，创立槐轩学派，这是刘咸炘治学的根基。刘咸炘著《推十书》，其内容囊括文学、哲学、社会学、历史学、物理学、方志学、校雠学等学科,其中大部分学术思想是源于刘氏家学的学养。但刘咸炘生活在新文化运动发展之时,其思想也受到当时学术思潮的影响,在他的《推十书》中也有很多关于新文化运动时期学术思想争论的思考,《神释》篇就是其中之一。我们通过对《神释》创作背景、主要内容的分析,揭示在西学东渐的过程中,特别是在新文化运动灵学思潮的影响下,刘咸炘的鬼神观,以及他对宗教、灵学、迷信的思考,进一步了解刘咸炘的哲学思想和学术体系的渊源。

一、《神释》的创作背景

《神释》一文被收录在刘咸炘《推十书》甲辑的《内书》中。根据刘咸炘自己编订个人著述所建立的学纲,《内书》与《外书》相对,《内书》多心得之作,明辨天人义理之微,《外书》则是评析中西学术之异。但认真阅读《内书》后,我们不难发现《内书》是对《外书》的一个呼应,从中国传统思想入手而兼谈中西思想文化的异同,力求探索其深层义理的会通,其目的是找到中西哲理范畴的契合点。如《内书·理要》论及希腊哲学与中国理学之异同,《内书·撰德论》论及中西方道德学之异同,《神释》论及西方灵学与中国鬼神观的异同。

清末民初,中国正处于一个从传统到现代的过渡阶段,社会的转变导致士人和知识分子的思想也随之转变。在新学的影响下,传统的经学逐渐没落,科学兴起,中国社会正向近代化发展。然而近代中国的发展过程颇为曲折迂回,在前进的过程中又不断地与传统思想和西方思想相斗争。在新文化运动时期,关于鬼神迷信问题在中国思想界掀起了一场激烈的争辩。这场辩论的导火线依然是西学的传入。清末民初打着"科学"的名号传入中国的西方"先进"学问,不但有大家所熟知的正规学科,主要是理工科类,也有具有神奇色彩的新知,如灵学、催眠术等。后者与中国传统思想中的扶乩、迷信又多有联系,因此,知识分子们对灵学与科学、鬼神和迷信等问题展开了讨论,这场讨论是新文化运动时期民主科学与专制迷信的正面冲突,也是我国古代无神论与有神论、唯心主义与唯物主义的再探讨。

　　这场辩论的主阵地是《新青年》杂志和《灵学丛志》，涉及的主要人物是以陈独秀为代表的反灵学者和以俞复、陆费逵为代表的扶乩活动从事者，陈独秀以"物质———元论"作为思想依据反对灵学，而陆费逵等则以"灵魂之学""心灵研究"为口号，宣传灵魂与鬼神的沟通。双方在主阵地的杂志上发表学说展开讨论。双方争论的焦点即是鬼神是否存在。当然，这场争论以《新青年》杂志为主的"科学反灵论"取得了胜利。毕竟在当时，《新青年》作为传播科学、批判迷信的思想解放载体，对中国的近代化起到了推动作用。无独有偶，足不出川的刘咸炘撰写《神释》一篇，核心观点同样是讨论鬼神是否存在。刘咸炘的这篇文章具有时代特征，既反映出他对西方灵学的认识，又体现了他的传统儒道思想。通过对《神释》篇的解读，我们能够进一步了解在中国现代化进程中地方性学者的思想变迁，以及地方性学者对中国现代化进程的贡献。

二、《神释》的思想根源

　　要了解刘咸炘对灵学、宗教的看法，首先要了解他的家学背景。刘氏家族家传易学。至刘沅父亲刘汝钦时，刘氏家学已表现出重视《易》学天道性命之理，以先天后天之学会通《四书》《五经》。《国史馆本传》云："父汝钦，精易学，洞彻性理，谓：'河出《图》，洛出《书》，圣人则天，实天启圣人以明道化，不仅在数术也。伏羲主乾南坤北，文王主离南坎北，即先天后天所由分。且《连山》首艮，《归藏》首坤，艮止坤藏之义，即《大学》止至善、《中庸》致中和之学。文王之缉熙敬止、成王之基命宥密，胥不外此。'"① 刘氏家族成员秉承家传易学，认为圣学皆由易学而来，《周易》的阴阳中道贯穿于学术始终。

　　刘沅在家传易学的基础上进行改良，形成了独特的槐轩学派（时人又称刘门教）。最初，槐轩学派的宗旨是研学儒家经典。刘沅所著《十三经恒解》，其宗旨是用理解经，既有继承程朱理学的一面，又有刘沅自身独创的

---

　　① 佚名. 国史馆本传［M］//刘沅. 槐轩全书：1. 成都：巴蜀书社，2006：5.

一面。其独创性体现在主要通过儒释道三家融合，且道家思想占主导，在此基础上与民间宗教结合，故又被称为民间教门。在《中国民间宗教史》中明确记载了《刘门教与济幽救阳》，将刘沅看作刘门教的第一代教主。尽管有学者极力证明刘沅学术思想与宗教无关①，但实际上刘门教在当时影响较为深远②。刘沅在清代中晚期编撰了《法言会纂》一书，这是一部关于斋醮科仪的简明文本。刘沅自称："乡人有事于祈禳，愚偶至焉。览其科仪，半多鄙诞，心窃憾之。适友人携善本相质，文义较为严明，喜盛世人文蔚起，即方外之言亦有能起而正之者，是羽流之典则即古谊之流传，不可以其不急而捐之也。爰书数言以弁之，俾业是术者咸知敬畏天命之实别有本原，陈信鬼神之词尤严亵越，其于世教未无万一之补云。"③《法言会纂》的编撰说明刘沅相信鬼神的存在，他在《中庸恒解》中继续谈道："天理无声无臭，成形成象而始有可指名。人为天地之心，独得天地之菁华。菁华者何？即阴阳之灵也。一阴一阳之为道，而鬼神者，阴阳之灵。人无不秉此阴阳，即莫不秉其灵，而谓鬼神与人相远乎？夫此阴阳之灵固一气耳，而宰气者理。理之妙者神，神气相须如环不可以两分。故气之所在即神之所在，神之所在而气以变化不测。鬼即神收敛之名，神即鬼发舒之处。鬼神之在天地者如斯，此鬼神之正，所以在天为星辰，在地为河岳，万古而不朽也。若夫散而为万物，皆分阴阳之精气，即皆有鬼神；然梏于质、习于污，驳杂之气多，清明之气少，鬼遂与神分途矣。"④刘沅认为鬼神是阴阳之灵，这与宋代理学家朱熹的观点基本一致，这也说明刘沅对程朱理学的继承。

---

① 赵均强《〈刘门教与济幽救阳〉正误三则——兼与马西沙、韩秉方先生商榷》一文否定刘沅是《法言会纂》的作者、刘沅晚年趋向宗教化并成为刘门教的第一代教主以及认为刘门学术以陆王心学为核心。(《宗教学研究》，2009 年第 2 期，第 179-183 页。)

② 李飞《学与教合：刘沅、刘氏家族与刘门教》较为客观公正地评价了刘氏家族虽以儒学传家，但仍具有教门色彩，家族两代重要人物都致力于宣传槐轩之学，并参与刘沅创立的教门中事务，刘门教兼具学问及宗教的特点，是清季儒学失范、"学术社团教团化"的时代产物。(《志苑集林》，2019 年 12 月，第 106-118 页。)

③ 刘沅.《法言会纂》序 [G] //李一氓. 藏外道书：第 30 册. 成都：巴蜀书社，1992：457-458.

④ 刘沅. 中庸恒解 [M] //槐轩全书：1. 成都：巴蜀书社，2006：70.

综上所述，刘氏家学以易学传家，又融儒释道为一体，虽继承了宋明理学之道，但又形成了刘氏学术自身发展的特点。在鬼神观方面，刘沅还是持儒家思想对鬼神的认识，刘沅的学术思想对刘咸炘有直接影响。刘咸炘曾说："吾之学，《论语》所谓学文也。学文者，知之学也。所知者，事物之理也。所从出者，家学祖考槐轩先生，私淑章实斋先生也。槐轩言道，实斋言器。槐轩之言总于辨先天与后天，实斋之言总于辨统与类。凡事物之理，无过同与异，知者知此而已。先天与统同也，后天与类异也。槐轩明先天而略于后天。实斋不知先天，虽亦言统，止明类而已。又止详文史之本体，而略文史之所载。所载广矣，皆人事之异也。吾所究即在此。故槐轩言同，吾言异；槐轩言一，吾言两；槐轩言先天，吾言后天；槐轩言本，吾言末而已。实斋名此曰史学，吾则名之曰人事学。"① 刘咸炘的学术思想主要源于槐轩之学与章学诚之学。在五四时期灵学思潮传入中国时，刘咸炘结合从小接受的家学思想，从儒家思想的角度阐释对鬼神的认识。但毕竟刘咸炘身处时代变革时期，他的认识也会有深深的时代烙印，于是他又结合西方思想对灵学思潮中倡导的灵魂不灭、鬼神存在论进行阐释，这种阐释正是建立在刘咸炘深厚的家学观念和时代学术变迁的思想基础之上。

三、《神释》的宗旨

《神释》开篇就谈到对鬼神的认识，刘咸炘说："鬼神之事人多不信，信者又妄加解释。成其非理，皆由不明其故。吾非能知鬼神之情状者也，顾尝闻之矣，思之矣，故述所知以正俗讹。略举大义，证以常识，要在以平常解神奇，使人知神奇之本平常也。"② 刘咸炘承认鬼神的存在，但他并不是将鬼神看作多么神奇之事，而是认为这是平常之事。刘咸炘所言鬼神，实际更偏向于"神"。

---

① 刘咸炘. 自述［M］//推十书：戊辑第2册. 上海：上海科学技术文献出版社，2009：519.

② 刘咸炘. 内书：神释［M］//推十书：甲辑第2册. 上海：上海科学技术文献出版社，2009：737.

　　刘咸炘对神的解释是从儒家经典中去寻找答案，他说："《易传》曰："神也者，妙万物而为言也。"此是神字确解，盖谓万物之灵妙也。言神之古且多者莫如《易传》。《易传》曰："阴阳不测为之神。"曰："神无方。"曰："圆而神。"皆言其灵妙。究竟何为灵妙，吾欲强以一名词说之曰：能动。不止曰动，而曰能动者，以此物固非止动而无静，虽静亦有动之能耳。此动亦可谓生。生即宇宙之所以为宇宙也。古之人于宇宙之妙谓之神，于人身之神则谓之志。《孔子闲居》屡言气志，曰：气志塞乎天地。曰：气志不违。气志即得。气志既从。气志即气神也。又曰志气如神者，言人身之志气如宇宙之神耳。《孟子》曰：志，气之帅也。气，体之充也。志至焉，气次焉。持其志无暴其气。此即谓神统气也。朱子曰：鬼神只是气，又是这气里面神灵相似。又曰：神乃气之精明者耳。"① 幼承家学的刘咸炘在解释神的概念时，首先以易学中的"神"作为理论依据，在他看来易学中将神讲作万物之灵妙是神最精确的解释，这样就将神平常化了。接着他又用哲学语词"能动"来描述神的存在，神就存在于宇宙万物的能动之中，神若存在于宇宙万物之中则称为灵妙，若存在于人身之中则称为志气。

　　最终刘咸炘对"神"的解释还是回归到了宋明理学中的阴阳学说中。将神理解为阴阳之气，是宋儒思想家的观念，张载曾用阴阳之气来解释鬼神，朱熹继承此说并进一步阐释："伊川谓'鬼神者，造化之迹'，却不如横渠所谓'二气之良能'。直卿问："如何？"曰："程子之说固好，但在浑沦在这里。张子之说分明，便见有个阴阳在。"曰："如所谓'功用则谓之鬼神，也与张子意同。"曰："只为他浑沦在那里。"② 朱熹认为张载以阴阳二气来解释鬼神比二程用造化和功用来解释鬼神更准确。刘咸炘同样认为鬼神源于阴阳之气，他将阴阳之气的气与道结合，认为气的行为就是道，他在《气道》一文中说："华夏圣哲之论宇宙，一气而已。一气之变则谓阴阳，其行谓之道，形则谓之器，本易明也。……程明道曰：形而上者谓之道，形而下

---

①　刘咸炘. 内书：神释 [M] //推十书：甲辑第 2 册. 上海：上海科学技术文献出版社，2009：737-738.

②　黎靖德. 朱子语类：第 4 册卷 63 [M]. 王星贤，点校. 北京：中华书局，1986：1548.

者谓之器。或者以清虚一大为道，则乃以器言而非道也。又曰：阴阳亦形而下者也，而曰道者，惟此语截得上下最分明……朱子承用伊川此说，且曰：若只言阴阳之谓道，则阴阳是道。今曰一阴一阳，则是所以循环者乃道也。只说一阴一阳，便见得往来循环不已之意，此理即道也。"① 朱子一方面认为鬼神为阴阳之气，是无行无像的，另一方面又认为鬼神现象存在于理中，而刘咸炘试图用气道的观念来解释这一矛盾的表述，即阴阳之气其行谓之道，道谓理与气，气为虚，而理为实。

刘咸炘在家传易学的影响下，以儒学传统思想为根基，用儒道思想来阐释神的存在。他把古代哲学思想中的气作为神存在的根源，气是万物之源，神是有机体之能，在刘咸炘看来神并非深不可测，神乃气之精明与万物同在。刘咸炘还认为将气作为神的本源能够解决神灭与神不灭的矛盾："范缜言神灭，取喻于刃之与利。若神止是质之机能，则质亡机能不得存矣。机能既非一物，则何神鬼之可言乎？曰：此无难也。刃利之喻，应以喻气之于神，不当以喻形之于神，以形亡气不亡也。有气即有神，正如有刃即有利耳。"② 用气喻神，即使形亡而气不亡，即神不灭。从这一角度来看，刘咸炘对神的认识还是建立在儒家学说之上，他将神解释为一种自然现象，一种运动状态，这与近代灵学思潮中所说的神是有区别的，灵学在西学的概念中是指探讨灵魂、鬼神、心灵相通、特异功能、死后世界等议题的学问，与西方科学同时传入中国时，灵学本身就具有了信仰与科学的双重色彩。近代中国知识分子正是利用了灵学的两面性来展开论争③。灵学中的神主要是指鬼神，和传统的迷信、扶乩有联系的，而刘咸炘所释之神则是在儒家思想指导下的哲学思辨。

---

① 刘咸炘. 内书三上：气道 [M] //推十书：甲辑第 2 册. 上海：上海科学技术文献出版社，2009：722.
② 刘咸炘. 内书：神释 [M] //推十书：甲辑第 2 册. 上海：上海科学技术文献出版社，2009：739.
③ 在当时出现了关于灵学争论的派别，以陈独秀为代表的一派（简称为陈派），认为灵学与封建迷信一样，是大荒唐的怪事，是阻碍近代中国社会进步的逆流；以俞复、陆费逵为代表的一派（简称为俞陆派）则认为灵学是从西方引进的"理论"，并以此为指导，从事扶乩活动。

在对神的存在进行合理的解释后，刘咸炘又对灵魂进行了阐释。灵魂是灵学思潮中讨论最多的话题。1882 年，英国成立了"灵学研究会"，其主要研究对象就是灵魂的沟通，即认为人死后有灵魂存在，可以通过一定的方式与人世沟通。之后欧美灵学传入日本，在日本蓬勃发展，而留日中国学生与旅日华侨对此也深感兴趣，逐步将灵学传入中国，其主要内容就是"心灵感通""降神术""妖怪学"等，这与中国传统中的降仙童、迎紫姑、扶乩等有一定联系，在中国掀起热潮。对于西方的灵魂说，刘咸炘持肯定态度，但刘咸炘的灵魂观依然源自儒家学说。早在春秋时代，《左传》就记载了子产讨论魂魄之说。刘咸炘接受《左传》的解释，并以此展开关于魂魄与气的聚散的讨论："《左传》论伯有为厉曰：人生始化曰魄。既生魄，阳曰魂，用物精多，则魂魄强。《说文》曰：魂，阳气也，魄，阴神也。《淮南》高《注》曰：魄，阴神。魂，阳神。《礼记外传》曰：精气曰魂，形体曰魄。朱子曰：魂如火，魄如水。魄是精之神，魂是气之神。魄主静，魂主动。暖气便是魂，冷气便是魄。"① 刘咸炘引用《说文解字》《淮南子》《礼记外传》《朱子语类》之语对《左传》所言魂魄进行注解，就是为了说明在儒家经典中已承认魂魄的存在。朱熹的《朱子语类》专门有章节探讨鬼神，实际也是关于魂魄的探讨："知觉运动，阳之为也；形体，阴之为也。气曰魂，体曰魄。高诱淮南子注曰：魂者，阳之神；魄者，阴之神。所谓神者，以其主乎形气也。人所以生，精气聚也。人只有许多气，须有个尽时。尽则魂气归于天，形魄归于地而死矣。人将死时，热气上出，所谓魂升也；下体渐冷，所谓魄降也。此所以有生必有死，有始必有终也。夫聚散者，气也。若理，则只泊在气上，初不是凝结自为一物。但人分上所合当然者便是理，不可以聚散言也。"② 朱熹将神看作气之灵，阴阳之气是魂魄存在的根本原因。气聚则魂在，气散则魂皆散。刘咸炘接受朱熹的观点，认为灵魂就是阴阳二气生成的："夫彼承有生命灵魂者，语固有疏陋，盖此生命灵魂，乃是有神

① 刘咸炘. 内书：神释 [M] //推十书：甲辑第 2 册. 上海：上海科学技术文献出版社，2009：742.
② 黎靖德. 朱子语类：第 1 册卷 3 [M]. 王星贤，点校. 北京：中华书局，1986：37.

之气，非在气外，神固不能离气，无无气之神……诚知此，则所谓神也，鬼也，皆有神之气也，何疑乎不能存邪?"① 他批判西方的神不灭论，认为神与灵魂都与阴阳二气相关，并进一步指出西方所言灵魂脱离形气是不可解释的："近西方生物学家有承认生物于形气外别有生命灵魂者，谓苟非有此物加入，则生不可解，非有此物离去，则死不可解。然科学者终以为疑，谓其与能力不灭之原则不相容。"②

刘咸炘用儒释道的观点证实了神与灵魂的存在，那么与神灵沟通的行为活动是否也应该合理存在呢? 刘咸炘从祭祀、佛教轮回与感应说三方面进行了阐释。

首先，关于祭祀，刘咸炘说："朱子曰：祖宗之气即在子孙之身，初死未遽散，祭祀即所以聚之。后虽终散，而其根仍在子孙。子孙聚其神以气迎之。此其说有二难焉，其一难曰：如是说，则祭者乃自祭其神而非祭祖先矣。且祖考之气已散，天地间公共之气何能凑合而为祖考? ……其二难曰：祖考犹可云气传于子孙，若妻及外亲，天地山川之神，岂有根在此乎? ……一源之母乃是公共之气，茫茫然祭公共之气，如何辨其为此山之神非彼山之神乎?"③ 刘咸炘认为宋儒以祭祀的方式来通神灵有两处矛盾，其一，神灵由气聚而成，逝者气散，不能以聚天地之气来代替灵魂之气；其二，天地之气是公共之气，聚公共之气无法辨别是通何方神灵。

其次，关于佛教的轮回，刘咸炘认为："夫终散之说固不可通，而一成不毁之说亦有过拘之处。西方宗教即如是。意谓有天地即造灵魂寄寓形中，出此入彼，虽传舍不同，而居之者不灭。佛教缘生之说固不如是，而误解轮回之说者，则与此说近。此其说殊有可疑。今人张东荪谓轮回说有一大难，即在如是则灵魂数必有定。实则其难尚不止此。诚使一成不毁，则天堂地狱

---

① 刘咸炘. 内书：神释 [M] //推十书：甲辑第 2 册. 上海：上海科学技术文献出版社，2009：739.

② 刘咸炘. 内书：神释 [M] //推十书：甲辑第 2 册. 上海：上海科学技术文献出版社，2009：739.

③ 刘咸炘. 内书：神释 [M] //推十书：甲辑第 2 册. 上海：上海科学技术文献出版社，2009：740-741.

皆是永生，清浊厚薄乃成定质，即宗教罪福之说，亦不能自圆。"① 刘咸炘
分析了宗教罪福说与轮回说的矛盾，若灵魂能够轮回，那么，入天堂和下地
狱者皆可永生，又何必分罪福呢？值得注意的是，刘咸炘在这段话中提及了
张东荪，他是与刘咸炘同时代的学者，他的哲学思想最初源于中国传统儒学
思想，又受到佛学思想的影响，但更多的是受西方哲学和科学影响。刘咸炘
指出张东荪关于灵魂数必有定的说法是正确的，他进一步补充张东荪的观
点："张东荪取其说而修正之，改固存为余存，谓止如烛息之有余光，非别
为一种质体之元素，其所以余存者，乃由强盛与修炼。"② 认为神灵是不可
无限制地一成不毁的。足不出川的刘咸炘却能在第一时间关注到当时国内较
为前沿的学人思想，这是非常难能可贵的。

最后，刘咸炘认为与神灵沟通应该用感应说来体现，他说："神之为状
既明，则感通之妙不待多言矣。先哲有二人论此最明。董仲舒曰：天地之间
有阴阳二气，能渐人者，如水之渐鱼也。朱晦庵曰：天地间无非气，人之气
与天地之气常接无间，人自不见。人心才动，必达于气。明乎此，则无疑于
鬼神之去人远矣。且勿论铜山西崩，洛钟东应，虽远而相通，神鬼之在下
者，固与人肩相摩踵相接也。"③ 刘咸炘的感应说依然不出儒家思想范围，
他认为董仲舒提出的天人感应是人神相通的表现，人神感通的媒介就是宋儒
思想中的"气"，至于人神如何相通，刘咸炘认为需要采用一定的法术来实
现，"交神之义既如上说，法术尤不难明。儒者常以法术为诞谬，不知法术
之所恃者不过神气，而其所由起则以补教化"④。祸福吉凶是万物感应的具
体表现，各种报应是由神来主导的，因此通灵之事不仅存在，而且运用法术

---

① 刘咸炘. 内书：神释 [M] //推十书：甲辑第 2 册. 上海：上海科学技术文献出版社，2009：741.
② 刘咸炘. 内书：神释 [M] //推十书：甲辑第 2 册. 上海：上海科学技术文献出版社，2009：741.
③ 刘咸炘. 内书：神释 [M] //推十书：甲辑第 2 册. 上海：上海科学技术文献出版社，2009：746.
④ 刘咸炘. 内书：神释 [M] //推十书：甲辑第 2 册. 上海：上海科学技术文献出版社，2009：748.

是可以实现的。

从以上分析来看，刘咸炘对神灵沟通之事是予以肯定的，只是采用什么样的方式来进行沟通。他反对祭祀说和轮回说，支持感应说，这与他的儒家思想也密切联系，同时家学思想又在他的思想体系中占有重要比例。上文我们已经分析了刘氏家学有民间宗教性质，且将易学和道家思想作为家学根基，宗教中的斋醮科仪之事和道家学说中的修炼之事实际都和"法术"相联系。刘咸炘也曾将道家学说中的修炼看作气聚魂魄不散的重要手段："魂魄之故，道家言之最详。鬼趣之受苦即在魄，而其可以超升受生者，即以其尚有魂。若修炼者，则以力聚之。聚魄多者为卑下之鬼魔，与所谓外道邪师，专聚其魂而永存者则仙圣也。"① 刘咸炘著有《太上感应篇要义》一文，其主要内容就是用儒道思想赋予"感应"坚实的理论基础，他将《感应篇》与《周易》密切联系，又用《尚书》《论语》《孟子》《大学》《中庸》等儒家经典来解释《感应篇》，从儒道思想中找到了人神相通的理论基石。可见，刘咸炘不是复导封建迷信，而是在儒道学说的传统下重新审视新文化运动中的迷信和宗教问题。

四、小结

所谓"神释"实际就是对神的阐释。关于神，刘咸炘持肯定态度。他试图从儒家经典学说中来解释神的存在；对于西方宗教中的神，刘咸炘也欣然接受，只是他认为西方宗教从多神论变为一神论虽是一种进步，但与中国所言之神亦有区别。他说："论宗教者谓由多神教变为一神教乃是进步，然西洋之多神教乱杂而无统系，一神教则浑沦而无分理。中国之言神则不然，亦一亦多，而不可以一多论。凡中西学说皆有此异，不独宗教之神也。"② 而与神相关的灵魂或灵学，刘咸炘则用西方二元论与中国理气说相结合的方式

---

① 刘咸炘. 内书：神释［M］//推十书：甲辑第 2 册. 上海：上海科学技术文献出版社，2009：742.

② 刘咸炘. 内书：神释［M］//推十书：甲辑第 2 册. 上海：上海科学技术文献出版社，2009：744.

来进行阐释，他说："及至近时，因幽灵之事确不可诬，乃复有论神存者。英人伯劳德谓人之心灵乃二种原素化合而成，一为身体元素，一为精神元素。化合以后，则别具性质，与一切化合物同。死后所存，仅是心灵元素，如轻气既与养气化合成水，而又散出。又谓存有固存、余存之殊。余存者，原性质必全。而今所见鬼事，乃仅能记忆而不能应付环境，创造思想，是可知其为止一半而不全，乃固存而非余存。"① 由此可见，刘咸炘的《神释》篇看似是儒道思想中鬼神观的再阐释，实际是他在时代思潮中对中西文化会通的再思考。面对五四新潮及开始向后五四过渡的新时期，刘咸炘意识到中西文化在中国汇合激荡，必须寻求到察异观同求其会通的新方法，来解决中西文化的矛盾。《神释》就是他以五四时期灵学思潮为切入点，而对中西神学、迷信、宗教的辨析，从而找到中西哲理范畴的契合点。在中国近代现代化演进的过程中，任何一次具有影响力的运动，众人的目光可能都在正方和反方之间，忽略了提出不同见解的中立方，实际他们在这场现代化的演进中同样扮演着重要角色，刘咸炘就是其中一位。

---

① 刘咸炘. 内书：神释 [M] //推十书：甲辑第 2 册. 上海：上海科学技术文献出版社，2009：741.

李源澄对章太炎学术思想之取舍[*]

王锐（华东师范大学历史系）

摘　要： 章太炎的学说在民国学界影响广泛，特别是与四川学界有颇多因缘。身为廖平弟子的蜀学后劲李源澄，在 1935 年加入苏州章氏国学讲习会，师从章太炎。面对章、廖之间的学术分歧，李源澄在经学方面更为认同廖平富于今文经学色彩的观点，即认为经自有微言大义存焉，不能完全以史视之，并就此问题与章太炎展开论辩。甚至在章氏去世之后，李源澄总结其学术特点，虽然表彰其广博的治学气象与学术思想背后的现实关怀，但依然坚持认为章氏经学具有局限性。不过在公共论争层面，李源澄面对胡适等人否定读经的意义、批判孔子的学说，不断撰文回应。在论证中国传统思想在当代的合法性时，他经常援引章太炎的学说，比如被章太炎改造过的"六经皆史"论，以及章氏在《驳建立孔教议》一文里对孔子贡献的总结。

关键词： 章太炎　李源澄　今古文经学　读经之争

1923 年，胡朴安撰文评价晚近的国学研究。当谈及太炎师生时，他认为民国肇建之后，"《国粹学报》停刊，然而东南学者，皆受太炎影响，《国粹》虽停，太炎之学说独盛。北京大学者，学术汇萃之区也，为姚永概、马通伯、林琴南所占据，不学无术，奄奄一息焉。自刘申叔、黄季刚、田北湖、黄晦闻，应大学之聘，据皋比而讲太炎之学，流风所播，感应斯宏。自

---

* 本文为 2019 年上海市哲学社会科学青年课题"章门师生与现代中国学术转型研究"（项目号：2019ELS003）的阶段性成果。

申叔贬节，媚于袁氏，而有《中国学报》之刊，国师之讥，学术大受打击。所幸《华国》及东南大学之《国学丛刊》，皆《国粹学报》之一脉，而为太炎学说所左右者也"①。正如他所言，章太炎自清末以来，在学界的影响力非常之大，其学说不论反对抑或赞成，都引起许多人的关注。在这之中，他与近代四川学界颇有因缘。据时人回忆，"蜀人治学，多宗余杭章太炎（炳麟）先生，或登门投贽为弟子，或相处在师友之间"②。章氏清季流亡日本，设坛讲学，其间弟子，浙人之外，蜀人居多，并且与章氏交情甚笃，不但在经济上对之多有周济，而且还助其发行杂志、出版著作。进入民国后，太炎学说在蜀地流传甚广，许多研习中国传统学术的青年学子皆熟读其著作。1920 年，《太炎教育谈》在四川出版，其中收录了他于晚清之时在《教育今语杂志》上所刊登的关于学术方面的通俗文字。翌年，《太炎学说》上下两卷印行于四川。上卷为章氏的讲演词，其中有的讲演乃是在四川所作；下卷则收录了他的一些已发表的书札。由此可见章太炎在四川学界具有不小的影响力。③

而论及近代蜀学，廖平自然是代表人物。④ 他的经学思想曾在清末民初引起众多关注与讨论。1932 年他去世之后，弟子蒙文通在为其所撰的传记里面专门提到乃师晚年所收的弟子李源澄（1909—1958）："犍为李源澄俊卿，于及门中为最少，精熟先生三传之学，亦解言礼"，"余杭章太炎善其文，延至苏州，为说《春秋》义于国学讲习会，俊卿守先生说以论章氏，人或言之太炎，太炎不以为忤。太炎谓闻人言廖氏学，及读其书不同，与其徒人论又不同，殆正谓俊卿也。"总之，在蒙氏看来，"能明廖师之意而宏其传者，俊

---

① 胡朴安. 民国十二年国学之趋势［M］//桑兵，等. 国学的历史. 北京：国家图书馆出版社，2010：302-303.

② 朱寄尧. 一九三六年四川公祭章太炎先生大会纪实［J］. 文史杂志，1994（4）：47.

③ 关于章太炎与近代四川学界的各种关系，参见王锐. 章太炎与近代四川学界［M］//新旧之辨：章太炎学行论. 桂林：广西师范大学出版社，2017：98-160.

④ 关于近代蜀学的流变以及在当时学术脉络中的位置，参见张凯. 清季民初"蜀学"之流变［J］. 近代史研究，2012（5）：107-127。分析近代蜀学在政治、思想方面的巨大影响，参见傅正. 古今之变：蜀学今文学与近代革命［M］. 上海：华东师范大学出版社，2018.

卿其人也"①。在治学主旨上，廖平以光大今文经学为人所熟知，章太炎却自言恪守古文经学路数。李源澄以蜀学后劲而成为太炎门生，这在近代学术的地缘与流派中尤具特色，时人甚至认为他是"章太炎先生晚年的得意门生"②。因此，李源澄如何理解章太炎的学说，在他自己的学术论说中是否借鉴、吸收太炎之学，就值得详细辨析，以此呈现近代蜀学与太炎之学（或曰近代今文经学与古文经学）之间的复杂面向，丰富对于民国学术流变的认识。③

一、关于经学的论辩

廖平治学，一生多变。最开始以礼制平分今古，撰有《今古学考》一书。后来变为尊今抑古，以此臧否六经，进退圣人。而在蒙文通看来，廖平之学最具影响者，乃"既成《今古学考》，知汉师今古两学之中心为《王制》《周官》，二书实足以统两派之学，则已洞悉汉人之学而得其要"。在此之后，"又进而上穷其源，于是立齐、鲁、燕、赵以处之，别《公羊》《谷梁》《左传》《周官》为数宗，此廖师之欲因两汉而上溯源于周秦，其度越魏晋以来之学既远，而启后学用力之端亦伟矣"④。据朱镜宙回忆，廖平自言于海内学人，"独佩先生（章太炎）。当贺伯钟自东京携先生《齐物论释》归，廖往索阅。伯钟曰，欲读此书，须先解三种基本学问。一训诂，二子书，三印度及西方哲学。一、二君已优为之，惟印度与西方哲学非君素习。

---

① 蒙文通. 廖季平先生传 [M] //蒙文通全集：第1卷. 蒙默，编. 成都：巴蜀书社，2015：305-306.

② 《中央评论》编辑后记 [M] //王川. 李源澄先生年谱长编（1909-1958），北京：中华书局，2012：27.

③ 关于李源澄的生平与学术，目前只有一些通论性质的论述。例如王川. 近代学者李源澄的生平事迹及其学术成就 [J]. 历史教学，2008（11）：82-87；王川. 民国学者李源澄及其办刊实践 [J]. 民国研究，2011（2）：95-108；蒙默. 蜀学后劲：李源澄先生 [J]. 西华大学学报，2008（5）：24-29. 专题性的具体探讨尚付之阙如，因此有极为广阔的深入探讨空间。

④ 蒙文通. 井研廖师与汉代今古文学 [M] //蒙文通全集：第1卷. 蒙默，编. 成都：巴蜀书社，2015：294，295.

廖得书穷数日之力读竟。叹曰，以吾廖某之力，仅能领解十之七八，诚奇才也"①。但对于章氏的经学，按照吴虞的转述，廖平仅认为"章太炎文人，精于小学及子书，不能谓为通经也"②。

反观章太炎。他强调"学名国粹，当研精覃思，钩发沈伏，字字征实，不蹈空言，语语心得，不因成说，斯乃形名相称"③。对于廖平的评价，他于抑扬之间，便是以此作为标准。如肯定廖平区别今古文之功，认为此乃清世诸朴学大师所难以企及者，碌碌之辈实无资格对其任意品评。④ 但廖平论学"三变"之后，流于所谓"天人之学"，喜为臆度，妄谈六合之外，预测未来之事。对此，章太炎批评他"略法今文，而不通其条贯，一字之近于译文者，以为重宝，使经典为图书符命"，被列为晚近学者中的最次一等。⑤ 及至廖平逝世之后，其孙廖宗泽请章太炎为乃祖撰写墓志铭。章太炎在文中回忆，民国初年在北京与廖平晤面，发现后者论学甚为平实，未尝涉及迂怪。遂认为"君学有根柢，于古近经说无不窥，非若康氏之剽窃者，应物端和，未尝有倨容，又非若康氏自拟玄圣居之不疑者也"。即便如此，终有瑕疵。推其缘由，"顾其智虑过锐，流于谲奇，以是与朴学异趣"。⑥ 总之，章、廖之间，虽互有欣赏之处，但总体而言，彼此论学主旨分歧十分明显。

李源澄自言其学术"略能通条贯者，并研廖先生与邵次公先生、蒙文通先生教之也"⑦。可见，他的学术基础深受廖平、蒙文通等蜀地学者的影响。因此在治学理念上，他有很强的廖、蒙之学术思想印记。比如关于如何研治

① 朱镜宙. 章太炎先生轶事 [M] //陈平原，杜玲玲. 追忆章太炎. 北京：生活·读书·新知三联书店，2009：136.

② 吴虞. 爱智庐随笔 [M] //吴虞集. 赵清，郑城，编. 成都：四川人民出版社，1985：91.

③ 章太炎. 与人论国学（1908 年）[M] //章太炎书信集. 马勇，编. 石家庄：河北人民出版社，2003：219.

④ 章太炎. 程师 [M] //章太炎全集：第 4 册. 上海：上海人民出版社，2014：139.

⑤ 章太炎. 说林下 [M] //章太炎全集：第 4 册. 上海：上海人民出版社，2014：118.

⑥ 章太炎. 清故龙安府学教授廖君墓志铭 [M] //章太炎全集：第 5 册. 上海：上海人民出版社，2014：298-299.

⑦ 李源澄. 与陈柱尊教授论学书二 [M] //李源澄著作集：第 3 册. 林庆彰，等编. 台北："中研院"中国文哲研究所，2009：1037.

《公羊》，他指出：

> 澄治是书，偏于经例，于董、何之说，间有所不取。以董、何
> 二家而论，董生《春秋》之学，远在何氏之上，《繁露》中发明经
> 例处，精确无伦。何氏之《解诂》，往往方便立说，似于全经犹未
> 尽晓。故澄以为治《春秋》者，如能先以《谷梁》立其本，再求
> 之于《公羊》，于董、何之说，分别去取，亦可以弗畔矣。①

蒙文通强调廖平的学术贡献之一在于"剖析今古而示其旨归，辨两汉师法而明其异同分合"，反对"不通家法，不究条例"的治经路数。② 而在这里，李源澄重视"经例"、表彰董仲舒、由《谷梁》而通《公羊》，这与廖平、蒙文通所揭橥的治学路数极为契合。

1935 年下半年，李源澄应章太炎之邀，赴苏州章氏国学讲习会学习。那时的章太炎，目睹国势衰颓，在许多场合呼吁读史的重要性，视此为致用之道。他主张读史应识大体，熟知历代政治社会变迁，以及疆域沿革梗概，通过对于历代史事的熟稔于胸，能够从中吸取足以为当下所借鉴与取法之处。在他看来，"盖历史譬一国之账籍，彼夫略有恒产者，孰不家置一簿，按其簿籍而即瞭然其产业多寡之数。为国民者，岂可不一披自国之账籍乎？以中国幅员之大，历年之久，不读史书及诸地志，何能知其梗概！且历史非第账籍比也，鉴往以知来，援古以证今，此如弈者观谱，旧谱既熟，新局自创。

---

① 李源澄. 与陈柱尊教授论公羊学书［M］//李源澄著作集：第 2 册. 林庆彰，等编. 台北："中研院"中国文哲研究所，2009：865.

② 蒙文通. 廖季平先生与清代汉学［M］//蒙文通全集：第 1 卷. 蒙默，编. 成都：巴蜀书社，2015：286，287. 值得注意的是，蒙文通对廖平的表彰，多着眼于后者早年的"平分今古"之功。这与蒙氏自己的治学重点息息相关。他虽以治经起家，但受到时代风气的影响，其关注点已渐由经学转入古史，他对廖平《今古学考》的阐释，便是主要从史学角度看待这一经学遗产，借之建立自己的学术体系。关于这一点，参见王汎森. 从经学向史学的过渡：廖平与蒙文通的例子［M］//近代中国的史学与史家. 上海：复旦大学出版社，2010：84. 而李源澄对廖平学术的认识，很大程度上也是聚焦于后者对今古文经学的分疏。

天下事变虽繁，而吾人处之裕如，盖应付之法，昔人言行往往有成例可资参证，史之有益于吾人如此"①。他期待重视读史者能具有两种境界，"高者知社会之变迁，方略之当否，如观棋谱，知其运用，读史之效可施于政治，此其上也。其次考制度，明沿革，备行政之采择"②。总之，虽然境界有高下，然其目的皆为经世致用，成为体用兼具之学，而不仅仅是多识前言往行，上者自润其身，下者自炫其博而已。③

在晚清之时，章太炎继承章学诚的"六经皆史"之论，强调"六艺，史也"④。犹有进者，章太炎的"六经皆史"之论，早已非实斋旧章，而是具有他自己的时代关怀。在他看来，"史"绝非仅是古昔遗迹，而是被赋予了极为重要的意义："国之有史久远，则亡灭之难。自秦氏以讫今兹，四夷交侵，王道中绝者数矣。然掮者不敢毁弃旧章，反正又易。藉不获济，而愤心时时见于行事，足以待后。故令国性不堕，民自知贵于戎狄，非《春秋》孰维纲是?《春秋》之绩，其什伯于禹耶。"⑤ 历史的一大作用，即维护民族团结，唤起人民的爱国之心。他晚年提倡读史，可以说和他在清末时的观点一以贯之，并更具有针对性。如认为经学中的"治人"之道，"史家意有读至"⑥。从类别上看，"史部本与六经同类"⑦。但凡此种种，却和李源澄的经学主张不尽一致。

李源澄自言："吾之学与先生（章太炎）多相反，而先生不吾罪也。"

① 章太炎. 读史与文化复兴之关系［M］//章太炎演讲集. 章念驰，编订. 上海：上海人民出版社，2011：384.
② 章太炎. 略论读史之法［M］//章太炎演讲集. 章念驰，编订. 上海：上海人民出版社，2011：441.
③ 关于章太炎晚年提倡读史的具体缘由与所指，参见王锐. 章太炎晚年对"修己治人"之学的阐释［J］//黄克武. 思想史（6）. 台北：联经出版事业公司，2016：128-140.
④ 章太炎. 訄书：清儒［M］//章太炎全集：第 3 册. 上海：上海人民出版社，2014：152.
⑤ 章太炎. 国故论衡：原经［M］. 上海：上海古籍出版社，2010：63.
⑥ 章太炎. 论经、史、儒之分合［M］//章太炎演讲集. 章念驰，编订. 上海：上海人民出版社，2011：425.
⑦ 章太炎. 经学略说：上［M］//章太炎演讲集. 章念驰，编订. 上海：上海人民出版社，2011：487.

以此区别于"世称先生之高足弟子者,叛先生以取媚于世,对先生则曲意承欢,不知其信仰者安在"①。本着这样的交往原则,他与章太炎之间就经学性质与经史关系问题反复论辩。从中可见他对后者学术思想的认识。1935年李源澄致信章太炎讨论今古文问题,此信今已亡佚,然从章太炎之回函中却依然可窥其梗概。章太炎在其中提到,李源澄认为《礼》与《春秋》,如车如辅。《礼》如法令条文,《春秋》如理官之判词。对此他基本上同意。但是从历史演进的角度看,"时王之制,不能无所变更。重以文襄霸制,亦列国所承用,其不能无异于《周官》者,势也"。所以"时制异于成周,而《春秋》因时制以成其例"。"仲舒之徒,未尝参考《左氏》,乃云文家五等,质家三等,以就其改制之说。岂独诬《春秋》,亦诬公羊子矣。盖《春秋》者,以拨乱反正为职志,周道既衰,微桓文起而匡之,则四夷交侵,中国危矣。故就其时制,以尽国史之务,记其行事得失,以为法戒之原。孙卿云:有治人,无治法。则知圣人不务改制,因其制皆可以为治也。若云'为汉制法',孰有大于废封建、行郡县者。《春秋》乃绝无一言,徒以伯、子、男同等,少变秩叙,此何益于治乱之大数耶?仆尝谓《谷梁》《公羊》二家,不能知国史根原,因文褒贬,往往失之刻深,乃如托鲁改制之说,又《公羊》本文所无有,汉世习今文者,信其诬罔,习为固然。《白虎通》多采今文师说,《五经异义》虽备存古今,要其所谓古文说者,亦时不本经传,而本师家新义。由是言之,以《礼》证《春秋》,亦何容易。"② 章太炎自清季以来,一直视六经为史书,视孔子为史家,强调"孔氏之教,本以历史为宗","《春秋》而上,则有六经,固孔氏历史之学也;《春秋》而下,则有《史记》《汉书》以至历代书志纪传,亦孔氏历史之学也"③。晚年他撰写《春秋左氏疑义答问》一书,从历史著作的角度讨论《春秋》与《左传》,

① 李源澄. 章太炎先生学术述要[M]//李源澄著作集:第3册. 林庆彰,等编. 台北:"中研院"中国文哲研究所,2009:1461.
② 章太炎. 答李源澄书一[M]//李源澄著作集:第2册. 林庆彰,等编. 台北:"中研院"中国文哲研究所,2009:999-1001.
③ 章太炎. 答铁铮[M]//章太炎全集:第4册. 上海:上海人民出版社,2014:388-389.

认为孔子作《春秋》，因鲁史旧文而有所治定，所剩余义，付与左丘明，后者编撰《左传》，以保存史事。并强调孔子著书缘起，乃是由于"四夷交侵，诸夏失统，奕世以后，必有左衽之祸，欲存国性，独赖史书，而百国散纪，难令久存，故不得不躬为采集，使可行远。"① 这一观点，与他视历史为民族主义之源泉息息相关。因此在这里，他本此见解向李源澄进行阐述。

对于章太炎的答复，李源澄复致一函以为回应。他承认"常州诸子于《公羊》本不深晓，所好乃在仲舒、邵公。董、何二子之于经义，澄岂敢妄非之哉，乃常州诸子取其三统改制之诬说，以为微言所寄，以此释经，翩其反矣"。降至康有为，"谓《春秋》之义在于《公羊》，《公羊》之义在于董、何，董、何之义在于康氏。究其所谓微言大义者，直董、何污垢秽浊之物耳"。对章太炎的观点表示认同。不过他依然坚持"至谓《公》《谷》因文褒贬，往往失之刻深，似未尽然"。《春秋》中的褒贬之辞"不可书见，故资于口授，是《春秋》微言，胥赖于此也"。而"孔子以匹夫而行天子之事，褒讳贬损，故有所避"，同时"丘明同观国史，故得据本事而作传。其始不过孔门弟子之参考，自《史记》沦亡，春秋数百年之事，仅赖存其梗概"。所以"欲观《春秋》微言，必自《公》《谷》始，以其为口说流行之本，《左氏》所记则档案，足资稽考而已。若谓《公》《谷》为附会，《春秋》无义例，安得左右逢源若此耶"？总之，"《春秋》是经非史，《左氏》虽胜于《公》《谷》者多，若说《春秋》，则当以《公》《谷》为本，宜分别观之"。②

针对李源澄的这一看法，章太炎再次向他申说己意。他强调："古之六艺，《易》与《连山》《归藏》同列，《诗》犹汉乐府，《书》犹唐大诏令与杂史，《周官》则会典，《礼经》则仪注，如《春秋》者，即后代纪年之史与正史之本纪耳。"而"经史殊流，起晋荀勖《中经簿》，彼见种类多，卷

---

① 章太炎. 春秋左氏疑义答问［M］//章太炎全集: 第 6 册. 上海: 上海人民出版社, 2014: 270.

② 李源澄. 上章太炎先生书二［M］//李源澄著作集: 第 2 册. 林庆彰, 等编. 台北: "中研院"中国文哲研究所, 2009: 994, 999.

轴广者，即别为一部，非复论其体之异同也"。且就经、史的重要性而言，"旷观海外通达之国，国无经而兴者有矣，国无史，未有不沦胥以尽者也。夫中国之缕绝复续者，亦国史持之耳。经云、史云，果孰重孰轻耶？档案者，儒生之所轻，而国家之所重。编档案者，非独左氏，马、班、陈、范所录，皆档案也"。对于这一点，他特别奉劝年纪尚轻的李源澄，"此不须苦辩者，读书阅世久，自知之也"。此外，"夫《春秋》者，夫子之文章，非性与天道也，成败垂殁，讲授日浅，即有之，安得所谓微言？称微言者，即孟喜枕膝之诈尔"。若是"必以畏时难闷之，是孔子、丘明之勇，不逮董狐远甚，乃与韩愈之畏史祸等也"。①

很明显，二人反复讨论的核心问题就是经学的属性。章太炎认为经史本属一物，李源澄则认为经是经、史是史，前者自有微言大义存焉，并不能完全等同于后者。这其实也是以廖平为代表的近代蜀学，与以继承古文经学传统自任的章太炎之间，在经学问题上的基本分歧。不过更值得注意的是，作为与这两种学术流派皆有师承关系的李源澄，在自己的学术著作中如何论述经学的性质。在出版于1944年的学术代表作《经学通论》中，他指出：

> 夫经学者，史与子合流之学问，固非史学，亦非子学，而与子、史皆有密切之关系。盖起于晚周，而成于汉代……在晚周，经学已有与历史分离之势。②

关于经学在中国历史上的地位（或曰作用），李氏强调：

> 吾国既有经学以后，经学遂为吾国之大宪章，经学可以规定私人与天下国家之理想。圣君贤相经营天下，以经学为模范，私人生

① 章太炎. 答李源澄书二［M］//李源澄著作集：第2册. 林庆彰，等编. 台北："中研院"中国文哲研究所，2009：1002-1003.
② 李源澄. 经学通论［M］//李源澄著作集：第1册. 林庆彰，等编. 台北："中研院"中国文哲研究所，2009：6.

活，以经学为楷式，故评论政治得失，衡量人物优劣，皆以经学为权衡。无论国家与私人之设施，皆须于经学上有其根据。①

至于治经之旨趣，李源澄更是明言：

> 经学之成为经学，本由汉初诸大儒以其思想托诸经文而成经说，其治学之态度，不专为注释经文。古文诸师皆后起，主于训释文字，无西汉所谓微言大义。廖先生谓今学为哲学，古学为史学，是也。②

可见，至少在学术作品中论述自己的学术主张时，李源澄还是多采廖平之说，认为经学自有微言大义，以此成为中国的立国之本，不可纯然以史视之。但同时他也承认，在经学的形成过程中，有不少史学的因素，二者并非毫无关系。在这一点上，或许体现了他对于章太炎学说的部分吸收。③

二、对章太炎学说的整体评价

1936 年 6 月 14 日，章太炎病逝于苏州。不久之后，身为国民党最高领袖的蒋介石特意"开政治会议，议决国葬章炳麟"④。7 月 10 日，南京《中央日报》刊出了一则公告，其文曰："宿儒章炳麟，性行耿介，学问淹通。早岁以文字提倡民族革命，身遭幽系，义无屈挠。嗣后抗拒帝制，奔走护法，备尝艰险，弥著坚贞。居恒研精经术，抉奥钩玄，究其诣极，有逾往

---

① 李源澄. 经学通论 [M] //李源澄著作集：第 1 册. 林庆彰，等编. 台北："中研院"中国文哲研究所，2009：7.
② 李源澄. 经学通论 [M] //李源澄著作集：第 1 册. 林庆彰，等编. 台北："中研院"中国文哲研究所，2009：30.
③ 在这里，笔者主要从学术流变的角度梳理李源澄对章太炎、廖平学术的别择。关于李源澄对经学的这些认识，十分值得从思想史的角度详细解读，这一问题当以另文详述。
④ 叶健青编：蒋中正总统档案：事略稿本 [M]. 台北："国史馆"，2009（37）：324.

哲。所至以讲学为事，岿然儒宗，士林推重。兹闻溘逝，轸惜实深！应即依
照国葬法，特予国葬。生平事迹存备宣付史馆。用示国家崇礼耆宿之至意。
此令！"① 与此同时，身在北京的太炎门生，在钱玄同、许寿裳等人的发起
下举行追悼会。章氏晚年创办的《制言》杂志特辟专辑来纪念章太炎。在这
一政界、学界表彰章氏的整体氛围下，不少人撰文追忆章太炎的生平，讨论
他的学术。

　　作为曾经问学于章氏的人，李源澄应《中央评论》之邀，发表了《章
太炎先生学术述要》一文，较为全面地评价章氏之学。他自言："澄尝读其
书而问业其人，谨愿以管窥蠡测之见，供之读者，或于认识先生，不无涓埃
之助欤。"② 这一方面显示出他因为对章太炎比较了解，所以可以深入分析
后者的学术；另一方面其实也透露出，这篇文章中的章太炎学术形象，其实
某种程度上是一种从李氏自己的角度出发所进行的描述。例如他如是刻画章
太炎晚年的形象："涵养日深，终日不见喜怒。接其人如汪洋浩海，不测其
畔岸。如霁月光风，使人陶醉而不觉其所以然，浑然与万物同体。心量之广
大如是。与壮年富贵不淫、贫贱不移、威武不屈、视死生如昼夜之先生，不
知者几疑其为二人。"③ 很明显，这种关于其待人接物细节的叙述，非时常
接近章太炎者所不能为。

　　在李源澄看来，章太炎治学最为明显的特征便是涉及面非常之广。"先
生一身，可化若干学者。先生实合若干学者为一身，而又能血脉贯通，如手
足头目之息息相关。"④ 之所以有此境界，是因为章太炎的学术与他的经历
融为一体，即"先生之学与人不能离开，学问心境互为增益"。因此，体现

① 国民政府国葬章炳麟令［M］//章念驰. 章太炎生平与学术. 北京：生活·读书·新
　　知三联书店，1988：19.
② 李源澄. 章太炎先生学术述要［M］//李源澄著作集：第3册. 林庆彰，等编. 台北：
　　"中研院"中国文哲研究所，2009：1457.
③ 李源澄. 章太炎先生学术述要［M］//李源澄著作集：第3册. 林庆彰，等编. 台北：
　　"中研院"中国文哲研究所，2009：1459.
④ 李源澄. 章太炎先生学术述要［M］//李源澄著作集：第3册. 林庆彰，等编. 台北：
　　"中研院"中国文哲研究所，2009：1457.

出"独往独来，绝所旁依"的学术气象。① 将章太炎的治学主旨和他强烈的现实关怀合而观之，是李源澄评价其学术特征的基本出发点。

众所周知，章太炎对清代朴学多有表彰。他认为清儒治学，一言一事，必求其征，无穿凿之弊，使"考迹上世社会者，举而措之，则质文蕃变，较然如丹墨可别"②。因此，世人多将章太炎视为清代朴学殿军。如梁启超指出，章太炎身处"清学蜕分与衰落期"，而"能为正统派大张其军"。③ 但李源澄却指出，章太炎的学术宗旨，已与清代朴学颇为相异。究其缘由：

> 先生治学与清儒异者，厥为时代所造成。因念念不忘光复，于是旁求政术，而遍览群史。绎颂玄言，以增其理趣。故读书不忘经国。纯守清儒矩度者，仅少年时期。晚年虽不与闻政事，而对于民族兴亡，政治得失之际，未尝去怀。所谓烈士暮年，壮心未已者也。④

可见，在李源澄看来，欲理解章太炎的学术，不能脱离政治因素。或者说，正是因为有强烈的介入政治的诉求，章太炎的学术才体现出所涉范围极广、观点洞见颇多的特征。因此，对于太炎之学，固然可以放到清代以来的学术流变中去理解，但更不能忽视清末以降的政治形势对他的巨大影响。

基于此，出于亲炙教诲之便，李源澄特别着重分析章太炎晚年的学术特点：

---

① 李源澄. 章太炎先生学术述要［M］//李源澄著作集：第 3 册. 林庆彰，等编. 台北："中研院"中国文哲研究所，2009：1458.
② 章太炎. 訄书·清儒［M］//章太炎全集：第 3 册. 上海：上海人民出版社，2014：160.
③ 梁启超. 清代学术概论［M］//梁启超论清学史二种. 朱维铮，校注. 上海：复旦大学出版社，1985：77.
④ 李源澄. 章太炎先生学术述要［M］//李源澄著作集：第 3 册. 林庆彰，等编. 台北："中研院"中国文哲研究所，2009：1459.

先生每分学问为二节。一曰，修己治人之学，二曰，超人之学。先生平日教人者，则修己治人之学也。此二者本难融合，先生晚年一切放下，其执著而不舍者，厥为三事。一曰，关系民族之存亡者。二曰，关系世道之隆污者。三曰，关系学风之醇漓者。此三者其固执异于恒人，除此三事，直与物宛转，而无所用心。①

1927 年，或许是有感于自己先前的政治活动并未取得理想的效果，章太炎写下"见说兴亡事，拿舟望五湖"之句，② 透露出自己有意淡出政治纷争，不再关注世事的倾向。但九一八事变之后，目睹日本侵华之心日益明显，国家民族陷入危机，章太炎又开始投身政治活动，比如与马相伯等人发表宣言，强调东三省历来属于中国。同时倡导读史读经，希望借此唤起广大民众的民族意识。李氏所谓其晚年于"关系民族之兴亡者""关系世道之隆污者"再三致意，指的就是章氏的这些相关言行。而所谓"学风之醇漓"，其主要衡量标准，也是着眼于是否对前两者有所助益。③ 可以说，作为章太炎晚年弟子，李源澄颇能道出乃师的学术心路之所在。④

不过另一方面，李源澄认为，正是因为章太炎治学有极强的现实关怀，所以他的经学主张，从李氏所理解的经学自身脉络来看，不无可商榷检讨之处：

---

① 李源澄. 章太炎先生学术述要 [M] //李源澄著作集：第 3 册. 林庆彰，等编. 台北："中研院"中国文哲研究所，2009：1460.
② 章太炎. 生日自述 [M] //章太炎政论选集：下册. 汤志钧，编. 北京：中华书局，1977：820.
③ 关于章太炎在九一八事变之后的学术活动与主张，参见王锐. 章太炎晚年学术思想研究 [M]. 北京：商务印书馆，2014：71-122.
④ 值得一提的是，与李源澄所论相关，章太炎去世后，弟子孙思昉与姜亮夫之间就乃师治学上的"求是"与"致用"之论曾展开论辩。其实今日再看，二人所言，各有道理，且都根据章氏著作而发，其弊或在于执著一点，以概其全。当然，这背后也和二人的现实学术诉求有关。参见一士：章太炎弟子论述师说 [M] //陈平原，杜玲玲. 追忆章太炎 [M]. 北京：生活·读书·新知三联书店，2009：417-438。因本文主要分析李源澄对章太炎学术的取舍，所以对于其他章门弟子的论述，暂不展开详论。

先生早年说经之文甚少，大底在今古之争。其余解经之文，亦多卓见，惟无总持一书之作耳。晚年之作，以《尚书拾遗》与《春秋左氏疑义答问》二书为大宗。《尚书拾遗》，在王氏父子与俞、孙二家之后，继续有所发明，可与同其不朽。在此时为之，则尤难也。《春秋左氏疑义答问》一书，已不如壮年之偏主贾、服而废杜氏。先生在此书中，发明甚多，惟左氏说经，不无问题。虽以先生之才学，终未能使其血脉贯通……《周礼》一书，先生既信《周礼》，自不能于《周礼正义》之外，有何独创之见。先生于经学用力勤而创获少者，此也。先生于整理方面，因继承清代学风，未能发舒先生之才力。然先生以史观经，而明于古代政术。固执内诸夏外夷狄之义，为一生精神之所寄托，此又非通常所谓汉学家所能至也。①

李氏认为章太炎于经学"用力勤而创获少"，可以说是一个不轻的批评。而他所持的理由与前文所谈及者相似，即章太炎未能认识到自己所恪守的古文经学之局限，比如"左氏说经，不无问题"。因为在李源澄看来，经学自有其体例与微言，不能完全用训诂考史的方法治之，更不能将经史等而观之。总之，他对这一点十分坚持，以至于在这篇带有悼念、表彰性质的文章中，依然没有刻意模糊自己与章太炎之间在经学问题上不小的分歧。当然，李源澄不忘强调，章氏"一生精神之所寄托"者，为"内诸夏外夷狄之义"，所以他的经学主张并不能用一般汉学家的标准来评价。不过这一论述，自然凸显出章太炎学术主张与政治思想之间的复杂关系，但其实也可以理解为一种修辞手法，以此含蓄地指出章太炎之于经学，或许并未能像自己的另一位老师廖平那样，从经学本身出发展开深入探讨，进而有所发明，以至于缺少"独创之见"。

不过即便如此，李源澄并未贬低章太炎学术中经世意涵的价值。在他看

---

① 李源澄. 章太炎先生学术述要 [M] //李源澄著作集：第 3 册. 林庆彰，等编. 台北："中研院"中国文哲研究所，2009：1462-1463.

来，章太炎之史学在晚近史学流派中独具特色：

> 先生于史学以讲求政术而学之，既不空论史法，亦不重于考据，更不作穿凿之疑古。而于政治之得失、制度之因革、民族之兴衰、世运之隆污着眼。《别录》《文录》《检论》诸书，凡涉及历史者，皆能洞见本源，知微知显，可谓能得历史之用。体大思精，世罕其匹。①

　　李氏强调章太炎的历史之学的要义在于通过思考历史流变来"讲求政术"，为政治治理与制度建设寻找历史智慧。他的这番认识，或许可以放在一个比较的视野中来理解。章太炎去世不久，史家钱穆发表了《余杭章氏学别记》一文，同样主张"今论太炎学之精神，其在史学乎"！认为章太炎的史学，具有"民族主义""平民主义""文化主义"三个特征。表彰章氏为"民族文化爱好者，近世一人而已"。② 如果结合钱穆先前所呼吁的"今日所急需者，厥为一种简要而有系统之通史，与国人以一种对于已往大体明晰之认识，为进而治本国政治社会文化学术种种学问树其基础。尤当为解决当前种种问题提供以活泼新鲜之刺激"③，那么可以说，钱穆在这里是把章太炎作为探求理想的中国通史之先驱来看待的。此外，被章太炎视为"能知条理"④ 的章门弟子朱希祖，在《章太炎先生之史学》一文里，认为章太炎的史学特色在于将六经史料化，重视考索史事，追寻历史哲学与社会科学。⑤他的这番阐释，与其说是总结章太炎的思想，不如说是将自己在新文化运动

① 李源澄. 章太炎先生学术述要［M］//李源澄著作集：第3册. 林庆彰，等编. 台北："中研院"中国文哲研究所，2009：1463.
② 钱穆. 余杭章氏学别记［M］//中国学术思想史论丛：八. 北京：生活·读书·新知三联书店，2009：386，387，391.
③ 钱穆. 评夏增佑《中国古代史》［M］//桑兵，等. 近代中国学术批评. 北京：中华书局，2008：136.
④ 章太炎. 民国章太炎先生炳麟自订年谱［M］. 台北：台湾商务印书馆，1980：14.
⑤ 朱希祖. 章太炎先生之史学［M］//朱希祖文存. 周文玖，选编. 上海：上海古籍出版社，2006：347-351.

以来的史学理念与学术设想，包括反传统主义、史学社会科学化，投射到章太炎身上，与章氏本旨实有不小的落差。① 所以说，关于章太炎的史学，在他去世不久便被从不同的角度予以解读。李源澄强调其中的经世意涵，一方面当然是对章太炎学术脉络的整体考察，另一方面或许和他对晚年章氏心境的近距离观察有关。而章太炎晚年的这些思虑，是否影响到李源澄自己的思想言说呢？

三、在公共论争中运用章学

九一八事变之后，面对空前的民族危机，中国思想文化界掀起了提倡民族精神、力行学术救国的风潮。许多不同流派与立场的学者，都主张学术研究与宣传应与民族救亡运动相结合，以此唤起民族精神、研究御侮之道。② 1933 年张君劢强调："文化之存亡生死，非徒文字之有无焉，衣冠之有无焉，视其有无活力。活力之所在，莫显于执行文化之人。以吾国破庙中之酒肉和尚与西方天主教耶稣教之教士比肩而立，以一吾国蒙馆教师与西方小学教师相较，以一吾国世传之儒医与西方之医生相比，固已不必深考，而知吾国之宗教、吾国之教育、吾国之医学所处之地位为何等矣。"③ 在此背景下，不少学者呼吁应倡导读经，以此弘扬中国传统，增进民族自豪感与自信心。关于读经的讨论，成为当时一个引人注意的公众议题。④ 而另一方面，南京国民政府在意识形态宣传上为了主动与他们眼中中共的各种"激进"主张划清界限，也为了彰显国民党的理论体系在历史文化传承中的合理性，便有意

① 关于对这一问题的详尽分析，参见王锐. 章太炎晚年学术思想研究 ［M］. 北京：商务印书馆，2014：157-193.
② 郑大华. 中国近代民族复兴思潮研究：以抗战时期知识界为中心 ［M］. 北京：中国社会科学出版社，2017：509-690.
③ 张君劢：学术界之方向与学者之责任 ［M］//翁贺凯. 中国近代思想家文库：张君劢卷. 北京：中国人民大学出版社，2014：294.
④ 1935 年，由商务印书馆发行的《教育杂志》，专门把第 25 卷第 5 号定为"读经问题专号"，将当时全国 70 余位文化人关于读经态度的文章汇为一编，从中可以比较清楚地看出支持读经者所持之理由。关于这期专号的整理本，参见《教育杂志》社编辑部编. 全国专家对于读经问题的意见 ［M］. 福州：福建教育出版社，2016.

识地提倡儒家经典，将所谓三民主义与古代"道统"联系起来。所以，蒋介石政权对于社会上的读经思潮，总体上是乐观其成的。

在以提倡新文化为己任的胡适看来，这一思潮无疑是对新文化运动的反动。他在 1937 年发表《读经平议》一文，首先申说两年前傅斯年在《论学校读经》一文中的观点，即从历史上看，经学无补于国运，只有装点门面之用，并无修齐治平之功。① 之后胡适批评提倡读经者"很轻率地把几百万儿童的学校课程，体力脑力，都看作他们可以随便逞胸臆可以支配的事"。他将提倡读经视为"违背国家法令，破坏教育统一"之举，认为"初中高中的选读古文，本来就没有不许选读古经传文字的规定，所以中学教本中，不妨选读古经传中容易了解的文字"。但选择标准，却是将"古经传的文字，与其他子史集部的文字同等，都是把他们看作古人的好文字，都是选来代表一个时代的好文学，都不是'读经'的功课"。总之，在他看来，现代教育中有许多更为重要的内容需要传授，"现在的儿童应该学的东西太多了，他们的精力不可再浪费了"。②

作为以弘扬中国传统为己任的人，③ 李源澄自然不会认同胡适的这番论调。他指出："反对读经兼诋毁经学者，尤为悖谬也。当今学校学科，率来自异域。吾国在世界学术既无地位，在本国亦如是，为如何痛心之事。"因此他希望"教育当局，在可能范围之内，使学生得相当之国学知识，而不限于少数文科学生，以确立有国性之教育也。"可见，在李源澄眼里，读经是树立青年一代爱国心与民族认同的重要手段。

---

① 傅斯年. 论学校读经 [M] //傅斯年文集：第 5 卷. 欧阳哲生，编. 北京：中华书局，2012：56-61.

② 胡适. 读经平议 [M] //胡适文集：第 11 卷. 欧阳哲生，编. 北京：北京大学出版社，1998：758-761.

③ 1937 年 12 月，《重光》月刊在成都面世，李源澄是其中的主要参与者。在创刊号的《本刊启事之一》中，创办此刊物的同仁强调自己"深信中国民族本其过去历史文化之光荣与古圣先哲之垂训，必能昭示来者以复兴民族之途径"。参见本刊启事之一 [J]. 重光（创刊号），1937. 12. 15. 可以说，这也是李源澄自己的文化理想与基本立场。关于《重光》月刊的思想史意义，参见傅正. 古今之变：蜀学今文学与近代革命 [M]. 上海：华东师范大学出版社，2018：227-235.

基于这样的立场，李源澄如是论证自己的观点：

> 六经皆史也。汉人言通经致用，犹言通史致用也。经史分途，始于荀氏《中经簿》，撰述者虽殊才德，而其质不异。世之谤经、疑经者，率未尝窥经，语之通经致用则大哗，语之通史致用则了喻。盖异国有史而无经也，然亦无有轩轾。经为古史，为吾国文化之滥觞，从源至流，故当先河后海，束于此则不可，不足以尽斯理之变也。今日治经，言汉言宋，言今言古，皆局于一曲，不如分为语文学、历史学、政治学、伦理学、教育等，学而穷究其蕴，更合史部而观其通、览其变之为得也。①

很明显，李源澄在这里借用了章太炎关于经的定义，即以史视经。章氏曾言："且旧章诚不可与永守，政不骤革，斟酌向今，未有不借资于史。先汉之史，则谁乎？其惟姬周旧典，见于六籍者。故虽言'通经致用'，未害也。"② 这里所谓的"通经致用"，按照其所定义的经学，即可视为"通史致用"。李源澄以此来论证自己的观点，无疑具有很强的现实针对性。因为当时虽然新旧两派的关于读经问题观点各异，但他们大抵不反对熟读中国历史，以此一面培植国性，一面认清当下形势。例如在历史教育方面，不但表彰柳诒徵主张的"讲国学宜先讲史学"③，反对读经的傅斯年也强调须将民族主义蕴于其中，应叙述"很足以启发民族意识的事"。如冉闵"屠戮胡虏之行为"，乃是"晋人民族意识之深刻化"。刘裕北伐中原，恢复失地，其功勋"实不在东罗马帝茹斯丁下"。元末韩宋建国，虽冒称宋裔，假托弥勒，

---

① 李源澄. 读经杂感并评胡适读经平议［M］//林李源澄著作集：第 2 册. 庆彰，等编. 台北："中研院"中国文哲研究所，2009：1006-1007.

② 章太炎. 检论：订孔上［M］//章太炎全集：第 3 册. 上海：上海人民出版社，2014：431.

③ 柳诒徵. 讲国学宜先讲史学［M］//桑兵，等. 国学的历史. 北京：国家图书馆出版社，2010：468.

"然建号承统，人心归附，本是一场民族革命"。① 全面抗战爆发后，傅斯年更是撰写《中国民族革命史稿》，"以历史为根据，说明中华民族的整体性及其抵御外侮百折不挠的民族精神，用以鼓励民心士气"②。这与章太炎晚年所宣传的借历史激发民族意识异曲同工，甚至其激烈程度有过之而无不及。因此，李源澄用太炎之学作为提倡读经的佐证，可以说有助于更为自洽地申说自己的主张。

无独有偶，1937 年 10 月，另一位新文化运动的主将陈独秀发表了《孔子与中国》一文。相比于新文化运动期间激烈的反传统态度，此时陈独秀承认"非宗教迷信的态度"是孔学的价值，但他更强调孔子是中国历代专制政治的主要祸首。在他看来，孔子"建立君、父、夫三权一体的礼教"，而"这一君尊臣卑、父尊子卑、男尊女卑三权一体的礼教，创始者是孔子，实行者是韩非、李斯"。他甚至认为"孔子是中国的 Machiavelli（马基亚维里）"，所以"历代民贼每每轻视儒者，然而仍旧要尊奉孔子，正是因为孔子尊君的礼教是有利于他们的东西，孔子之所以为万世师表，其原因亦正在此"。③ 他的这一看法，自然是为了批判国民党政权。因此他呼吁："人们如果定要尊孔，也应该在孔子不言神怪的方面加以发挥，不可再提倡阻害人权民主运动、助长官僚气焰的礼教了！"④

针对陈独秀的文章，李源澄撰文阐述尊孔的意义。他首先声明："我所谓尊孔，并不是像旧来开口骂人离经叛道，闭口骂人非圣无法，把孔子当着护身符，对于孔子的人格学术全不了解那样的尊法。"⑤ 此外，他强调礼教

---

① 傅斯年. 闲谈历史教科书［M］//傅斯年文集：第 4 册. 欧阳哲生，编. 北京：中华书局，2012：77，78.

② 傅乐成. 傅孟真先生的民族思想［M］//胡适，等. 怀念傅斯年［M］. 台北：秀威咨询科技股份有限公司，2014：21.

③ 陈独秀. 孔子与现代中国［M］//任建树. 陈独秀著作选编：第 5 卷. 上海：上海人民出版社，2009：164，169，170.

④ 陈独秀. 孔子与现代中国［M］//任建树. 陈独秀著作选编：第 5 卷. 上海：上海人民出版社，2009：第 173.

⑤ 李源澄. 评陈独秀的孔子与中国［M］//李源澄著作集：第 3 册. 林庆彰，等编. 台北："中研院"中国文哲研究所，2009：1185.

并非孔子所创，而是根据中国社会特征自然而然生成的，并且"在儒家的思想当中，人君不过是社会组织上一个东西，并非超绝一切的，汉代的今文家尚能发挥天下为公的理论，韩非、李斯哪里是实行孔子的学说"①。关于孔子的历史意义，李源澄说道：

> 无论怎样反对孔子的人，终不能够抹杀孔子在当时的价值，与传播文化于后世的功绩，先圣的地位，还是存在。章太炎师在《驳建立孔教议》中，举出孔子的功绩有四点，曰"制历史，布文籍，振学术，平阶级"，又曰"世无孔子，宪章不传，学术不振，则国沦于夷狄而不复，民陷于卑贱而不升"，单就这几点来看，还可以再举出第二个人来吗？……我们在国家民族垂危之中，我们应如何发挥我们的民族精神，爱护我们的民族文化，尊崇我们的民族先知，随时随地回护我们国家民族光荣的历史，唤起我们民族的自尊心，使涣散的民族凝固起来，疲萎的民族振发起来，这是当前何等需要的工作。②

在这里，李源澄再一次援引了章太炎的学说。他提到了《驳建立孔教议》一文，主要是章太炎针对康有为在民初倡导的将孔学立为孔教之论而作，同时总结了李氏提到的孔子在中国历史上的四大功绩。值得注意的是，章氏此论，在当时并不被一些表彰儒学的人认为是在阐扬儒学。张尔田于民初孔教存废的论争中，坚持建立孔教的必要性，对于反对以宗教视儒学的章太炎，他声称："太炎文枭，陈谊高简，浑浑圜矣。虽然，真理之在天壤，如水银泻地，未必太炎为是，而沟犹督儒为非。"③ 所以及至晚年，他仍然指出："自有一般学者，不承认孔子为教祖，欲夷孔子与诸子为伍。其讲孔

① 李源澄. 评陈独秀的孔子与中国 [M] //李源澄著作集：第 3 册. 林庆彰，等编. 台北："中研院"中国文哲研究所，2009：1184.
② 李源澄. 评陈独秀的孔子与中国 [M] //李源澄著作集：第 3 册. 林庆彰，等编. 台北："中研院"中国文哲研究所，2009：1185-1186.
③ 张尔田. 孔教 [J]. 甲寅（东京），1914，1 (3)：20.

子，则杂之于道、法、名、墨之中，而于是中国文化之来源，永无明了之一日矣。"① 将章太炎之反对孔教，上升到致使中国文化来源不明的"高度"。

而恰恰从这里着眼，或许可以尝试分析李源澄为何要援引章太炎的观点。杨树达说："太炎本以参合新旧起家。"② 章氏之论孔子，基本是在承认现代政治诸伦理，如平等、社会流动、民族主义等的前提下，再来彰显孔子的价值。比如强调孔子设坛讲学，让平民子弟有入学机会；著《春秋》，形成重视历史的传统，使中国的文化与民族意识延续不断。③ 之所以如此，是因为章太炎并非率由旧章之人，他是在大体明晰源自近代西方的现代性诸面向前提下，对中国传统展开一系列新的阐释，让后者成为批判、反思现代性的理论资源，以及维系现代中国政治与文化认同的根本。而面对陈独秀对孔子的强烈批判，李源澄其实并不反对其观点背后的强烈现实指向，所以他十分在意凸显自己与那些借孔子为掩饰的政客之间的区别。④ 在此情形下，章太炎所诠释的带有平民主义与民族主义色彩的孔子形象，自然就成为李氏论证尊孔之必要性的绝佳理论资源。

四、结语

桑兵教授认为，新文化运动以来，虽然章太炎被趋新之士视为过时守旧，但他依然在国学研究领域享有极高的地位，他在晚年的一系列学术活动，为后进指示治学门径，成为聚合南北学人的一面旗帜。⑤ 在这样的大背

---

① 张尔田. 论中国文化及其宗教道德 [J]. 汉学，1944 (1)：8.
② 杨树达. 积微翁回忆录 [M]. 北京：北京大学出版社，2007：55.
③ 关于章太炎这一儒学新诠的时代意义，参见姜义华. 章炳麟评传 [M]. 南京：南京大学出版社，2002：315-322.
④ 李源澄很少在文章中详谈自己的政治立场。但在撰写于1938年的《所望于全国同胞者》一文中，李氏认为"以共产党之'抗日十大纲领'而论，谓之中华民族之抗日纲领，亦无不可"。参见李源澄. 所望于全国同胞者 [M] //李源澄著作集：第4册. 林庆彰，等编. 台北："中研院"中国文哲研究所，2009：1756。从这段话里，或许可以窥探他对于当时各党派的态度。
⑤ 桑兵. 章太炎晚年北游讲学的文化象征 [M] //晚清民国的学人与学术. 北京：中华书局，2008：225-252.

景下，章太炎在四川学界也有不小的影响力。因此，身为廖平弟子的蜀学后劲李源澄，东游吴地，加入苏州章氏国学讲习会，师从章太炎。面对章、廖之间的学术分歧，李源澄在经学方面认同廖平富于今文经学色彩的观点，即认为经自有微言大义存焉，不能完全以史视之，并就此问题与章太炎展开论辩。甚至在章氏去世之后，李源澄总结其学术特点，虽然表彰其广博的治学气象与学术思想背后的现实关怀，但依然坚持认为章氏经学具有局限性，因为他恪守古文经学路数，拒绝认可今文经学的观点。

　　不过在公共论争层面，李源澄面对胡适等人否定读经的意义、批判孔子的学说，不断撰文回应。在论证中国传统思想在当代的合法性时，他经常援引章太炎的学说，比如被章太炎改造过的"六经皆史"论，以及章氏在《驳建立孔教议》一文里对孔子贡献的总结。由此可见，李源澄对于章太炎的学说还是有所吸收的，并且活学活用，使之成为一种具有针对性的理论资源。这除了能证明李源澄确实受到章太炎的影响，以及近代中国学术流派之间的复杂关系，其实更能凸显的，或许是太炎学说在晚清民国这一思想与学术转型时代里所展示出的思想厚度与现实感。

儒学文献

马融《周官传序》疑义考证

孙思旺（湖南大学岳麓书院）

摘　要：马融《周官传序》是记述两汉间《周礼》（《周官》）授受源流的重要文献。当古今学者将其再造为更加细密的《周礼》传承史料时，出现了与马融本意及史实事理均有违忤的明显纰缪。马融所言与《周礼》命运密切相关的五家之儒，并非特指高堂生五传弟子，而是泛指今文五经诸儒，此在《后汉书》中颇有他例可征；而关于"高堂生五传"谱系，自唐以来多承北朝学者熊安生之误，少算一代弟子。马融记杜子春生平梗概，除了言明与刘歆的师弟关系之外，尚且以简明文字兼表其里居与祖籍。论者不解此义，遂疑杜氏非刘歆之"里人"，进而疑杜氏非刘歆之弟子。后世学者将郑兴、贾徽纳入杜子春弟子之列，亦是因误读马融此序以及未详考三人行年大略而致。

关键词：周官　后汉书　马融　杜子春　师传谱系

载及《周礼》（《周官》）授受源流的早期文献，以马融《周官传序》最为著名。马融生于东汉前期，去古不远，在经学领域地位极尊。《周官传序》是《周官传》一书的叙论文字，因被贾公彦《周礼疏》详细移录，遂以相对完整的篇幅流传至今。"周官传序"之名乃清人所拟，目前最为通行。除此以外，尚有称为"周官序""周官传叙"者。贾公彦移录此序，原是从全书着眼，谓其文出于"马融《传》"。盖因称名过于简略，遂使清初学者朱彝尊产生误解，以为贾疏所录文出自《后汉书·马融传》。马融《周官传序》之说备受后世推崇，此由贾公彦的大段称引可见一斑。但当古今学者将其再造为更加细密的《周礼》传承史料时，却出现了与马融本意及史实事理均有违忤的明显纰缪，从而影响到相关领域的基本判断。今试就所见疑义稍加考索，祈请方家读者批评指正。

一、高堂生五传弟子

马融《周官传序》记述《周礼》的历史命运，谓其"既出于山岩屋壁，复入于秘府，五家之儒莫得见焉"①。推敲上下文意，盖以为"五家之儒"能否见到其书，对于《周礼》的兴废行滞具有重要影响。至于"五家之儒"所指为何，汉唐注疏并没有作出专门训解。目前所见最早的针对性解释，来自托名郑樵的《六经奥论》一书②。该书化用马融之意，将行文修正为"五家之传莫得见焉"，又自出注文，谓"五家传弟子"是指"高堂生、萧奋、孟卿、后苍、大戴、小戴"③。自此以后，学者们释及"五家之儒"，大都沿用此说④。

欲考明"五家之儒"的本义，先须对"高堂生五传"稍事梳理。《六经奥论》此说，袭取自北朝学者熊安生对郑玄《六艺论》的相关解释。《六艺论》在参据班固《汉书》叙明《礼》学演进时说道："传《礼》者十三家，唯高堂生及五传弟子戴德、戴圣名在也。"⑤ 意谓《汉书》所记载的治《礼》

---

① 郑玄，贾公彦. 周礼注疏：卷首 [M]. 台北：艺文印书馆，2011：7.

② 关于《六经奥论》的成书与作者，余嘉锡《四库提要辨证》（中华书局，1980 年，第 66-71 页），杨新勋《经学蠡测》（凤凰出版社，2012 年，第 284-297 页）皆有详细论述.

③ 郑樵. 六经奥论：卷 5 [M]. 文渊阁四库全书本.

④ 毛奇龄. 大学证文：卷 2 [M]. 文渊阁四库全书本；毛奇龄. 尚书广听录：卷 1 [M]. 文渊阁四库全书本；王鸣盛. 蛾术编：卷 6 [M]. 北京：商务印书馆，1958：90；沈钦韩. 汉书疏证：卷 24 [M]. 续修四库全书：第 266 册. 上海：上海古籍出版社，2002：658；孙诒让. 周礼正义：卷 1 [M]. 北京：中华书局，2013：5；皮锡瑞. 经学通论：第 3 册 [M]. 上海：商务印书馆，1930：4；钱玄. 三礼通论 [M]. 南京：南京师范大学出版社，1996：24；刘起釪.《周礼》真伪之争及其书写成的真实依据 [J]. 古籍整理与研究，1991（6）：2；彭林. 多元一体的《周礼》治国思想 [J]. 文史知识，1991（5）：17-24；杨天宇. 郑玄三礼注研究 [M]. 天津：天津人民出版社，2007：69.

⑤ 郑玄，孔颖达. 礼记注疏 [M]. 台北：艺文印书馆，2011：11.

之家，迄今唯有高堂生及二戴的名字尚为学者所习知。郑玄在感叹学术变迁的同时，指明了高堂生与二戴的关系，即后二者是前者的五传弟子。至于中间的师授环节如何，郑玄并没有一一详陈。于是，精于三礼之学的熊安生便补充道："高堂生、萧奋、孟卿、后苍及戴德、戴圣为五也。"① 熊氏之说，被孔颖达明引入《礼记正义》，被贾公彦暗采入《周礼疏》，成为流传至今的"高堂生五传"标准谱系。这个谱系之所以流行，是因为大家有一个预设前提，即熊安生准确地理解了郑玄，同时也准确地理解了《汉书》。

然若按熊氏之说递推，则萧奋为高堂生一传弟子，孟卿为再传弟子，后苍为三传弟子，至二戴只能是四传弟子，与郑玄《六艺论》"五传弟子"云云明显不符。今考正史所载，自萧奋以下，师承关系并无争议，"孟卿事萧奋以授后苍"，后苍授"戴德延君、戴圣次君"②。由高堂生至萧奋则不然，无论《史记》，还是《汉书》，叙事皆以"而"字承接，高堂生之下为徐生，徐生之下为萧奋，萧奋之下又转回徐生之学。据《史记》记载：

> 言《礼》自鲁高堂生。……于今独有士礼，高堂生能言之。而鲁徐生善为容。孝文帝时，徐生以容为礼官大夫，传子至孙徐延、徐襄。襄其天姿善为容，不能通《礼经》。延颇能，未善也。襄以容为汉礼官大夫，至广陵内史。延及徐氏弟子公户满意、桓生、单次皆尝为汉礼官大夫，而瑕丘萧奋以《礼》为淮阳太守。是后能言《礼》为容者由徐氏焉。③（《汉书·儒林传》略同）

前辈学者于此有结论相反而同样精到的论断，兹不俱述。绎史文，可得出以下结论。其一，高堂生为汉之《礼》学祖师，汉人舍高堂生无由受其

① 郑玄，孔颖达. 礼记注疏［M］. 台北：艺文印书馆，2011：11. "苍"原作"仓"。《汉书·儒林传》或写为"后苍"，或写为"后仓"，字本通。后氏字"近君"，"莽苍为近郊之色"，故当以"后苍"为是。今统一写为"后苍"，不复一一出注。
② 班固. 汉书［M］. 颜师古，注. 北京：中华书局，1962：3615.
③ 司马迁. 史记［M］. 北京：中华书局，2014：3788-3797.

经。三国时代的史家谢承谓高堂生为秦人①，必有所据。高堂生盖与伏生一样，是学成于秦灰之前而开汉之端绪的关键人物。其二，徐生受《礼经》于高堂生，而又善于具体仪节展演。史书特意强调其孙徐襄不能通经，徐延通经而不善，恰恰可以反证徐生通经。其三，萧奋师从徐生，传其《礼经》之学。徐生的学问分为两途，一是受于高堂生的《礼经》，由萧奋传之；一是将《礼经》实践化的仪节展演，由子孙及其他弟子传之。故太史公分述徐氏子孙及萧奋以后，又合而言之，谓"后能言《礼》为容者由徐氏"。递推至戴德、戴圣，正为五传（参见下图）。由此亦可见，郑玄准确地理解了《史记》《汉书》，而熊安生却没有准确地解释郑玄。

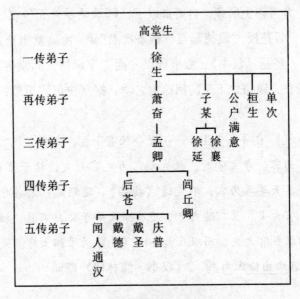

高堂生五传谱系图

郑玄《六艺论》重在言明《汉书》所记前朝礼家，仅有三位尚为当时学者所熟知，而且其中两位是另一位的五传弟子。熊安生也只是补充说明何以是五传弟子，中间的递传链条如何，尽管补充有误。自《六经奥论》以来，学者每援引"高堂生五传"，用以解释马融《周官传序》中的"五家之

---

① 司马迁. 史记 [M]. 北京：中华书局，2014：3788.

儒"，失之甚远。因为高堂生及其五传弟子并非五代人，也非五个人，而是六代十余人，无论从何种角度看，都不可能称之为"五家之儒"。

二、五家与五经家

马融所说的"五家之儒"，实是指"五经家之儒"。考诸两汉人著述，治《诗》者谓之"《诗》家"①，治《易》者谓之"《易》家"②，治《礼》者谓之"《礼》家"③，治《尚书》者谓之"《书》家"或"《尚书》家"④，治《春秋》者谓之"《春秋》家"⑤。上述习用语是分而言之，根据各部专经来指称相关治学群体。若合而言之，则又习称为"五经家""五经之家"。王充记述秦代暴政，谓"秦燔五经，坑杀儒士，五经之家所共闻也"⑥。太史公评价武帝朝《郊祀歌》，谓"皆集会五经家，相与共讲习读之，乃能通知其意"⑦。贾逵为《左氏春秋》请命，谓"五经家皆无以证图谶明刘氏为尧后者，而《左氏》独有明文；五经家皆言颛顼代黄帝而尧不得为火德，《左氏》以为少昊代黄帝即图谶所谓帝宣也"⑧。郑众解诂《周官》，谓男爵封疆"方百里"，食租"方五十里"，"与今五经家说合"⑨。由贾逵、郑众之言尤能看出，"五经家"一词通常用来特指今文五经之家，因为与之对举的《左氏春秋》《周官》皆属于古文学。

"五家"实可视为"五经家""五经之家"在特定语境中的省文。马融

---

① 郑玄，贾公彦. 周礼注疏［M］. 台北：艺文印书馆，2011：487-489；王充. 论衡［M］. 上海：商务印书馆，1939：138-299.
② 司马迁. 史记［M］. 北京：中华书局，2014：3761；班固. 汉书［M］. 颜师古，注. 北京：中华书局，2014：2913，3599，3601；王充. 论衡［M］. 上海：商务印书馆，1939：138；荀悦. 汉纪：卷27［M］. 北京：中华书局，2002：475.
③ 郑玄，贾公彦. 周礼注疏［M］. 台北：艺文印书馆，2011：67，99，130，132，386；论衡［M］. 上海：商务印书馆，1939：138.
④ 王充. 论衡［M］. 上海：商务印书馆，1939：138，199，202，203，299.
⑤ 王充. 论衡［M］. 上海：商务印书馆，1939：138.
⑥ 王充. 论衡［M］. 上海：商务印书馆，1939：137.
⑦ 司马迁. 史记［M］. 北京：中华书局，2014：1400.
⑧ 范晔. 后汉书［M］. 李贤，等注. 北京：中华书局，1965：1237.
⑨ 郑玄，贾公彦. 周礼注疏［M］. 台北：艺文印书馆，2011：155.

《周官传序》的这种用法，《后汉书》颇有相近例证，只可惜也遭受了类似误解。《贾逵传》云：

> 逵悉传父业，弱冠能诵《左氏传》及五经本文，以大夏侯《尚书》教授。虽为古学，兼通五家、《穀梁》之说。

李贤注以为："五家，谓尹更始、刘向、周庆、丁姓、王彦等，皆为《穀梁》，见前书也。"① 后世学者受其影响，多将"五家"与"穀梁"连读，认为贾逵兼通的是《穀梁春秋》的五家说解。然翻检《汉书·儒林传》可知，此五人只是甘露年间参加《公》《穀》辩论的《穀梁》派代表，当时《公羊》派也选定了五人。参加一时论辩，并不等于学术上自成一家。因为班固在下文明确提到，"由是《穀梁》有尹、胡、申章、房氏之学"，四家而已，且只有尹更始在李贤注所列的五人名单之中②。更何况从传承谱系看，学术地位比周庆、丁姓、王彦更为重要的《穀梁》学者比比皆是。由此可见，李贤注之说并不符合《穀梁》学的历史状况，不过是误读史文之后的强行附会罢了。

实际上，范晔所说的"五家"，正是传主贾逵为《左氏春秋》请命时所说的"五经家"，亦即得置博士的今文五经之家，它和下文"穀梁"二字要顿断开来，读为平行的两词。考诸《后汉书》本传，除了教授大夏侯《尚书》之外，贾逵又先后奉帝命撰集《左氏》长于《公羊》《穀梁》之处，以及欧阳《尚书》、大小夏侯《尚书》与古文《尚书》的同异，齐《诗》、鲁《诗》、韩《诗》与毛《诗》的同异③。足见他在好古学的同时，兼通今文五经之说。范晔之所以把《穀梁》单摘出来，与古学、五家分述并举，是因为《穀梁》属于今文学，不在贾逵所好"古学"之列；而在贾逵所处的东

---

① 范晔. 后汉书 [M]. 李贤，等注. 北京：中华书局，1965：1235. 王彦，《汉书》写为王亥。
② 班固. 汉书 [M]. 颜师古，注. 北京：中华书局，2014：3618，3620.
③ 范晔. 后汉书 [M]. 李贤，等注. 北京：中华书局，1965：1236，1239.

汉时期,《穀梁》未立于学官,又不在"五家"之列。因此,范晔乃谓贾逵虽好古学,兼通五家及《穀梁》之说。

《后汉书》的另一则相近之例,是汉明帝刘庄的著作题名。《桓郁传》云:"帝自制《五家要说章句》,令郁校定于宣明殿。"李贤等人注解道:"华峤书曰'帝自制《五行章句》',此言五家,即谓五行之家也。"① 以"五行之家"作训,甚为不辞。实则此"五家"仍是指"五经家",明帝所章句者当为五经家之要说。《东观汉记》云:

> 郁以永平十四年为议郎,迁侍中。上自制《五家要说章句》,令郁校定于宣明殿。……其冬,上亲于辟雍自讲所制《五行章句》已,复令郁说一篇。上谓郁曰:"我为孔子,卿为子夏,起予者商也。"②

据此可知,《五行章句》实为《五家要说章句》中的一篇。明帝为太子时,曾从桓郁的父亲桓荣受今文《尚书》,而五行是《洪范》九畴之一,诚属《尚书》学之"要说"。桓郁是《五家要说章句》的"校定"人,接下来由他奉命讲说的一篇,恐怕也来自此书,因此明帝才有孔子、子夏之喻。从这个毫不谦虚的比喻来看,他的研讨对象也应当是五经而非仅限于五行。《东观汉记》陆续修成于东汉,西晋华峤嫌其"烦秽",乃据以改作《汉后书》,范晔撰《后汉书》又以《东观汉记》《汉后书》为取材对象。由此递推,华峤、范晔的记述恐怕皆是据《东观汉记》删削而成,华峤删取辟雍讲学部分,故所记为《五行章句》篇名;范晔删取撰书校书部分,故所记为《五家要说章句》书名。华、范二家各取一隅,本不矛盾,李贤注乃将所讲之篇混同于所撰之书,又进而将"五家"穿凿为"五行之家",可谓谬矣!

自汉武帝表章六经、独尊儒术,五经诸儒,尤其是此间得立于学官的今文五经诸儒,掌握了思想话语权。如果一部意识形态领域的新见之书,得不

---

① 范晔. 后汉书 [M]. 李贤,等注. 北京:中华书局,1965:1255.
② 刘珍. 东观汉记 [M]. 文渊阁四库全书本.

到五经诸儒的关注和认可，其学术命运也就可想而知。因此，马融便把《周官》既出山岩屋壁以后的长期落寞，归咎于此书复入秘府，"五家之儒莫得见焉"。此处所说的"五家"，即是汉明帝《五家要说章句》书名所题的"五家"，亦即范晔所记贾逵兼通其说的"五家"，指的实为今文五经之家。

三、杜子春的里居、祖籍与师承

刘歆晚年为配合王莽的政治行动，逐步将治学重心转向《周官》，所收门人弟子为数自不在少。但到"新"朝覆灭前夕，他卷入了一场针对王莽的政变计划，不久因事情败露而被迫自杀①。刘氏弟子既受牵连，复逢乱世，辗转而死于沟壑者甚众，能传其《周官》之学的幸存之人，惟杜子春最为后亡。马融记述道：

> 奈遭天下仓卒，兵革并起，疾疫丧荒，弟子死丧，徒有里人河南缑氏杜子春尚在，永平之初，年且九十，家于南山，能通其读，颇识其说，郑众、贾逵往受业焉。②

据上述引文，杜子春实为两汉之间《周官》学授受的关键环节，只可惜范晔《后汉书》竟无一言及于此人。对于马融的记述，古人容或有断句释义的分歧，但大都建立在信任的基础上。至王葆玹先生《今古文经学新论》出，始对关键信息的准确性产生怀疑。

王葆玹先生首先推断说，杜子春仅是刘歆的"里人"而非受业弟子，否则马融又何必在杜氏籍贯前加此二字？其次则指出，即便"里人"二字，亦值得怀疑，因为刘歆祖籍沛县，生长于长安，而杜子春却是河南缑氏人，距离甚远，无从"同里"而居。王氏试图整理出一条与刘歆一系平行的《周

---

① 班固. 汉书 [M]. 颜师古，注. 北京：中华书局，2014：4184-4185.
② 郑玄，贾公彦. 周礼注疏 [M]. 台北：艺文印书馆，2011：7.

官》传承谱系，所以他对杜子春身份的怀疑不免受了这一研究主旨的影响①。此后，三礼学名家杨天宇先生又有进一步辨析，他认为王氏对刘、杜"同里"关系的否定极为正确，但对刘、杜"师弟"关系的否定却是"疑所不当疑"，"因为马融《传》上下文的意思十分明白，说刘歆'弟子死丧，徒有……杜子春尚在'，这就清楚地说明杜子春是刘歆弟子的仅存者，正常的理解是不应产生歧义的"②。就刘、杜师弟关系而言，杨天宇先生的梳理更合乎文法惯例。问题在于，王、杨二氏对马融所述其他信息的解读是否合理？比如，二人皆认为刘、杜"同里"关系不成立，"里人"云云乃是误说。

某为某的里人，其实可以有两种语境。一种是占籍地或祖居地相同的"同里"关系，近似于现在所说的老乡。司马迁说刘邦为沛县丰邑"中阳里人"，而卢绾"与高祖同里"，即是用此义③。刘邦虽是沛人，其同父弟刘交的五世孙（连身计）刘向，以及他本人的九世孙（连身计）刘秀，却很难说也是沛人。这种情况，大概要遵循"别子为宗"的原则。刘交被封为楚王，都彭城，其后嗣子孙自为彭城人，史家记述刘向籍贯即循此例。刘秀这一支，出自景帝之子长沙定王刘发，但刘秀的高祖父刘买并非承嗣之子，别封为舂陵侯，而舂陵国的封地在刘买之孙刘仁（即刘秀的从祖父）这一代，带着"舂陵"的名字，搬迁到南阳郡蔡阳县白水乡，故《后汉书》径据舂陵侯一系，将刘秀书为"南阳蔡阳人"④。史书也说光武帝刘秀和成武孝侯刘顺"同里闬"⑤，此"同里"自然与沛县丰邑无关，而是"新祖居地"蔡阳舂陵的"同里"。所以即便从祖居地相同的意义上，考察刘向、歆父子与他人的"同里"关系，也不可能将地点定于沛之丰邑，而只能定于楚之彭城。当然，就彭城而言，刘、杜二人仍非"同里"。

另一种语境则是寄居地或现居地相同的"同里"关系，近似于现在所说

---

① 王葆玹. 今古文经学新论 [M]. 北京：中国社会科学出版社，1997：153-154，152，156.
② 杨天宇. 郑玄三礼注研究 [M] 天津：天津人民出版社，2007：88.
③ 司马迁. 史记 [M]. 北京：中华书局，2014：435，3197.
④ 范晔. 后汉书 [M]. 李贤，等注. 北京：中华书局，1965：1，560.
⑤ 范晔. 后汉书 [M]. 李贤，等注. 北京：中华书局，1965：566.

的邻居。当时仕宦于长安的官员，得赐"甲第"者毕竟为数有限，大部分仍须杂居里中，由里门出入。汉景帝中元六年（前 144）诏云：

> 夫吏者，民之师也，车驾衣服宜称。吏六百石以上，皆长吏也，亡度者或不吏服，出入间里，与民亡异。令长吏二千石车朱两轓，千石至六百石朱左轓。车骑从者不称其官衣服，下吏出入间巷亡吏体者，二千石上其官属，三辅举不如法令者。①

可见高官与平民同居一里乃是常见现象，而且做官的居民也并不想凸显等级差异，以至于朝廷不得不制定专门的规章加以约束。以常情揣度，这些官员恐怕大部分都不是长安土著。瞿宣颖先生指出："汉时仕宦之家，多愿留居长安，不复归里。"② 著名的"万石君"石奋，原系赵人，后徙居长安"戚里"，后又徙居"陵里"。陵里显然是他的现居地，而非祖居地，陵里诸邻人也多为平民，这从他的儿子内史石庆驱车入里门，吓得"里中长老皆走匿"可以看出③。

所谓"里人杜子春"，正应该置于第二类语境下进行解读。杜子春在汉明帝永平（58—75）之初"年且九十"，根据其中一个特别年份永平二年（59）逆推④，当生于汉成帝建始三年（前 30）左右，与刘向尚有二十余年的生涯重合期。刘向、歆父子长宦于京师，自须在长安拥有居所。从其资历来看，刘向官止于中垒校尉，刘歆在汉平帝以前也只是略为贵幸而已⑤。因此，其父子宅邸当如万石君一般，杂处于里中。河南缑氏只是杜子春的祖居地，马融既说他是刘歆"里人"，自然其现居地不在缑氏而在长安。换言之，与刘歆同处长安一里而又从之问学。后来刘歆因政变不遂而自杀，长安也迭经

---

① 班固. 汉书 [M]. 颜师古，注. 北京：中华书局，2014：149.
② 瞿宣颖. 中国社会史料丛钞：甲集 [M]. 上海：上海书店，1996：379.
③ 司马迁. 史记 [M]. 北京：中华书局，2014：3345，3348.
④ 因为此年发生了一些重要事件（详见下节），而且上去永平元年、下去永平三年皆只一年，作为"永平初"误差可以忽略不计。
⑤ 班固. 汉书 [M]. 颜师古，注. 北京：中华书局，2014：1966-1967.

更始、赤眉之乱，所以无论为避株连也好，还是为避兵燹也好，杜子春离开了长安里居，遁入相去不远的终南山，此即马融下文所述"家于南山"是也。

巧的是马融也与终南山有不解之缘。当初大学者挚恂隐居于此，"以儒术教授"，马融"从其游学，博通经籍"，挚恂"奇融才，以女妻之"①。马融盘桓终南山既久，则某处为前贤杜子春居所，及其生平行事若何，自当谙熟于胸。加之马融是《周官》的拥趸，服膺刘歆之学，而杜子春则是刘歆《周官》学的正宗传人，所以当他序次《周官》源流之时，遂特地表出杜子春这一关键环节。这和郑玄在同类文字中，特地表出二郑"同宗之大儒"②，有异曲同工之妙。

接下来的问题是，马融所说的徒有杜子春尚在，究竟是据何时而言？论者多承上文而释，据字面求之，以为是指在新莽、更始间的乱世中，弟子死丧殆尽，惟杜子春硕果仅存。但若这样理解的话，某些活跃于东汉初年的老一辈《周官》学者，如郑众的父亲郑兴，便不好在谱系内归宗了，论者只能借助于新表述或者新诠释，将这些抵牾处强行凿通。其实应该连下文而释，据文意求之。马融的本意乃是说，刘歆弟子或摧折于乱世，或老死于建武之间，至永平初惟杜子春尚在，年且九十。在此前提下，东汉初年《周官》学的传承谱系不难排定，所涉史料问题亦不难疏通。为便于观览，其始末缘由且容下文论之。

四、二郑、二贾与杜子春之关系

据马融记载，杜子春晚年定居终南山，永平之初，"郑众、贾逵往受业焉"。但到了陆德明撰次《经典释文》时，却对这些信息作了相当程度的改写："河南缑氏杜子春，受业于歆，还家以教门徒。好学之士郑兴父子等，多往师之。"③ 看来从陆德明开始，便未厘清祖居地与现居地的区别，误以为杜子春西入关受业，学成后又东归河南缑氏。陆氏还特意注明郑兴父子为河南人，大概以同郡相师视之。其实杜子春终老关中，所谓"往受业""往

① 范晔. 后汉书 [M]. 李贤，等注. 北京：中华书局，1965：1953.
② 郑玄，贾公彦. 周礼注疏 [M]. 台北：艺文印书馆，2011：8.
③ 陆德明. 经典释文 [M]. 上海：商务印书馆，1936：35-36.

师"，自然是前往终南山杜氏居所问学。更为明显的变化，则是对受业弟子的记载。贾逵被省略到"等"字之中，这倒无关紧要，关键是郑众的父亲郑兴也被纳入杜门弟子之列。

由于历史上颜路、颜回父子以及曾点、曾参父子皆曾同师孔子，所以陆德明的二郑同师杜子春之说，几乎没有引起任何异议。到了南宋遗民陈友仁增辑《周礼集说》时，又把贾逵的父亲贾徽也拉到队伍中来，构建出二郑、二贾同师杜子春的新谱系。《周礼集说》的观点，当是因"完善"所钞之书而衍生的误说（见下表）。形式相近的表述，先见于章如愚《群书考索》、王应麟《玉海》。考其生平，章如愚庆元二年（1196）登第，王应麟淳祐元年（1241）登第，前者早了 45 年①。王应麟、陈友仁皆以宋人生入元代，王氏《玉海》成稿于宋时，然生前"藏于家"，未"示学者"，陈氏《周礼集说》增定于元时，却是"因宋人旧本"纂辑而来②。两者之间未必相袭，但在特定说法上，可能都受了章如愚《群书考索》的影响。只不过王应麟修正了章氏的某些错误，而陈友仁则额外增加了某些错误。

人物	观点③
章如愚	徒有河南缑氏及杜子春在，颇识其说。<u>贾徽及子逵，郑兴及子众（大夫者兴也，司农者众也），又以经书转相证为解。</u>
王应麟	惟河南缑氏杜子春在，颇识其说。<u>贾徽及子逵，郑兴及子众，又以经书转相证为解。</u>
陈友仁	彼有里人河南缑氏杜子春尚在，……颇识其说。<u>贾徽及子贾逵，太中大夫郑兴及子大司农众，往传其业，又以经书记转相证明为解。</u>

① 吴师道. 敬乡录：卷 13 [M]. 文渊阁四库全书本；脱脱等. 宋史 [M]. 北京：中华书局，1977：2987.
② 王应麟. 玉海 [M]. 京都：中文出版社，1977：6；永瑢，等. 四库全书总目 [M]. 台北：艺文印书馆，2004：407.
③ 章如愚. 群书考索：前集卷 4 [M]. 文渊阁四库全书本；王应麟. 玉海 [M]. 京都：中文出版社，1977：769；陈友仁. 周礼集说：卷首 [M]. 文渊阁四库全书本。

章如愚、王应麟之说，实际上也是参据众书，在马融之说的基础上改写而成。除了因袭《隋志》将缑氏误为人名以外，章氏其余部分的处理，倒比陆德明更为允妥。章、王二人皆将无争议的师承关系，亦即郑众、贾逵受业杜子春，从这段连贯叙事中摘出，另具于下文或注文之中，从而只在此言明东汉初年《周官》学的治学群体及治学特色，不涉及贾徽、郑兴与杜子春在《周官》传承系中的具体关系。陈友仁显然没有体会这层深意，加之受陆德明之说的潜在影响，乃于二贾、二郑父子之后补书"往传其业"一语。于是《周官》的传承谱系，遂由马融所说的杜子春传郑众、贾逵，一转而变为陆德明所说的杜子春传郑兴父子等人，再转而变为陈友仁所说的杜子春传郑兴父子与贾徽父子。

陈友仁的二郑、二贾同师杜子春之说，在明代有不少同调知音，像郭子章《圣门人物志》、王应电《周礼翼传》、柯尚迁《周礼全经释原》、章潢《图书编》等皆主此义。除此以外，尚有其他多种主张，诸如郑兴、郑众、贾逵同师杜子春，郑兴、郑众、卫宏、贾逵同师杜子春，郑众师杜子春而其父郑兴间接得其学等等。这些主张的产生，归根结底导源于同一个问题，即郑众、贾逵父辈的《周官》学从何而来？如果把马融的相关记述，理解为更始前后刘歆《周官》传人惟杜子春仅存，那么郑兴之辈的《周官》学，似乎只能得自杜子春。笔者在前节已经指出，马融之意应当理解为，至明帝永平之初，惟杜子春尚存；而此前在光武帝建武年间，其他的《周官》名家均已先后殁去。接下来且次第加以说明。

先看郑兴的生卒年。前文提到，杜子春生于汉成帝建始三年（前30）左右。郑兴的年辈恐不少于杜氏。据《后汉书》记载[1]，郑兴"少学《公羊春秋》，晚善《左氏传》"，"同学者皆师之"；至王莽天凤（14-19）中，又率领门人弟子"从刘歆讲正大义"。足见天凤以前，郑兴已经成名，且其年齿已能用"晚"字形容。若按与杜子春同庚推算，郑兴至天凤元年（14），也才45岁左右，犹未为"晚"。《礼记》"四十曰强""五十曰艾"，

---

① 范晔. 后汉书［M］. 李贤，等注. 北京：中华书局，1965：1217，1223.

"艾"字才有"老""晚"之意。故杨震年届五十不仕,"众人谓晚暮";孔子年过五十究心《易》学,太史公谓之"晚而喜《易》"①。由此看来,郑兴的年龄恐怕要比杜子春稍大一些。从郑兴最末的仕宦经历看,建武十二年(36)留屯成都,不久因罪左迁莲勺令,"会以事免"。此时当已年过七旬。其后不肯应三公之辟,"客授阌乡",多少有年龄的因素在。《后汉书》每云郑兴"建武初""为学者所宗","建武中""传《春秋》左氏学"②。由此逆推,郑兴当卒于建武中后期,得寿在八旬左右。郑兴卒后,其子郑众始往师杜子春。

次看贾徽的生卒年。贾徽的祖父贾光曾任常山太守,汉宣帝本始元年(前73),"募郡国吏民訾百万以上徙平陵",贾光遂"以吏二千石自洛阳徙焉"③。《陌上桑》罗敷自夸夫婿"四十专城居",可见四十为郡守洵属骏足。贾光之任郡守,实在宣帝以前,至本始元年当在四十岁以上。姑宽而言之(否则贾徽生年更早),假定贾光本年生子,其子又四十岁而生贾徽,则贾徽之生正当汉元帝建昭五年(前34),与郑兴、杜子春差相仿佛。贾徽曾为"后汉颍阴令",其子贾逵生于光武帝建武六年(30)④。或疑贾徽六旬左右生子,略显离奇。其实考诸史册,正有足资佐证的记载。据王嘉《拾遗记》舌耕故事⑤,贾逵五岁时,其姊(也未必是长姊、同母姊)嫁为韩瑶妇者,因未能生子而被遣归,而能不能生子或者要不要遣归,又需要经历婚后若干年的验证。即此足明姊弟二人年龄差距甚大,贾逵乃贾徽晚年所得子。不特

① 袁宏. 后汉纪 [M]. 北京:中华书局, 2002:333;司马迁. 史记 [M]. 北京:中华书局, 2014:2346.《论语·述而》云:"加我数年,五十以学《易》,可以无大过矣。"太史公将"加我数年"释为"假我数年",亦即借我数年,令我早一点(在五十岁时)学《易》的意思。据此则孔子年过五十始学《易》。自皇侃《论语义疏》以来,多将"加我数年"解释为"再过数年",远不如太史公之说允洽。
② 范晔. 后汉书 [M]. 李贤, 等注. 北京:中华书局, 1965:1230, 2587.
③ 班固. 汉书 [M]. 颜师古, 注. 北京:中华书局, 2014:239;范晔. 后汉书 [M]. 李贤, 等注. 北京:中华书局, 1965:1234.
④ 陆德明. 经典释文 [M]. 上海:商务印书馆, 1936:44;范晔. 后汉书 [M]. 李贤, 等注. 北京:中华书局, 1965:1240.
⑤ 王嘉. 拾遗记 [M]. 北京:中华书局, 1981:154.

如此，《后汉书》说贾逵"自为儿童时，常在太学，不通人间事"①，而《拾遗记》则谓贾逵自五岁起，多由其姊抱于篱间听邻人读书，又家极贫困，徒赖贾逵"舌耕"得济。倘其父尚在，自当自教其子，又不当令幼子"舌耕"养家。《拾遗记》文虽夸诞，必有合理的史实骨架在。总上而言，颇疑贾徽在建武十年（34）前后便已辞世，得寿应在七旬上下；当时贾逵年纪尚幼，所谓"自传其父业"，只能理解为传其父之遗业。

次看郑兴、贾徽的《周官》学来源。贾徽的学问来源最好判定，因为范晔《后汉书》记载得很明确，谓其"从刘歆受《左氏春秋》，兼习《国语》《周官》，又受古文《尚书》于涂恽，学毛《诗》于谢曼卿"②。由文法常识不难推知，《左氏春秋》《国语》《周官》三门学问皆受自刘歆一人。郑兴的学问来源也容易判定，《后汉书·杜林传》谓"河南郑兴……长于古学，兴尝师事刘歆"③，《郑兴传》则谓"兴好古学，尤明《左氏》《周官》，长于历数"，又谓"歆美兴才，使撰条例、章句、训诂及校《三统历》"④。比读可知，郑兴的《左氏》《周官》及历数之学，也皆有刘歆的师门渊源。既然郑兴、贾徽作为刘歆的《周官》传人，至建武中期、前期仍然在世，那么，对于马融"徒……杜子春尚在"一语，显然就不能理解为地皇、更始乱世间惟杜氏仅存，而应连下文理解为永平初惟杜氏仅存。

次说永平初这一关键节点。永平之初，杜子春年且九十，行将就木，何以延至此时，郑众、贾逵才前往终南山受业？马融诚然以终南山之故，知晓杜子春生平梗概，但又为何单表其永平初年寿，而非其他诸如卒年抑或享年？汉明帝永平二年，发生了几件影响深远的大事，其与本文所论相关者有二。一是"初诏有司采《周官》《礼记》《尚书·皋陶篇》"定舆服之制⑤，《周官》又成了朝廷信赖的重要文献。二是"初行大射礼""初行养老礼"

---

① 范晔. 后汉书 [M]. 李贤，等注. 北京：中华书局，1965：1235.
② 范晔. 后汉书 [M]. 李贤，等注. 北京：中华书局，1965：1234.
③ 范晔. 后汉书 [M]. 李贤，等注. 北京：中华书局，1965：936.
④ 范晔. 后汉书 [M]. 李贤，等注. 北京：中华书局，1965：1223，1217.
⑤ 司马彪，刘昭. 续汉书志：舆服上 [M] //后汉书. 北京：中华书局，1965：3663.

于辟雍，"郡、县、道行乡饮酒于学校"①，大兴隆师重道、尊事耆宿之风。与此次养老礼有关的仪节制度大致如下：在中央，明帝以事父之道礼敬"年耆学明"的"三老"李躬，以事兄之道礼敬他的《尚书》老师"五更"桓荣，而当养老礼毕，又以弟子礼"执经自为下说"，以事师之道事桓荣②；在地方，由国家班赐天下"三老"酒肉，有司存问耄耋③。因此，在永平二年，杜子春的年寿和学问便成了备受学人关注的焦点。朝廷重《周官》而杜子春最为老宿，其他名家如郑兴、贾徽等早已先后凋零；初行养老礼而杜子春年且九十，自在有司存问之列。在此背景下，郑众、贾逵前往终南山，师从通《周官》的高寿学者杜子春，无疑正当其时。

综上可知，郑兴、贾徽、杜子春皆曾从刘歆问学，郑、贾二人长于《左氏》，兼习《周官》，杜子春则主攻《周官》；三人年辈相仿，而以杜子春最少；郑兴、贾徽皆卒于建武之间，杜子春则至永平初尚存；郑众、贾逵各传父业，至永平初，又在由国家政策引发的时代风潮的推动下，前往终南山，师从"耄耋"老儒杜子春受《周官》之学。

五、结语

马融叙次两汉间《周官》授受源流，系以东汉中期之人记述"近代"史事，其内容颇有足多之处，间有是非曲直，亦不难论定。他将《周官》既出山岩屋壁以后的长期落寞，归咎于"五家之儒莫得见焉"，不免有曲笔回护之意。然而他所借助的托词，却完全符合当时的社会现实。自汉武帝表章六经、独尊儒术，今文五经之家掌握了思想话语权，五经之家诵习与否，确实会对某种学说的流传产生较大影响。论者将实指今文五经诸儒的"五家之

① 范晔. 后汉书 [M]. 李贤，等注. 北京：中华书局，1965：102；续汉书志：礼仪上 [M] //后汉书. 北京：中华书局，1965：3108. 此"初行"是指东汉之"初行"。东汉所行养老礼与西汉不同，西汉三老要答天子之拜，东汉则不答拜，尊老之意更笃，详见《续汉书志》刘昭注所引谯周《五经然否》（《后汉书》第 11 册，第 3109 页）。
② 范晔. 后汉书 [M]. 李贤，等注. 北京：中华书局，1965：102、1253.
③ 范晔. 后汉书 [M]. 李贤，等注. 北京：中华书局，1965：103.

儒"，解释为研授《仪礼》的高堂生五传弟子，乃是受后世"三礼"观念影响而产生的误说，不仅未勘破马融的具体托词，也忽略了此托词所反映的社会现实。而关于"高堂生五传"谱系，自唐孔颖达、贾公彦以来，也多承北朝学者熊安生之误，少算一代弟子。马融所说"里人河南缑氏杜子春"云云，系兼表杜子春的里居与祖籍，意谓河南缑氏人杜子春与刘歆同居长安某里而又从之问学。论者不解此义，遂疑及马融叙事的可信度，进而疑及刘歆、杜子春的师承关系。郑众之父郑兴、贾逵之父贾徽与杜子春的《周官》之学，皆受自刘歆。郑兴、贾徽卒于东汉建武年间，至永平初惟杜子春硕果仅存。论者未暇考三人行年大略以及马融上下文意，误以为地皇、更始兵戈扰攘之际，刘歆弟子惟杜子春幸存世间，遂将活跃于东汉初的《周官》学者郑兴、贾徽，误置于杜门弟子之列。

明代《孝经》学著述叙录（二）*

田君（四川大学古籍整理研究所）

汪昕（四川传媒学院有声语言艺术学院）

摘　要：沈淮《孝经会通》欲复经文之旧貌，以朱熹、吴澄为宗主，却又不立经传、不分章第，止列先后次序。朱鸿《孝经质疑》于《孝经刊误》不取苟同，于《孝经定本》亦质疑阐述焉。孙本《孝经释疑》持论有据，非空言性理者可比，然尊信古文，则回护太过。江元祚《孝经考》阐发孝旨，不啻《孝经》流传简史，列举今古文原委，叙述石台《孝经》渊源，尤于汉代《孝经》之社会影响，所论言简易赡；江氏《孝经集文》系历代孝论文选，尤以明人序跋为主，以藏书家之便利，广搜博讨，以读书家之识见，集文汇辑；江氏《今文孝经直解》全用口语解经，颇似话本；江氏《孝经汇注》所引据原书，已罕见传本，于保存明代《孝经》学说解，亦可谓有功矣。杨起元《孝经注》另起炉灶，删除章名，屏绝旧注，以体验哲学，释人伦之理，立论别具新意。

关键词：《孝经》学　明代学术史　明道救世　叙录

* 本文为国家社科基金项目"先秦乐道思想体系与文献研究"（15XZX010）、贵州省哲学社会科学规划国学单列课题"周秦儒学文献史稿"（17GZGX29）、四川大学创新火花项目库项目"隋唐五代巴蜀诗词文辑考"（2018hhs-17）、四川大学中国语言文学与中华文化全球传播学科群建设专项经费项目"儒学文献溯源：旧史经典化与经典儒学化"（XKQZQN010）阶段性研究成果。

一、《孝经会通》一卷，（明）沈淮述，明江元祚辑《孝经大全》本

沈淮，生卒年不详，字澄伯，明杭州府仁和县（治今浙江杭州市）人。据《四库全书总目·别集类存目·三洲诗脍》提要①，为嘉靖二十六年（1547）进士，又据《孝经会通序》，曾官南京通政使司右通政、太常寺少卿。主要著述有《孝经会通》《三洲诗脍》等。

观是书体例，以朱熹《孝经刊误》、吴澄《孝经定本》为宗主，却又不立经传、不分章第，止列先后次序，按沈氏之意，欲复经文之旧貌也。沈氏《孝经会通序》解题曰"孝者，百行之本、万善之原也；经者，万世不易之常道也；会通者，会诸家之说而求其通也"，"上探孔曾之心，下寻朱吴之绪，冒为订次，列'凡例''目录'以见意"②，按其自序所述，当有删选诸家经说，评点取舍，以求通达经义者，今唯见卷首"凡例""目录"，经文连贯，依次排列，未见评点诸家经说，盖辑录者遗之耶，抑或弃而不取耶，原本佚失，惜不可考。是书纂述宗旨，皆以尊经崇孝为鹄的，诚如陈师《后序》曰"余则以为，诸儒为论不同，其尊经一也，欲人务本以崇孝，其心一也"，所论得之矣。

有明万历朱鸿辑《孝经总类·申集》本、明崇祯江元祚辑《孝经大全·辰集》本。

二、《孝经质疑》一卷，（明）朱鸿撰，明江元祚辑《孝经大全》本

朱鸿，生卒年不详，字子渐，明杭州府仁和县（治今浙江杭州市）人。万历年间诸生。据郭子章跋语，万历十八年（1590），朱氏年八十。生平极敬慎，治学以《孝经》为宗，主要著述有《孝经质疑》《孝经集灵》《孝经总类》《经书孝语》等。《孝经总类》诸序跋，可供参考。

---

① 永瑢，等. 四库全书总目：卷 177 ［M］. 北京：中华书局，1965：1595.
② 笔者按：本文关于《孝经》诸著述，详列所据古籍版本于每条之末，则涉及引用原文者，为简明计，皆不出注，下文同。

《明史·艺文志》著录朱氏是书，久不见传世刊本，今于《孝经总类》见之，《总类》适由朱鸿纂辑，所收《质疑》，实系作者手订，版本最为可靠。卷首有褚相所作序文《孝经本文一说》，其论说核心在于"德莫大于尽孝，孝即良知良能"，此乃明儒说经风尚，褚序又曰"惟朱君子渐，本文卷，即心揆理，直探孔曾之遗文，辨惑质疑，悉祛穿凿之陋习，是崇正之一机也。故予亦漫为本文一说，以求质于渐"，评价颇高。观是书正文，所谓"质疑"，非疑经也，所质疑者为后世改经，于序次分合、先后异同之际，阐述己见。如朱氏曰"朱子一十四章，其传之先后，皆取首章经句为准，恐未必夫子意也。观《大学》曰'右经一章'，盖孔子之言而曾子述之，'其传十章'，则曾子之意而门人记之也，以此分为经传甚妥，今皆孔子之言，前定为经、后定为传者何也？朱子因悉去诸儒题名章第，恐后人议为己见而悉删之，故以圣人之言立传以释经，庶可免此议耳。但《孝经》一书，前后俱孔子之言，未闻有某章释某句之语，今不若只复孔曾之旧，更洁净精微，意趣无穷，又何他虑"。于朱熹《孝经刊误》，朱氏不取苟同，于吴澄《孝经定本》，亦质疑阐述焉，其"质疑总论"曰"鸿于是宵夜以思，而管窥蠡测"，"乃得当时孔曾例言之旨，与后世次序分合、先后异同之原"，实事求是，可谓好学深思者矣。

有明万历朱鸿辑《孝经总类·巳集》本、明崇祯江元祚辑《孝经大全·酉集》本。

三、《孝经释疑》一卷，（明）孙本撰，明江元祚辑《孝经大全》本

孙本，生卒年不详，字初阳，明杭州府钱塘县（治今浙江杭州市）人。嘉靖二十五年（1546）举人，曾官深州知州。主要著述有《古文孝经说》《古文孝经解意》《孝经释疑》等。《经义考》卷二三〇、《浙江通志》卷一三八可参。

是书又称《孝经辨疑》，凡十八条，设问答疑，详为考释。孙氏笃信古文，如"辩今古文增减字义"条，曰"古文以孔氏之经出孔氏之壁，如之何可增减也，愚考今文首章'仲尼居'无'闲'字，'曾子侍'无'坐'

字，'子曰'下无'参'字，'自天子至于庶人'无'已下'字。夫'居'不能兼'闲'义，'侍'不能兼'坐'义，若除此二字，则夫子坐、曾子立矣，何能从容论议至千八百余言以尽孝之蕴邪？呼曾子之名而告之，正谓以《孝经》属参也。'自天子至于庶人'与他书不同，他书皆是泛言，此则有'已下'二字，正指前所谓诸侯、卿大夫、士，非泛言也。后章'各以其职来祭'无'助'字，言'助祭'者，别于主祭也"云云，诸如此类，所论持之有据，可备一说，非空言性理者可比。然其间亦有谬误之处，如"古文流传本末"条，曰"此唐司马贞欲削《闺门章》为国讳，不得不以古文为伪，故驾是说以欺压同议，使漫无可考，得以恣其诞尔"，《四库全书总目·孝经类·孝经正义》提要曰"明孙本作《孝经辨疑》，并谓唐宫闱不肃，贞削《闺门》一章乃为国讳。夫削《闺门》一章，遂启幸蜀之衅，使当时行用古文，果无天宝之乱乎？唐宫闱不肃诚有之，至于《闺门章》二十四字，则绝与武、韦不相涉。指为避讳，不知所避何讳也"①，四库馆臣归谬甚辨，尊信古文，回护太过，洵孙氏之失也。

有明崇祯江元祚辑《孝经大全·酉集》本。

四、《孝经考》一卷，（明）江元祚撰，明江元祚辑《孝经大全》本

江元祚，生卒年不详，字邦玉，号横山，明杭州府钱塘县（治今浙江杭州市）人。喜诗文，隐居乡里，不为仕禄。尝筑草堂于西溪横山，建藏书楼曰"拥书楼"，其先世庋藏及平生所购，多古本未见之书，为明末著名藏书家。主要著述有《横山草堂记》《除夕山居》，纂辑《孝经大全》《续玉台文苑》等。《横山草堂记》、厉鹗《樊榭山房集》卷八《拟游横山不果回舟有作》注，可供参考。

江氏所辑《孝经大全》，观其内容，系历代《孝经》学文献丛刊，搜辑大备，与同时期吕维祺所撰《孝经大全》，同名而异实，一南一北，适可互补，堪称晚明《孝经》学双璧。另有毕懋康编次《孝经大全》，于朱彝尊

① 永瑢，等. 四库全书总目：卷32 [M]. 北京：中华书局，1965：264.

《经义考》著录，惜已不传。晚明《孝经》研究，蔚成学术风潮，皆欲明道救世，拳拳之心，可概见矣。此《孝经考》一卷，为江氏自撰，阐发孝旨，不啻《孝经》流传简史。列举今古文原委，叙述石台《孝经》渊源，尤于汉代《孝经》之社会影响，江氏论曰"文帝为置博士司隶，有专师制，使天下诵习焉，及凉州变，令家家习之。诏书诘责"，"光武时，令虎贲士习之，明帝时，令羽林悉通《孝经》章句。是时不惟天下之经生学士，而家诵户习遍武人矣，况庙号率用'孝'谥，选士每先'孝廉'，世称汉治近古，殆不诬哉"，社会教化，言简意赡；江氏又曰"夫何王安石以偏拗之学，既以'断烂'视《春秋》，而此经亦以浅近见黜。夫昔之火于秦也，旋复于汉，今徒挟司马公之隙，遂使先王至德要道晦蚀者余五百年，其祸较之秦尤烈矣"，元祚《孝经大全》目录之后，详记"古今羽翼《孝经》姓氏"，共一百八十七人，司马光《古文孝经指解》，见于羽翼姓氏，而江氏《大全》不收，考其取舍，盖由此也。

有明崇祯江元祚辑《孝经大全·子集》本。

五、《孝经集文》，（明）江元祚辑，明江元祚辑《孝经大全》本

是编系历代孝论文选，尤以明人序跋为主，凡二十三篇，包括陶潜《五等孝传赞》、杨简《孝经论》、真德秀《孝经集义序》《写古文孝经跋》《纪孝章解》《士孝传赞》《庶人章解》、孙蒉《孝经注疏序》、钓沧子《孝经管见》《管见后说》、陈晓《孝经问对》、熊禾《孝经大义序》、宋濂《孝经集善序》、方孝孺《教孝诚俗》、王祎《孝经集说序》、归有光《孝经叙录》、余时英《孝经集义序》、赵镗《孝经集义后序》、李盘《孝经别传》、张瀚《孝经总序》、沈淮《孝经会通序》、陈师《孝经会通后序》、江旭奇《进孝经疏义奏疏》。江氏以藏书家之便利，广搜博讨，以读书家之识见，集文汇辑，不啻《孝经》论著辑要。其间选文，汇而录之，以便综览孝论，多有原本亡佚者，惟赖此编集存，犹可观其梗概焉。

有明崇祯江元祚辑《孝经大全·亥集》本。

六、《今文孝经直解》一卷，（明）江元祚订，明江元祚辑《孝经大全》本

是书又称《孝经汉本今文直解》，朱鸿辑《孝经总类》本、江元祚辑《孝经大全》本，皆以是书归于"汉《孝经》"类。所谓"汉《孝经》"者，为西汉刘向所定，用颜芝本十八章。向以经文比古文，除其繁惑，而文势曾不若今文之顺，原有"闺门"等句，唐司马贞刊削之，其题名皆后世所加，非刘向之原本也。所谓"直解"者，全用口语解经，通俗浅显，颇似话本，洵可谓"直解"。审观解经内容，与胡时化《孝经批注》相同，盖胡氏所撰，抑或《直解》《批注》皆为前人所为，其姓氏已不传矣。

有明万历朱鸿辑《孝经总类·丑集》本，朱鸿订；明崇祯江元祚辑《孝经大全·丑集》本，江元祚订。

七、《孝经汇注》三卷，（明）江元祚删辑，明江元祚辑《孝经大全》本

是编为明人《孝经》批注删选本，汇集朱鸿《孝经集解》《古文孝经直解》、孙本《古文孝经解意》、虞淳熙《孝经迩言》四种，江氏选辑为《孝经汇注》三卷。如曾子曰"甚哉，孝之大也"，《汇注》引孙本《古文孝经解意》曰"曾子平日惟以保身为孝，而不知通于治天下，故有此赞叹"。又如子曰"昔者明王之以孝治天下也，不敢遗小国之臣，而况于公、侯、伯、子、男乎？故得万国之欢心，以事其先王"，《汇注》引朱鸿《孝经集解》曰"天子无生亲可事，故以事先王为孝"。又如曾子曰"敢问圣人之德，无以加于孝乎"，《汇注》引虞淳熙《孝经迩言》曰"曾子闻《诗》，已知孝为至德，还疑是，哲人之德未是圣人之德，所以又问"。又如经文引《诗·曹风·鸣鸿》云"淑人君子，其仪不忒"，《汇注》引朱鸿《古文孝经直解》曰"必有瑟僴之君子，而后有赫喧之威仪，故云'淑人君子，其仪不忒'"。诸如此类，皆简约易守，颇便初学。且是编所引据原书，已罕见单行本，于保存明代《孝经》说解，亦可谓有功矣。

有明崇祯江元祚辑《孝经大全·辰集》本。

八、《孝经注》一卷，（明）杨起元撰，清梁鼎芬等辑《端溪丛书》本

杨起元（1547—1599），字贞复，号复所，明惠州府归善县（治今广东惠州市东北）人。万历五年（1577）进士，累官吏部左侍郎。起元师从罗汝芳，援良知以入佛道。时张居正恶讲学，汝芳被劾罢，而起元自如。卒谥文懿。主要著述有《孝经外传》《孝经引证》《证学编》《诸经品节》《杨文懿集》等。《明史》卷二八三有传。

是书为经文作批注，卷首有"诵经威仪"一则，旨在诚意正心。杨氏另起炉灶，删除章名，屏绝旧注，以体验哲学，释人伦之理，立论别具新意。如经文"先王有至德要道"句，杨氏注曰"至德者，良知良能之出于天而无复可加也。要道者，在迩而非远、在易而非难也"。又如经文"身体发肤，受之父母，不敢毁伤，孝之始也"句，杨氏注曰"始者，初也。乃于婴儿验之，婴儿或屈齕其手足则哑然啼，便是其身体不敢毁伤处，或为之剃发辄啼，或稍损其肌肤辄啼，又是其发肤不肯毁伤处。人情虽至愚不肖，无不爱其身体发肤者，亦无一人敢于毁伤者，水火知避，刑宪知远，疾病知畏，俱从婴儿一啼来，但人率以常情视之，不知此便是孝之发端处"，颇似举例说法，《续修四库全书提要》曰"本纯挚之情，达显浅之理"[1]，所论甚是。惟真切而具体，方可合乎人伦日用，诚《孝经》化民成俗之至义也。

有清光绪二十五年（1899）梁鼎芬等辑《端溪丛书》本，收入一集，番禺端溪书院刊刻。

---

① 中国科学院图书馆. 续修四库全书总目提要：经部 [M]. 北京：中华书局，1993：821.

《四库全书总目》经部书类诗类提要订误

孙利政（泰州学院人文学院）

摘　要:《四库全书总目》是中国古代集大成的目录学著作，然其中讹误错漏之处不在少数。文章以中华书局整理本《钦定四库全书总目》为底本，参校各种类型的四库提要，并采用《总目》著录之典籍与提要征引之原文献，就经部书类、诗类提要进行考校，共校正各类讹误二十二则。

关键词:《四库全书总目》经部　书类　诗类　辨正

《四库全书总目》是中国古代集大成的目录学著作，一直备受学者关注，对其进行考辨校订的专著、论文也层出不穷。1997 年中华书局出版了《钦定四库全书总目》"整理本"，以殿本为底本，以浙、粤二本为校本，同时广泛吸取前人校订成果。2012 年上海古籍出版社出版了魏小虎《四库全书总目汇订》，以浙本为底本，对校殿本，极力搜集 2011 年底前发表的考校成果，资料颇为完备。然校书如扫尘，旋扫旋生，《总目》仍然存在不少问题。今以中华书局整理本《钦定四库全书总目》为底本，参校各种类型的四库提要，并采用《总目》著录之典籍与提要征引之原文献，就经部书类、诗类提要进行考校，共校正各类讹误二十二则。

一、书说三十五卷

王应麟《玉海》云："林少颖《书说》至《洛诰》而终，吕成公《书说》自《洛诰》而始。"……澜，婺州清江人。厉鹗《宋诗纪事》收其诗一篇，而不能举其仕履。<u>考周必大《平园集》有祭澜文，称"从政郎、差充西外睦宗院宗学教授"，而澜自序则称"以西邸文学入三山监丞"，盖作是书时为监丞，其后则以教授终也。</u>①

按：提要所引"林少颖《书说》至《洛诰》而终"云云，王应麟《玉海》无载，实为王氏《困学纪闻》语②。姚鼐分纂稿、《四库全书初次进呈存目》引此文但称"王应麟云"，文渊阁书前提要、《文溯阁四库全书提要》、文津阁书前提要已有"玉海"二字，则为馆臣修订提要时臆增。

又按：检周必大《平园集》无祭时澜文，唯其《庐陵周益国文忠公集·书稿》载有与"时教授澜"书一通③，但称"教授"，与提要所称"从政郎、差充西外睦宗院宗学教授"官衔有别。宋陈宓《复斋先生龙图陈公文集》载《祭时通判澜》文④，又载《通判南堂时公墓志铭》称"嘉定十五年夏五月望，南堂时先生卒于官。……公讳澜，字子澜，其先开封人，后徙居东阳。……登淳熙八年进士第，授迪功郎，监潭州南岳庙。刻意问学，不汲汲于禄。时故相周益公位西枢，以汲引人士为己任。闻公至，握手谈议，戒门以时纳。……分教西外宗学"⑤，均未言及时氏"从政郎"之衔。据时澜墓志铭，其卒于宋宁宗嘉定十五年（1222），是卒于宁宗嘉泰四年（1204）的周必大自无可能为时氏作祭文。《经义考》"时氏澜《增修东莱书说》"条末，朱彝尊按语云："澜官从政郎、差充西外睦宗院宗学教授，见《周益公集》附录。"⑥ 检《庐陵周益国文忠公集》附录有"从政郎、差充

① 纪昀，等.钦定四库全书总目：卷11［M］.北京：中华书局，1997：143-144.
② 王应麟.困学纪闻注：卷2［M］.翁元圻，辑注.北京：中华书局，2016：294.
③ 周必大.庐陵周益国文忠公集：卷187［M］//周必大全集.王蓉贵，白井顺，点校.成都：四川大学出版社，2017：1752.
④ 陈宓.复斋先生龙图陈公文集：卷18［M］//续修四库全书.影印清抄本：第1319册.493.
⑤ 陈宓.复斋先生龙图陈公文集：卷18［M］//续修四库全书.影印清抄本：第1319册.532.
⑥ 朱彝尊.经义考新校：卷81［M］.林庆彰，等主编.上海：上海古籍出版社，2010：1534.

西外睦宗院宗学教授时澜"所撰祭周氏文①，与《经义考》及提要所称时氏题衔完全一致，可知提要所据乃时澜祭周必大文。检《四库全书荟要总目提要》《四库全书初次进呈存目》称"周必大祭澜文称'从政郎差充西外睦宗院宗学教授'"，已有舛误，文渊阁书前提要、《文溯阁四库全书提要》、文津阁书前提要又有"平园集"等字，则为馆臣修订提要时臆增。

二、书集传六卷

宋蔡沈撰。……考朱升《尚书旁注》称"《古文书序》自为一篇，孔注移之，各冠篇首。蔡氏删之而置于后，以存其旧，盖朱子所授之旨"。②

按：提要所引"《古文书序》自为一篇"云云，朱升《尚书旁注》无载，实为朱氏《朱枫林集》载《六经》策文语③。《经义考》"蔡氏沈《书传》"条引此文同，称"朱升曰"④。除此条外，《经义考》"《易》""《周礼》""《礼记》""通说"诸类引"朱升曰"凡九条，皆见于此《六经》策文，是此条亦本策文无疑。提要当据《经义考》转引而臆增出处。

三、尚书精义五十卷

宋黄伦撰。《宋史·艺文志》载有是书十六卷，陈振孙《书录解题》亦著于录，称为"三山黄伦彝卿所编"，知为闽人。……其他如杨氏绘、顾氏临、周氏范……黄氏君愈……孔氏武仲……吴氏孜、朱氏正大、苏氏子才等当时著述，并已散佚，遗章剩句，犹得存什一于是编。⑤

按：十六卷，当作"六十卷"。《宋史·艺文志》："黄伦《尚书精义》

① 周必大. 庐陵周益国文忠公集：附录［M］//周必大全集. 王蓉贵，白井顺，点校. 成都：四川大学出版社 2017：1917-1918.

② 纪昀，等. 钦定四库全书总目：卷 11［M］. 北京：中华书局，1997：145.

③ 朱升. 朱枫林集：卷 6［M］//四库全书存目丛书. 影印明万历歙邑朱氏刻本：集 24：339.

④ 朱彝尊. 经义考新校：卷 82［M］. 林庆彰，等主编. 上海：上海古籍出版社，2010：1546.

⑤ 纪昀，等. 钦定四库全书总目：卷 11［M］. 北京：中华书局，1997：146.

六十卷。"①《经义考》"黄氏伦《尚书精义》"条引《宋志》同②。《直斋书录解题》著录黄伦《尚书精义》亦作"六十卷"③，《文献通考》同④。是提要"十六"当为"六十"字倒。

又按：黄氏君愈，文渊阁书前提要、《文溯阁四库全书提要》、文津阁书前提要作"黄氏君俞"，是。《尚书精义》称引黄氏说凡十一条，十条称"黄氏曰"，唯注《尧典》"流共工于幽州"一条称"黄氏君俞曰"⑤。《四库全书考证》云："黄氏君俞字廷金，莆田人。有《尚书关言》三卷，已佚，篇中间有采录。"⑥《莆阳比事·黄君俞传》称其"著书二百卷"⑦。郑樵《通志·艺文略》："《尚书关言》三卷，黄君俞。"⑧ 又《校雠略》云："黄君俞《尚书关言》虽亡，君俞之家在兴化。"⑨ 赵希弁《读书附志》"《黄直讲泉书》十卷"条云："右国子监直讲黄君俞之说也。观其自序，盖仁庙时闽人也。所谓《六经关言》《二传节适》《三史训彝》《五经续注》《六代史记》，惜不得而见之矣。"⑩《尚书关言》当即《六经关言》之一，与《五经续注》中《尚书读注》或即《尚书精义》采撷黄君俞说之依据。

又按：朱氏正大，当作"朱氏正夫"。检《尚书精义》未称引"朱正大"说，而注《太甲上》小序"太甲既立"一条引"朱正夫曰"云云⑪，

① 脱脱，等. 宋史：卷202 [M]. 北京：中华书局，1985：5044.

② 朱彝尊. 经义考新校：卷83 [M]. 林庆彰，等主编. 上海：上海古籍出版社，2010：1556.

③ 陈振孙. 直斋书录解题：卷2 [M]. 徐小蛮、顾美华，点校. 上海：上海古籍出版社，1987：33.

④ 马端临. 文献通考：卷177 [M]. 北京：中华书局，2011：5291.

⑤ 黄伦. 尚书精义：卷3 [M] //景印文渊阁四库全书：58. 台北：台湾商务印书馆，1986：176.

⑥ 王太岳，等. 钦定四库全书考证：卷4 [M] //景印文渊阁四库全书：1497. 台北：台湾商务印书馆，1986：120.

⑦ 李俊甫. 莆阳比事：卷2 [M] //续修四库全书. 影印明覆宋本：734：212.

⑧ 郑樵. 通志：卷63 [M]. 北京：中华书局，1987：757.

⑨ 郑樵. 通志：卷71 [M]. 北京：中华书局，1987：833.

⑩ 晁公武. 郡斋读书志校证 [M]. 孙猛，校证. 上海：上海古籍出版社，2011：1185.

⑪ 黄伦. 尚书精义：卷17 [M] //景印文渊阁四库全书：58. 台北：台湾商务印书馆，1986：321.

当即提要所据。《郡斋读书志》"《尚书解》十四卷"条云:"右皇朝顾临、蒋之奇、姚辟、孔武仲、刘敞、王会之、周范、苏子才、朱正夫、吴孜所撰。后人集之为一编,然非完书也。"① 朱正夫名临,字正夫,浦江人,《宋元学案》有传②。宋方勺《泊宅编》载"初,朱临、姚辟久同场屋,每试榜出,姚往往在朱上。冯太尉京榜中,二人俱赴廷入对,未唱名前数日,京师忽传小试,乃朱君殿试之作也","朱正夫临,年未四十以大理寺丞致仕,居吴兴城"③,即《尚书解》之朱正夫、姚辟二人,是提要"大"为"夫"字形误可知。

四、洪范统一一卷

《宋史》谓之《洪范统论》,《文渊阁书目》又作《统纪》,今据善湘谓"汉儒解传,只以五事、庶征为五行之验,而五行、八政谓畴散而不知所统,征引事应,语多傅会,因采欧阳修《唐志》、苏洵《洪范图论》遗意,定'皇极'为九畴之统,每畴之中,如五行则水、火、木、金皆统于土,五事则貌、言、视、听皆统于思,得其统而九畴可一以贯之矣"云云,则《永乐大典》题曰"洪范统一"为名实相应矣。④

按:"而五行、八政谓畴散而不知所统",邵晋涵分纂稿、文渊阁书前提要作"而五纪、八政诸畴散而不知所统",是。《洪范统一》卷首赵善湘自序云:

> 洪范九畴,圣人经世之大法……由五行至五纪,安行乎皇极者也?由三德至福极,辅成乎皇极者也。皇极居于五,主张纲维是者也。畴惟有九,其统则一。自汉世儒者为灾异之说,乃以五行、五

---

① 晁公武. 郡斋读书志校证:卷1 [M]. 孙猛,校证. 上海:上海古籍出版社,2011:53-54.
② 黄宗羲. 宋元学案:卷1 [M]. 原撰,全祖望,补修. 北京:中华书局,1986:49.
③ 方勺. 泊宅编:卷下 [M]. 许沛藻、杨立扬,点校. 北京:中华书局,1983:93.
④ 纪昀,等. 钦定四库全书总目:卷11 [M]. 北京:中华书局,1997:147.

事、皇极、庶征、福极五者合而求灾异之应，<u>而于八政、五纪、三德、稽疑四者离不相属</u>。其后为史，又皆祖述汉儒。独欧阳《唐史》纪灾异而不言事应，眉山之学亦以福极于五福不相通，悉归于皇极之建不建。呜呼！洪范九畴，果可以意离合之乎？①

据此知"五行"为"五纪"之误，"谓"则为"诸"字之误，作"而五纪、八政诸畴散而不知所统"始与原序义合。

五、洪范明义四卷

明黄道周撰。……至于改"农用"为"<u>辰用</u>"，"衍忒"为"<u>衍成</u>"，"六极"为"六痶"，殊为臆说。其改定章段次第，亦未见其必然。②

按：辰用，《文溯阁四库全书提要》、文津阁书前提要作"晨用"；衍成，文渊阁书前提要、文津阁书前提要作"衍忒"，是。《洪范明义》卷首黄道周自序云："臣考篇中有错简者三，讹字者三……讹字如'晨'为'农'，'忒'为'忒'，'痶'为'极'之类。"③《经义考》"黄氏道周《洪范明义》"条引黄道周《进上序》文同④。《洪范明义》卷首《原本古文》载"次三曰农用八政，次四曰协用五纪，次五曰建用皇极"注："'农'疑作'晨'，'极'疑作'痶'。"⑤"卜五，占用二，衍忒"注："'衍忒'犹大衍之挂一也。因上文有'忒'字，遂误作'忒'，字相近也。"⑥《正定今文》亦注："'农

① 赵善湘. 洪范统一：卷首 [M] //景印文渊阁四库全书：59. 台北：台湾商务印书馆，1986：648.
② 纪昀，等. 钦定四库全书总目：卷 12 [M]. 北京：中华书局，1997：156-157.
③ 黄道周. 洪范明义：卷首 [M] //景印文渊阁四库全书：64. 台北：台湾商务印书馆，1986：798.
④ 朱彝尊. 经义考新校：卷 97 [M]. 林庆彰，等主编. 上海：上海古籍出版社，2010：1818.
⑤ 黄道周. 洪范明义：卷首 [M] //景印文渊阁四库全书：64. 台北：台湾商务印书馆，1986：800.
⑥ 黄道周. 洪范明义：卷首 [M] //景印文渊阁四库全书：64. 台北：台湾商务印书馆，1986：801.

用’之‘农’疑作‘晨’，‘六极’之‘极’当作‘殛’。”① 又《叙畴章第二》“次三曰农用八政”注：“‘农’疑作‘晨’。”②《稽疑章第九》“衍忒”注：“‘忒’字误，当作‘式’。”③ 是《总目》提要“辰”“成”为“晨”“式”字误甚明。

六、尚书广听录五卷

国朝毛奇龄撰。……奇龄常语其门人曰：《尚书》事实乖错，如武王诰康叔、周公居洛邑、<u>成王迎周公</u>、周公留召公，皆并无此事。是书之意，大抵为辨证三代事实而作。④

按：成王迎周公，浙本、粤本、文渊阁书前提要、《文溯阁四库全书提要》、文津阁书前提要、《纪晓岚删定〈四库全书总目〉稿本》作“成王宁周公”，是。《汇订》校从殿本，云：“《尚书·金縢》疏云：‘《金縢》之书迎公来反，反乃居摄，后方始东征管、蔡。’”⑤

今考提要所举毛氏判定《尚书》事实乖错诸例均在《尚书广听录》“辨证三代事实”之内。如辨“武王诰康叔”之误，《尚书广听录》明谓“以《康诰》篇中王若曰‘孟侯，朕其弟，小子封’语，谓成王不当称康叔为弟，周公奉成王之命，又不当自称为弟，而虚假王命，以冠其首，遂武断谓是武王诰康叔之文”⑥，“从来说成王诰康叔作《康诰》，而蔡氏改作‘武王诰康叔’，则周公营洛功成，始诰康叔，为不合矣。因袭苏轼说，移此四十八字于《洛诰》篇首。予前于《康诰》篇辨成王诰叔、武王不诰叔亦既详

---

① 黄道周. 洪范明义：卷首 ［M］//景印文渊阁四库全书：64. 台北：台湾商务印书馆，1986：802.
② 黄道周. 洪范明义：卷上 ［M］//景印文渊阁四库全书：64. 台北：台湾商务印书馆，1986：806.
③ 黄道周. 洪范明义：卷上 ［M］//景印文渊阁四库全书：64. 台北：台湾商务印书馆，1986：824.
④ 纪昀等. 钦定四库全书总目：卷12 ［M］. 北京：中华书局，1997：160.
⑤ 魏小虎. 四库全书总目汇订：卷12 ［M］. 上海：上海古籍出版社，2012：389.
⑥ 毛奇龄. 尚书广听录：卷3 ［M］//景印文渊阁四库全书：66. 台北：台湾商务印书馆，1986：663.

明"云云①。辨"周公居洛邑"谓"是以从来《书传》皆曰'文王居丰'
'武王治镐''成王宅洛',并无有言'周公留洛'者"②,辨"周公留召公"
谓"《君奭》一篇,据《书序》成王即政之初年,召公为太保,周公为太
师。而召公以为公危,疑之久。自流言至今,定大难,成大功,已非一日。
当此嗣君新政之际,自当洁身引退,不居盛满,而乃告致之。后仍复留,此
则爱公之至,反类疑公,而不知公意之又有在也。篇中反复陈说,皆自道己
意,文义甚明。而蔡氏又驳《书序》之说,谓召公欲去,而公留之。公然又
造一古事,不知其出何书,据何典?"③ 而《尚书广听录》辨证《金縢》之
文无一语质疑"成王迎周公"事,且所举其他三事乃依《尚书·周书》之
《康诰》《洛诰》《君奭》先后为次,而《金縢》在《康诰》前,与文例亦
不合。

今考《尚书广听录》辨《洛诰》"伻来毖殷,乃命宁予。以秬鬯二卣,
曰明禋,拜手稽首,休享"文云:

> 解谓:"此谨毖殷民,而命宁周公也。"苏氏曰:"以黑黍为
> 酒,合以郁鬯,所以祼也。宗庙之礼,莫盛于祼。王使人来戒敕庶
> 殷,且以秬鬯二卣绥宁周公。曰'明禋'、曰'休享'者,何也?
> 事周公如事神明也。古者有大宾客,以享礼礼之。酒清人渴而不
> 饮,肉干人饥而不食也,故享有体荐,岂非敬之至者,则其礼如祭
> 也与?"

> 此则造事之中又造事,造礼之中又造礼矣。原其初意,不过欲
> 反。前《传》思造一周公留后、治洛事耳,乃既已留后,则必记功
> 宗,定尊礼,赐秬鬯。休享初以功臣事之,既即以神明享之,于是

① 毛奇龄. 尚书广听录: 卷 4 [M] //景印文渊阁四库全书: 66. 台北: 台湾商务印书
馆, 1986: 666.
② 毛奇龄. 尚书广听录: 卷 4 [M] //景印文渊阁四库全书: 66. 台北: 台湾商务印书
馆, 1986: 668.
③ 毛奇龄. 尚书广听录: 卷 5 [M] //景印文渊阁四库全书: 66. 台北: 台湾商务印书
馆, 1986: 676.

有周公留后事，又有成王赐周公秬鬯事；有留后礼，又有此宁公之宁礼。造事日益增，造礼亦日益出矣。①

并详述九条理由论述"宁礼"之谬妄。是《洛诰》"成王宁周公"事与毛氏所谓"《尚书》事实乖错"者及文例正合。纪昀修订时或一时不明"成公宁周公"典出，而以为《金縢》"成王迎周公"故事，遂改"宁"作"迎"，误。

七、禹贡长笺十二卷

至其"三江"一条，既主郑康成"左合汉，右合彭蠡，岷山居中"之说，而又兼取蔡《传》，以韦昭、顾夷所谓"三江口"者当之，亦殊无定见。②

按：岷山，浙本、粤本、文渊阁书前提要、《文溯阁四库全书提要》、文津阁书前提要、《纪晓岚删定〈四库全书总目〉稿本》作"岷江"，是。《禹贡长笺》"三江既入"条但引苏轼《书传》"岷山之江为中江，嶓冢之江为北江，自豫章入彭蠡，而东至海为南江。此三江自彭蠡以上为二，自夏口以上为三。江、汉合于夏口，而与豫章之江汇于彭蠡，则三江为一。过秣陵京口以入于海，不复三矣"云云③，未引郑玄注。《初学记·地部》"江"条云："郑玄、孔安国注云：'左合汉为北江，会彭蠡为南江，岷江居其中，则为中江。'"④ 苏《传》与郑注义合。

八、尚书大传四卷补遗一卷

《玉海》载《中兴馆阁书目》引郑康成《尚书大传序》曰："盖自伏生

---

① 毛奇龄. 尚书广听录：卷4 [M] //景印文渊阁四库全书：66. 台北：台湾商务印书馆，1986：672.

② 纪昀，等. 钦定四库全书总目：卷12 [M]. 北京：中华书局，1997：161.

③ 朱鹤龄. 禹贡长笺：卷5 [M] //景印文渊阁四库全书：67. 台北：台湾商务印书馆，1986：79.

④ 徐坚. 初学记：卷6 [M]. 北京：中华书局，2004：123.

也。伏生为秦博士，至孝文时年且百岁，张生、欧阳生从其学而受之。音声犹有讹误，先后犹有舛差。重以篆隶之殊，不能无失。生终后，数子各论所闻，以己意弥缝其缺，别作章句。又特撰大义，因经属指，名之曰《传》。刘向校书，得而上之，凡四十一篇。诠次为<u>八十一篇</u>。"①

按：八十一篇，当作"八十三篇"。《玉海·艺文》"《尚书大传》"条载《中兴书目》原文云："至康成，始诠次为八十三篇。"② 王应麟《汉艺文志考证》亦云："刘子政校中书，奏此目录凡四十一篇，康成诠次为八十三篇。"③ 陈振孙《直斋书录解题》"《尚书大传》四卷"条载："汉济南伏胜撰，大司农北海郑康成注。凡八十有三篇。"④《四库全书》所收孙之騄辑本《尚书大传》卷首孙之騄序、卷末沈绛祖跋皆称郑玄诠次《尚书大传》为"八十三篇"⑤。提要作"八十一篇"，或涉上"四十一篇"而误"三"为"一"。且"诠次为八十一篇"者乃郑玄，此为《中兴馆阁书目》叙述语，非郑玄序文。提要"诠次"前宜补主语"元（玄）"或"康成"字。

九、古书世学六卷

梁姚方兴妄分《尧典》《舜典》为二篇。……《考补》云："姚方兴本齐篡主<u>萧道成</u>之臣，伪增'曰若稽古，帝舜曰'七字于'重华'之上，变乱其文，分为二《典》，<u>于建武二年</u>上之。后事篡主萧衍，以罪见诛。"⑥

按：萧道成，当作"萧鸾"；建武二年，当作"建武四年"。《古书世学》"帝典"下《考补》云："姚方兴本齐篡主萧鸾之臣，伪增'曰若稽古，

① 纪昀，等. 钦定四库全书总目：卷12 [M]. 北京：中华书局，1997：163.
② 王应麟. 玉海艺文校证：卷3 [M]. 武秀成，赵庶洋，校证. 南京：凤凰出版社，2013：142.
③ 王应麟. 汉艺文志考证：卷1 [M]. 张三夕，杨毅，点校. 北京：中华书局，2011：137.
④ 陈振孙. 直斋书录解题：卷2 [M]. 徐小蛮，顾美华，点校. 上海：上海古籍出版社，1987：28.
⑤ 伏胜. 尚书大传：卷首；卷末 [M] //景印文渊阁四库全书：68. 台北：台湾商务印书馆，1986：419.
⑥ 纪昀，等. 钦定四库全书总目：卷13 [M]. 北京：中华书局，1997：171.

帝舜曰'七字于'重华'之上，变乱其文，分为二《典》，于建武四年上之。后事梁篡主萧衍，以罪见诛。"① 考《尚书·尧典》孔颖达疏称"时已亡失《舜典》一篇，晋末范宁为解时已不得焉。至齐萧鸾建武四年，姚方兴于大航头得而献之，议者以为孔安国之所注也"②，《舜典》孔疏亦称"至齐萧鸾建武四年，吴兴姚方兴于大航头得孔氏传古文《舜典》，亦类太康中书，乃表上之"③，当即《古书世学》所本。萧道成年号"建元"，提要显误。《经义考》"丰氏坊《古书世学》"条据陆元辅引《考补》作"萧道成""建武二年"④，是提要袭其误文而未察。

十、尚书晚订十二卷

明史维堡撰。维堡字心传，金坛人。万历丙辰进士，官至工部郎中。⑤

按：心传，《纪晓岚删定〈四库全书总目〉稿本》作"心南"，是。《尚书晚订》卷端题"明金坛史维堡心南甫著，男史元调鼎如甫辑"，自序末署"金坛史维堡心南甫"，钤"丙辰进士"印⑥。《经义考》"史氏惟堡《尚书晚订》"条引姜逢元序称"史心南《晚订》"，又引姚瀚曰："惟堡字心南，仁和籍，金坛人。万历丙辰进士，官都水司主事。"⑦《明万历丙辰科进士同年序齿录》载此年浙江杭州府进士"沈维堡，心南"⑧。康熙《永新县志·

① 丰坊. 古书世学：卷 1 [M] //四库全书存目丛书：经 49. 济南：齐鲁书社，1997：563.

② 孔颖达. 尚书正义：卷 2 [M]. 阮元校刻《十三经注疏》本. 北京：中华书局，2009：248.

③ 孔颖达. 尚书正义：卷 3 [M]. 阮元校刻《十三经注疏》本. 北京：中华书局，2009：248.

④ 朱彝尊. 经义考新校：卷 89 [M]. 林庆彰，等主编. 上海：上海古籍出版社，2010：1662.

⑤ 纪昀，等. 钦定四库全书总目：卷 14 [M]. 北京：中华书局，1997：175.

⑥ 史维堡. 尚书晚订：卷首 [M] //四库全书存目丛书：经 53. 济南：齐鲁书社，1997：186.

⑦ 朱彝尊. 经义考新校：卷 91 [M]. 林庆彰，等主编. 上海：上海古籍出版社，2010：1703-1704.

⑧ 李开升. 明万历丙辰科进士同年序齿录 [J]. 历史档案，2014（3）：5.

宦绩》载："沈公维堢，改姓史，号心南，金坛人。万历丙辰进士。为治有长者风，课士手自甲乙，所造皆一世名流。"① 是《序齿录》所载"沈维堢"乃其初姓，而志称"号心南"亦误。是《总目》"心传"当作"心南"可知。

十一、书绎六卷

是编冠以《指略》十六条、《先儒论》二十一条、《四十二篇亡书目次》《汲冢周书》篇名……前有其门人魏禧序，推尊甚至。<u>文彩自序</u>亦谓"与门人魏叔子共处一室，相与扬搉，正谬薙繁。义有未尽，复著为论，以补所未逮。是书之成，其功为多"。②

按：提要所引"与门人魏叔子共处一室"云云不见于杨文彩自序，实出《指略》末条③，提要称"自序"不确。

十二、今文尚书说三卷

国朝陆奎勋撰。……所附《古文尚书辨》二篇，不引梅鷟、阎若璩的然有证之语，而又变为《古文尚书》半真半伪之说。自称"年将及艾，<u>于《诗》《礼》《春秋》撰成《经说》三十八卷</u>，梦见孔子，心似别开一窍者，凡于《书》之真赝，一览自明"云云，其亦近于语怪矣。④

按："于《诗》《礼》《春秋》撰成《经说》三十八卷"，《今文尚书说》载《古文尚书辨下》原文作"于《诗》《礼》《春秋》撰成《经说》二十八卷"⑤，是。《总目》于《诗》《礼》《春秋》类存目分别载陆氏《陆堂诗

---

① 王运祯，等. 永新县志：卷 4 [M]. 清康熙二十二年（1683）序刊本.
② 纪昀，等. 钦定四库全书总目：卷 14 [M]. 北京：中华书局，1997：176.
③ 杨文彩. 书绎：卷首 [M] //四库全书存目丛书：经 55. 济南：齐鲁书社，1997：299.
④ 纪昀等. 钦定四库全书总目：卷 14 [M]. 北京：中华书局，1997：181.
⑤ 陆奎勋. 今文尚书说：卷 3 [M] //四库全书存目丛书：经 59. 济南：齐鲁书社，1997：424.

学》十二卷、《戴记绪言》四卷和《春秋义存录》十二卷①，与《陆堂经学丛书》本三书卷数皆合，正"二十八卷"。是提要"三十八"为"二十八"字误无疑，而又误"撰"为"撰"。

十三、诗序二卷

案《诗序》之说，纷如聚讼。以为《大序》子夏作，《小序》子夏、毛公合作者，郑元《诗谱》也。……以《小序》为国史之旧文，以《大序》为孔子作者，<u>明道程子也</u>。……考郑元之释《南陔》曰："子夏序《诗》，<u>篇义各编</u>，遭战国至秦而《南陔》六诗亡，毛公作《传》，各引其《序》冠之篇首，故诗虽亡而义犹在也。"程大昌《考古编》亦曰："今六《序》两语之下，明言有义无词，知其为秦火之后，见《序》而不见《诗》者所为。"②

按：明道程子，当作"伊川程子"。此文见载于《二程遗书·伊川先生语》：

> 问："《诗》如何学？"曰："只在《大序》中求。《诗》之《大序》，分明是圣人作此以教学者，后人往往不知是圣人作。自仲尼后，更无人理会得《诗》。"……问："《诗·小序》何人作？"曰："但看《大序》即可见矣。"曰："莫是国史作否？"曰："《序》中分明言'国史明乎得失之迹'，盖国史得诗于采诗之官，故知其得失之迹。如非国史，则何以知其所美所刺之人？使当时无《小序》，虽圣人亦辨不得。"③

世称程颐为"伊川先生"，其兄程颢称"明道先生"，二人《宋史·道

---

① 纪昀，等. 钦定四库全书总目：卷 18，24，31 [M]. 北京：中华书局，1997：229，310，406.

② 纪昀，等. 钦定四库全书总目：卷 15 [M]. 北京：中华书局，1997：187.

③ 程颢，程颐. 二程集：卷 18 [M]. 王孝鱼，点校. 北京：中华书局，2004：229.

学》均有传①。提要此叙历来《诗序》作者争端，所引诸说实据朱彝尊《经义考》"卜子商《诗序》"条转述。《经义考》引此说称"程子曰"②，提要误考为程颢，故增"明道"二字。

又按：篇义各编，文渊阁书前提要作"篇义合编"，是。《毛诗》郑玄注原文云："（《南陔》《白华》《华黍》）此三篇，盖武王之时，周公制礼，用为乐章，吹笙以播其曲。孔子删定在三百一十一篇内，遭战国及秦而亡。子夏序《诗》，篇义合编，故诗虽亡而义犹在也。毛氏《训传》，各引《序》冠其篇首，故《序》存而《诗》亡。"孔颖达疏："始皇三十四年而燔《诗》《书》，故以为遭此而亡之。又解为亡而义得存者，其义则以众篇之义合编，故得存也。"③ 程大昌《考古编·诗论》云：

> 郑玄之释《南陔》曰："子夏序《诗》，篇义合编。遭战国至秦，而《南陔》六诗亡。毛公作《传》，各引其《序》冠之篇首。故诗虽亡，而义犹在也。"玄谓《序》出子夏，失其《传》矣，至谓六诗发《序》两语，古尝合编，至毛公分冠者。玄之在汉，盖亲见也。今六《序》两语之下，明言有义亡辞，知其为秦火以后，见《序》而不见《诗》者所为也。④

《经义考》"卜子商《诗序》"条引"程大昌曰"文同⑤。是提要此文实本《经义考》引程大昌语，则"各"为"合"转写形误无疑。

---

① 脱脱，等. 宋史：卷 427 [M]. 北京：中华书局，1985：12713-12723.
② 朱彝尊. 经义考新校：卷 99 [M]. 林庆彰，等主编. 上海：上海古籍出版社，2010：1845.
③ 孔颖达. 毛诗正义：卷 9 [M]. 阮元校刻《十三经注疏》本. 北京：中华书局，2009：893.
④ 程大昌. 考古编：卷 2 [M]. 北京：中华书局，2008：25.
⑤ 朱彝尊. 经义考新校：卷 99 [M]. 林庆彰，等主编. 上海：上海古籍出版社，2010：1850.

十四、毛诗草木鸟兽虫鱼疏二卷

此本不知何人所辑，大抵从《诗正义》中录出。然《正义·卫风·淇澳》篇引陆玑疏："淇、澳，二水名。"今本乃无此条。知由采摭未周，故有所漏，非玑之旧帙矣。又《卫风》"椅桐梓漆"一条称"今云南、牂牁人绩以为布"。①

按："又卫风"之"卫风"，当作"墉风"。《毛诗·墉风·定之方中》"椅桐梓漆"《释文》："《草木疏》云：'梓实桐皮曰椅也。'"孔疏引陆机云："梓者，楸之疏理白色而生子者为梓，梓实桐皮曰椅，则大类同而小别也。"②《毛诗草木鸟兽虫鱼疏》"梓椅梧桐"条云："梓者，楸之疏理白色而生子者为梓，梓实桐皮曰椅，今人云梧桐也，则大类同而小别也。桐有青桐、白桐、赤桐。白桐宜琴瑟。今云南、牂牁人绩以为布，似毛布。"③《草木疏》此条即辑自《墉风·定之方中》孔疏等④，提要"卫风"或涉上"《正义·卫风·淇澳》"而误。

十五、诗传旁通十五卷

元梁益撰。……因杜文瑛先有《语孟旁通》，体例相似，故亦以"旁

---

① 纪昀，等.钦定四库全书总目：卷15［M］.北京：中华书局，1997：189.

② 孔颖达.毛诗正义：卷3［M］.阮元校刻《十三经注疏》本.北京：中华书局，2009：665.

③ 陆机.毛诗草木鸟兽虫鱼疏：卷上［M］//景印文渊阁四库全书：70.台北：台湾商务印书馆，1986：8.

④ 除孔疏外，辑本《毛诗草木鸟兽虫鱼疏》此条尚采自《太平御览》和《证类本草》。《太平御览·木部》"桐"条引《诗义疏》曰："梓实桐皮曰椅。今民云梧桐也。有青桐、白桐、赤桐。白桐宜琴瑟。今云南、牂牁人绩以为布。"《证类本草·二十六种陈藏器余》引陆机《草木疏》云："白桐宜为琴瑟。云南、牂牁人绩以为布，似毛布。"辑者盖因《诗义疏》"梓实桐皮曰椅"与陆氏《草木疏》文同，故以下"今民云梧桐也"云云为陆书佚文而辑之。此虽颇不严密，然亦属辑本常见之疏误。今本《草木疏》不少条目也存在类似情况，正可体现其作为"辑本"的性质和不足。王孙涵之《今本〈毛诗草木鸟兽虫鱼疏〉辨伪》（《文史》2020年第2辑）将此类疏误认定为今本《草木疏》"作伪"的依据，难以成立。

通"为名。①

　　按：杜文瑛，当作"杜瑛"。苏天爵《元故征士赠翰林学士谥文献杜公行状》："公讳瑛，字文玉，霸州信安人也。……所著多明经术之意，有《春秋地理原委》十卷，《语孟旁通》八卷。"② 马祖常《敕赠翰林学士杜文献公神道碑》③、胡祇遹《猴山先生杜君墓志铭》④、《元史·隐逸·杜瑛传》⑤ 所载并同。《总目·〈论语类考〉提要》称"金履祥始作《论语孟子集注考证》，后有杜瑛《语孟旁通》"⑥，《〈四书通证〉提要》"北方杜猴山有《语孟旁通》"原注"杜猴山，名瑛，金人"⑦，皆可证《语孟旁通》作者为"杜瑛"。《诗传旁通》末卷梁氏自叙称"仿猴山杜文玉瑛《语孟旁通》之例，目之曰《诗传旁通》"⑧，提要称"杜文瑛"或涉其字"文玉"而误。

十六、续诗传鸟名三卷

　　国朝毛奇龄撰。奇龄作《毛诗续传》，以遭乱避雠佚之。后从邻人吴氏子得卷末《鸟名》一卷，与其门人莫春园、张文蘁共葺缀之，衍为三卷。⑨

　　按：续诗传鸟名，文渊阁书前提要、《文溯阁四库全书提要》、文津阁书前提要作"续诗传鸟名卷"，是。《四库》本所据乃清康熙刻毛奇龄《西河合集》本，均题"续诗传鸟名卷"，毛氏自序云：

---

① 纪昀等. 钦定四库全书总目：卷 16 [M]. 北京：中华书局，1997：199.

② 苏天爵. 滋溪文稿：卷 22 [M]. 北京：中华书局，1997：375-376.

③ 马祖常. 石田先生文集：卷 11 [M]. 李叔毅，点校. 郑州：中州古籍出版社，1991：203-206.

④ 胡祇遹. 紫山大全集：卷 18 [M] //景印文渊阁四库全书：1196. 台北：台湾商务印书馆，1986：304-306.

⑤ 宋濂，等. 元史：卷 199 [M]. 北京：中华书局，1976：4474-4475.

⑥ 纪昀，等. 钦定四库全书总目：卷 36 [M]. 北京：中华书局，1997：474.

⑦ 纪昀，等. 钦定四库全书总目：卷 36 [M]. 北京：中华书局，1997：470.

⑧ 梁益. 诗传旁通：卷 15 [M] //景印文渊阁四库全书：1196. 台北：台湾商务印书馆，1986：976.

⑨ 纪昀，等. 钦定四库全书总目：卷 16 [M]. 北京：中华书局，1997：208.

弱冠从伯氏论《诗》，作《毛诗续传》成。值顺治五年，王师下西陵，乱兵掠书仓，作纸甲衣去，《传》失其半……康熙乙酉，相距六十年，予东归草堂。邻人吴氏曾录予《传》末《鸟名卷》，而其人已死，有子，儒者也，怀残卷返予。……予乃踵前事，藉及门之近居者莫子晴川、张子风林各为予捉笔，取残卷而重理之。并列朱注于行间，且辨且正，名之曰《续诗传鸟名卷》。夫少续《诗传》，暨老而仅续夫《传》末之鸟名以为卷。①

自序明谓书名"续诗传鸟名卷"，"鸟名卷"亦即"鸟名以为卷"义。毛氏但与门人莫春园（字晴川）、张文蘥（字风林）重理残卷，亦未言增加卷帙。殆馆臣转述毛序"邻人吴氏曾录予《传》末《鸟名卷》"云云时，误读"《鸟名卷》"为"《鸟名》一卷"义，故有"衍为三卷"之臆说，纪氏《稿本》则并改书名"鸟名卷"为"鸟名"，误甚。

十七、诗传名物辑览十二卷

其中体例之未合者，如释"鹑之奔奔"，则《庄子》之"鹑居"、《列子》之"性变"，以及"朱鸟为鹑首""子夏衣若悬鹑"之类，无所不引。②

按：性变，文渊阁书前提要、《文溯阁四库全书提要》、文津阁书前提要作"蛙变"，是。《诗传名物集览》"鹑之奔奔"条云："《谈苑》：'至道二年夏秋闲，京师鬻鹑者，积于市门。是时雨水绝，无蛙声。人有得于水坎者，半为鹑，半为蛙。《列子·天瑞篇》蛙变为鹑，斯不谬矣。'"③《列子·天瑞》原文作"若蛙为鹑"，张湛注："事见《墨子》。"④《墨子·经

---

① 毛奇龄. 续诗传鸟名卷：卷1 [M] //四库提要著录丛书. 影印清康熙李塨等刻西河合集本：经39：644.

② 纪昀，等. 钦定四库全书总目：卷16 [M]. 北京：中华书局，1997：209

③ 陈大章. 诗传名物集览：卷1 [M] //景印文渊阁四库全书：86. 台北：台湾商务印书馆，1986：560.

④ 杨伯峻. 列子集释：卷1 [M]. 北京：中华书局，1979：12.

说》："说化。若鼁为鹑。"① "蛙"即"鼁（鼀）"俗字，可证《总目》提要"性"为"蛙"之误字。

十八、毛诗或问一卷

明袁仁撰。……其自序诋徐祯卿、孙钟元"于《毛诗》训诂之外，不能措一词"。②

按：孙钟元，当作"孙一元"。袁仁《毛诗或问》卷首自序云："余友徐昌谷、孙太初辈，奕奕骚坛，尝与订古人之逸韵，校时髦之声律，挥麈雌黄，颐可解也。及谭《毛诗》，则训诂外不能措一词矣。"③ 袁序"徐昌谷"确指"徐祯卿"，"孙太初"则指孙一元，字太初，自称关中人，生平详见刘麟《孙太初墓志铭》④。袁仁号参坡，卒于嘉靖二十五年（1546），其友王畿撰《参坡袁公小传》云："（袁仁）与关中孙一元，海宁董沄，同邑沈概、谭稷辈为诗社。"⑤ 考明清之际著名学者孙奇逢（1584—1675），号钟元，疑馆臣在提要修改中涉奇逢号不慎而误改之。

十九、诗序解颐一卷

明邵弁撰。弁字元伟，太仓州人。隆庆中贡生。⑥

按：元伟，当作"伟元"。邵弁《运气占候补遗》（附明楼英《医学纲目》后）卷首自序末署"嘉靖乙丑季春日，娄东玄沙邵弁伟元识"⑦。黄虞

---

① 吴毓江. 墨子校注：卷 10 [M]. 孙启治，点校. 北京：中华书局，2006：474.
② 纪昀，等. 钦定四库全书总目：卷 17 [M]. 北京：中华书局，1997：218.
③ 袁仁. 毛诗或问：卷首 [M] //四库全书存目丛书. 影印清道光十一年六安晁氏木活字《学海类编》本：经 60：595.
④ 刘麟. 清惠集：卷 8 [M] //景印文渊阁四库全书：1264. 台北：台湾商务印书馆，1986：400-401.
⑤ 王畿. 王畿集：附录 3 [M]. 吴震，整理. 南京：凤凰出版社，2007：815.
⑥ 纪昀，等. 钦定四库全书总目：卷 17 [M]. 北京：中华书局，1997：219.
⑦ 邵弁. 运气占候补遗：卷首 [M] //续修四库全书. 影印明嘉靖四十四年曹灼刊本：1021：321.

稷《千顷堂书目》著录邵弁《诗序解颐》一卷,原注:"字伟元,太仓州人。岁贡生。"① 《经义考》"邵氏弁《诗序解颐》"条引"黄虞稷曰"同②。《娄东诗派》收邵弁诗五首,小传云:"弁字伟元,世居沙溪,有《元(玄)沙子集》。"③ 是提要"元伟"为"伟元"误倒无疑。

二十、毛诗鸟兽草木考二十卷

明吴雨撰。……鸟考三卷,兽考三卷,虫考二卷,**鳞考一卷,草考四卷**,谷考一卷,木考三卷,而以天文考二卷终焉。④

按:提要所述"鸟考三卷"至"天文考二卷终焉"凡十九卷,与此书"二十卷"之数不合。考明刻本《毛诗鸟兽草木考》二十卷,"鳞考"与"草考"间尚有"介考"一卷⑤,其余诸考卷次与提要所述皆合,是提要"鳞考一卷"下当脱"介考一卷"四字。

二十一、诗触四卷

明贺贻孙撰。贻孙字子翼,禾川人。是书前后无序跋,不著作书年月。考陈士业《筠庄初集》有《贺子翼制艺序》,而凡例中引梅膺祚《字汇》,书中多引钟惺《诗经评》,亦皆明末之书,当即其人也。⑥

按:筠庄初集,当作"石庄初集"。陈士业名弘绪,字士业,号石庄,

---

① 黄虞稷. 千顷堂书目:卷1 [M]. 瞿凤起,潘景郑,整理. 上海:上海古籍出版社,2001:29.

② 朱彝尊. 经义考新校:卷119 [M]. 林庆彰,等主编. 上海:上海古籍出版社,2010:2211.

③ 汪学金. 娄东诗派:卷7 [M] //四库未收书辑刊(9-30). 影印清嘉庆九年诗志斋刻本:115.

④ 纪昀等. 钦定四库全书总目:卷17 [M]. 北京:中华书局,1997:223.

⑤ 吴雨. 毛诗鸟兽草木考:目录 [M] //四库全书存目丛书(经67). 影印明万历磊老山房刻本:6.

⑥ 纪昀等. 钦定四库全书总目:卷17 [M]. 北京:中华书局,1997:225.

生平详明文德翼《陈石庄先生传》①。《总目·〈陈士业全集〉提要》云：
"是编凡分六种：曰《石庄初集》六卷……《恒山存稿》二卷。《石庄集》
断自甲申以前，余集多甲申以后之作。"② 考陈氏《石庄初集》载《贺子翼
制艺序》云："予友贺子翼，禾川之奇士也，予习其名十余年矣。"③ 贺贻孙
《水田居文集》载《心远堂诗自序》称"嗟乎！余每忆忘友万茂先、陈士
业、邓左之、徐巨源四子之言，辄不禁涕零也"④，《徐巨源制义序》亦称
"二十年来，豫章诸公乃为古学以振之，尔时巨源以少年高才，茂先、士业、
左之、士云递为雄长……近代以来，余与巨源、茂先、士业数人而已"⑤，
可证《石庄初集》之"贺子翼"即贺贻孙。

二十二、陆堂诗学十二卷

大抵自行己意，近王柏《诗疑》；牵合古事，近何楷《诗世本古义》。
如以《节南山》之"尹氏"即《春秋·隐公三年》所称"尹氏卒"者，
"家父作诵"即隐公八年"天王使来求车"者，此类核以时代，已无以决其
必然。⑥

按：隐公八年"天王使来求车"者，当作"桓公八年'天王使来聘'
者"。《陆堂诗学·节南山》云："《节》与《正月》《雨无正》皆平王东迁
以后之诗。'尹氏'即隐三年'夏四月，辛卯，卒'之'尹氏'也。'家父'

---

① 文德翼. 求是堂文集：卷 12 [M] //四库禁毁书丛刊. 影印明末刻本：集 141：547-
549.
② 纪昀等. 钦定四库全书总目：卷 181 [M]. 北京：中华书局，1997：2519.
③ 陈弘绪. 陈士业全集：卷 4 [M] //四库全书存目丛书补编（54）. 影印清康熙二十六
年刻本：300.
④ 贺贻孙. 水田居文集：卷 3 [M] //四库全书存目丛书. 影印清道光至同治间赐书楼刻
水田居全集本：集 208：88.
⑤ 贺贻孙. 水田居文集：卷 3 [M]. 四库全书存目丛书（集 208）. 影印清道光至同治间
赐书楼刻水田居全集本：112.
⑥ 纪昀，等. 钦定四库全书总目：卷 18 [M]. 北京：中华书局，1997：229.

即桓八年'天王使来聘'之'家父'也。"①《左传·桓公八年》经："天王使家父来聘。"② 提要所引"天王使来求车"仅载《左传·桓公十五年》经传③，与前"隐公八年"抵牾，当据陆书原文改作"桓公八年'天王使来聘'者"。

① 陆奎勋. 陆堂诗学：卷 7 [M]. 四库全书存目丛书（经 77）. 影印清康熙五十三年陆氏小瀛山阁刻本：275.
② 孔颖达. 春秋左传正义：卷 7 [M]. 阮元校刻《十三经注疏》本. 北京：中华书局，2009：3807.
③ 孔颖达. 春秋左传正义：卷 7 [M]. 阮元校刻《十三经注疏》本. 北京：中华书局，2009：3815.

儒学随笔

南宋的普尼克斯山

向以鲜（四川大学国际儒学研究院）

从屹立于石灰岩上可以俯瞰雅典卫城的帕特农神庙恭身而下，雅典娜"处女的"圣洁幻影，还在多立克柱和心间萦回，向西顺着一条狭窄的废墟与树丛隐现的甬道，很快便可来到一片略为开阔的高地：普尼克斯山。山上堆放着巨石，巨石的表面平整光滑，人们称之为 BEMA——一块并不算太高峻的地方，却是人类文明的巅峰：苏格拉底的辩论之地，雅典城邦公民议事之地，也是西方尤其是欧洲民主与自由的源头之地。普尼克斯山虽然不高，但是视野开阔，眺望比雷埃夫斯港和爱琴海风光的制高点，就位于其南面的菲洛帕波斯山顶。苏格拉底一生都在为理想进行着忠贞执着的辩论，最终付出生命的代价。当着雅典法庭陪审员和法官的面，苏格拉底宣布了他最后的惊世遗言之后从容饮鸩："现在各走各自路的时候到了，我去死，你们活，这两条路哪一条比较好，谁也不清楚，只有神知道。"

普尼克斯山，一个允许争辩的地方，一个赞美不同意见的地方，一个语言与思想自由交锋的地方，一个阐述梦想的地方，一个理性与火星交相辉映的地方。

中国有这样的地方吗，中国的普尼克斯山在哪儿！

我想到了一个类似的地方：南宋江西信州（上饶）铅山县鹅湖山下的鹅湖寺。

在古希腊普尼克斯山的巨石上，和苏格拉底一起辩论的，除了他著名的学生之外，更多的是一些普通的雅典市民。在中国铅山鹅湖寺，带头参加辩论的，则是当代的几位硕儒，一条南北纵贯的闽赣古驿道，将几位哲人联系在一起：朱熹、陆九龄、陆九渊和吕祖谦。

朱熹的祖籍在江西婺源，父亲朱松临终将其托付给朋友刘子羽。义父刘子羽以主战抗金而被贬居福建崇安（今武夷山市），所以朱熹算是在崇安长大的，并在这儿接受了武夷学者刘子翚、刘勉之和胡宪的教诲。崇安县位于古驿道的南端，北端在江西信州境内。这条古道加上山路和水路，全长两百多公里。山路部分相当崎岖，只能步行、骑马或乘独轮车，行驶起来并不容易。驿道形成于西汉时代，汉武帝派遣朱买臣统军平定闽越王余善叛乱，其中一支军队溯信江而上，途经铅山，打通武夷山分水关阻隔，筑五尺道以通往来。这条因战争而成的交通通道，后来亦成为沟通闽赣与中原交流的中国东南茶马古道。崇安各地盛产茶叶，零散的茶商利用崇阳溪流的力量，将茶叶汇总至崇安城。接下来的苦力活儿，得交给崇安的挑夫们来完成。那些流着血汗的男人们，沿着古道向北攀援行走，大部分会经过分水关，辗转来到桐木江或其支流边，将茶叶装载到小木船上，汇聚于铅山河口镇。到了河口镇后，由于信江、铅山河的水量充沛，河道宽广，就可以进行较大规模的航运事业了。清代的武夷茶叶，曾沿着古驿道从河口镇向北，经汉口、洛阳、太原、张家口、库伦（乌兰巴托），一直抵达俄罗斯的哈克图。

为什么要谈及这条古道呢？如果没有这条古道，可能就没有我们要说的鹅湖寺，更没有闻名于世的鹅湖之会。鹅湖寺，位于由闽入赣的古驿道北侧的江西信州铅山之麓。朱熹出入闽赣之境，走的也是这条道。清代学者李光地在《广信钟灵书院记》中肯定了这条通道在文化层面上的重要性："朱子趋朝，必由信州取道。故玉山之讲，鹅湖之会，道脉攸系，迹在此邦。"①

淳熙元年（1174）五月，吕祖谦在老家守父丧结束。六月主管台州（今浙江临海）崇道观。这期间，鹅湖之会的主角之一陆九渊自余杭造访金华。不久，鹅湖之会的另一主角朱熹致信吕氏，打算不日来金华与其同游雁荡山。等来等去，朱熹一直没有来。淳熙二年（1175）春天，吕祖谦只好从金

---

① 李光地. 榕村全集：卷 14 ［M］. 福州：福建人民出版社，2013：358.

华动身，经闽赣驿道来到朱熹所在的崇安"寒泉精舍"，一直待至夏天。在这儿，两人在弟子的协助之下，完成了《近思录》——北宋理学家周敦颐、张载、程颢和程颐四人语录的编选工作。朱熹在《书〈近思录〉后》记载："淳熙乙未之夏，东莱吕伯恭来自东阳，过予寒泉精舍，留止旬日，相与读周子、程子、张子之书，叹其广大闳博，若无津涯。"① 这部仅用十一天时间就纂成的《近思录》，在中国思想史上影响巨大，被钱穆先生列入复兴中华文化人人必读的九部书之一。

完成《近思录》之后，吕祖谦动身返家。在编选《近思录》的过程中，吕祖谦的头脑中，不时浮现陆九渊的面孔，那是一张带着某种异质的面孔，和《近思录》中的先贤们既有相同的部分，亦有不同的部分。

在三年前的一场考试中，作为主考官的吕祖谦见识了一个三十四岁中年男人的才华与学识，从此两人亦师亦友。据宋人袁燮《象山先生年谱》的描述："吕伯恭祖谦为考官，读先生《易》卷至'狎海上之鸥，游吕梁之水，可以谓之无心，不可以谓之道心，以是而洗心退藏，吾见其过焉而溺矣。济潆洧之车，移河内之粟，可以谓之仁术，不可以谓之仁道'……击节叹赏。"② 吕祖谦仅凭一份"超绝有学问"的考卷，就断定其作者必是"江西陆子静之文"，可见考卷之卓然不群。中礼部考试后，吕祖谦见到了陆九渊本人："一见高文，心开目朗，知为江西陆子静（九渊）文也。"吕祖谦完全忘了自己的考官身份，俨然一个粉丝见到偶像。其实，吕祖谦也只比陆九渊年长两岁。

当陆九渊的面孔再一次浮现时，吕祖谦萌生了一个大胆的想法。

这个想法，在朱熹送他重返金华东阳，踏上闽赣古驿道那一刻，变得越来越强烈。

陆九渊弟子朱泰卿在回忆老师的学术生涯时坦言："伯恭（吕祖谦）虑陆、朱议论犹有异同，欲会归于一，其意甚善。"③

---

① 朱熹. 晦庵集：卷 81 [M]. 文渊阁四库全书本.
② 袁燮. 象山先生年谱 [M] //陆九渊集：卷 36. 北京：中华书局，1980：486.
③ 袁燮. 象山先生年谱 [M] //陆九渊集：卷 36. 北京：中华书局，1980：491.

代表当时两大学术与教育阵营的朱熹与陆氏兄弟，彼此虽未谋面，相互之间其实是知道的。在此之前，吕祖谦曾多次向朱熹推荐陆氏的学问，朱熹在回信中也说："陆子寿（九龄）闻其名甚久，恨未识之。"① 又在致吕子约的信中表示："陆子静（九渊）之贤，闻之盖久，然似闻有脱略文字，直趋本根之意。不知其与中庸'学问思辨然后笃行之旨'又如何耳。"② 显然，朱熹甚为欣赏陆氏，也了解其学术的特质：脱略文字直趋本根。

在吕祖谦的倡议之下，彪炳于诗歌与思想史上的两队人马，分别从水陆两路向鹅湖寺聚集：一队人马自闽赣古驿道的山路，正翻越武夷山的分水关；一队人马从江西抚州金溪（原属临川）出发，乘船抵达铅山河口镇。河口镇离其东南方向的鹅湖寺也就不远了。

鹅湖山我们并不陌生，这条武夷山的支脉，我们少年时代就曾知晓，唐代诗人王驾的《社日》是我们耳熟能详的诗篇："鹅湖山下稻粱肥，豚栅鸡栖半掩扉。桑柘影斜春社散，家家扶得醉人归。"③ 是的，鹅湖寺就在这肥美的地方。据当地方志记载：山上有湖，多生荷，故名荷湖。东晋人龚氏居山蓄鹅，其双鹅育子数百，羽翮成乃去，更名鹅湖。唐代大历年间，大义禅师很是喜欢这儿，建了一座峰顶禅院。到了北宋，移禅院至山下，更名为鹅湖寺。

吕祖谦写给陆氏的邀请书信，如同撒向江湖的英雄帖：福建、江西、浙江官界和学界的各路人马闻风而动。有来一试身手的，有来真心学习的，有来拜见偶像的，有来凑热闹的，有来作壁上观的。与会者除四大名手吕朱二陆之外，可以考证的尚有十余人，以各自的门人弟子为基本阵营：吕祖谦弟子潘叔昌、信州知州詹仪之、抚州知州赵景明、宜黄知州刘清远；朱熹旧友蔡季通、何叔京，朱熹弟子范伯崇、连嵩卿、张公庠、徐宋；随陆氏兄弟而来的有弟子邹斌、朱桴、朱泰卿，还有其铅山弟子傅一飞、宜黄学人刘适

---

① 朱熹. 答吕伯恭 [M] //晦庵先生朱文公文集：卷 47. 上海：上海古籍出版社，1996：1434.

② 朱熹. 答吕子约 [M] //晦庵先生朱文公文集：卷 47. 上海：上海古籍出版社，1996：2291.

③ 彭定求，等. 全唐诗：卷 600 [M]. 北京：中华书局，1960：7918.

等。坊间传说一共来了一百多人。在这一并非繁华之地且交通不太方便的寺院中，突然涌出如此众多的学术明星和追星者，实在是一次罕见的诗与思的风云际会。

普天之下，能将这两队人马召集到一块儿的人，舍吕祖谦其谁！

仅以序齿而论，时年三十九的吕祖谦，小陆九龄五岁，小朱熹七岁。但是，其八世祖吕蒙正和七世祖吕夷简，分别为北宋前期太宗真宗两朝名相。纯正的学术与政治血统，弥补了他在江湖上的某些不足。吕祖谦天资聪颖，二十多岁就高中进士，做官一直做到太学博士、史院编修，虽然不是什么军政要职，但是没有学问肯定是做不了的。以吕祖谦为旗帜的吕学，影响不可小觑。

南宋朝廷虽然偏安东南，从版图上并未完成恢复中原统一中国的梦想，但南北对峙的局面也构成了相对稳定和宽松的格局。陈寅恪先生所谓"华夏民族之文化，历数千载之演进，造极于赵宋之世"。吕祖谦、朱熹和陆氏所处的时代，一定是其中灿烂的一段时光。除吕祖谦的吕学、朱熹的理学、陆九渊的心学之外，还有陈亮的"永康学"和叶适的"永嘉学"。一时之间百家争鸣各发新声，如同群星闪耀，照亮了整个南中国的天空。多年后，叶适回忆起当时盛景仍然感叹不已："每念绍兴末、淳熙终，若汪圣锡、芮国瑞、王龟龄、张钦夫、朱元晦、郑景望、薛士隆、吕伯恭及刘宾之、复之兄弟十余公，位虽屈，其道伸矣；身虽没，其言立矣。好恶同，出处偕，进退用舍，必能一其志者也。表直木于四达之逵，后生之所望而从也。"①

吕祖谦的人品和胸襟，亦是促成此次论辩的重要原因。清人全祖望校补黄宗羲《宋元学案》时指出："宋乾、淳以后，学派分而为三：朱学也，吕学也，陆学也。三家同时，皆不甚合。朱学以格物致知，陆学以明心，吕学则兼取其长，而复以中原文献之统润色之。门庭径路虽别，要其归宿于圣人则一也。"落实到吕祖谦本人身上，全祖望进一步认为："小东莱（吕祖谦）之学，平心易气，不欲逞口舌以与诸公角，大约在陶铸同类以渐纪其偏，宰

---

① 叶适. 著作正字二刘公墓志铭［M］//水心文集：卷16. 北京：中华书局，1961：306.

相之量也。"① 说得好听一点儿，吕学比较中庸，能博采众家；说得不好听一点儿，吕学有点儿大杂烩，没什么锋芒。亦缘于此，为人放达宽厚的吕祖谦，才能成为鹅湖之会最为合适的召集人。

淳熙二年（1175）五月二十八日，地处闽赣古驿道江西信州铅山之下的鹅湖寺，正吹起一股强劲的诗与思的清风：在吕祖谦的召唤之下，中国哲学思想史上两大流派——理学和心学——正式拉开了一决雌雄的大幕！

这场辩论的语言风格，和古希腊的辩论情形完全不同，唱主角的是诗歌，而不是通常辩论中易于发挥的语体文，这可能与宋代"以文为诗，以议论为诗"的诗学主张颇有关系："孩提知爱长知钦，古圣相传只此心。大抵有基方筑室，未闻无址忽成岑。"本欲率先发难的陆九渊，觉得这种场合，还是得让着哥哥一点儿，所以陆九龄缓缓站起身来，向众人拱手一揖，念出了上面四句话，这显然是一首七律的前四句。正待念出第五句时，朱熹微笑着对吕祖谦说："子寿（九龄）早已上子静（九渊）舡了。"②

朱熹是何等聪明的人，十九岁就考取进士，是在座所有人中考取进士年龄最年轻的一位。一听陆九龄的诗句，看似温和，实则刀锋逼人，搭腔就直奔心的主题：一个从母腹中诞生的新生命，没有接受过任何教育，却先天具有爱的能力，一开始就知道爱母亲爱父亲爱兄弟姐妹，随着年龄的增长，不仅懂得爱人，还懂得了尊敬长者。这种与生俱来的爱与钦，正是无数圣贤先哲们一直在传承和发扬光大的心啊！这颗滚烫的心，这颗爱与钦俱足的心，才是人生的根基，才是未来要建筑的高楼大厦的基础。

吕祖谦示意陆九龄继续："留情传注翻榛塞，着意精微转陆沈。珍重友朋勤切琢，须知至乐在于今。"如果说前面四句还只是在向人们宣扬陆氏心学主张的话，第五句话锋一转，矛头直指朱熹的理学泛观博览的修养路径：如果一味强调对于经典的学习与钻研，斤斤计较于章句之间，必将舍本逐末，捡了芝麻丢了西瓜。陆九龄为人比较温和谦让，话说到这个地步，觉得

---

① 黄宗羲. 宋元学案：卷 51 [M]. 北京：中华书局，1986：1652.
② 陆九渊. 陆九渊集 [M]. 中华书局，1980：427.

有必要缓和一下：我们兄弟非常珍惜这次和在座一起切磋的机会，我想，在未来的岁月回首往事，今天的鹅湖之会，可能会成为我们一生中最快乐的时光。

陆九龄的诗歌之辩引起与会者的热烈反响。表面上看，陆九龄是在谈心灵或理学与经典的关系，实际上是在谈"教人之法"与"为学之方"。一个普通人，应该通过怎样的方法，才能成长为一个完美的人，成为一个圣人，实质上也是一个关涉认识论的问题。陆氏认为，只要专注于自我本来的本心，向内深掘无尽的心境，就一定能达于圣人之境，六经注我，我亦注六经。强调"格物致知"的朱熹对此当然不能苟同，他认为要格物必须多读书，必须多读圣人书，必须深读细读六经。阅读经书的同时，结合生活经验，才能打开格物致知正心诚意的大门。

对于陆九龄的诗与思，朱熹当时并没有直接给予同样形式的回应。直到三年之后的淳熙四年（1177），两人在铅山观音寺再次相见时，朱熹才和了一首："德义风流夙所钦，别离三载更关心。偶扶藜杖出寒谷，又枉篮舆度远岑。旧学商量加邃密，新知培养转深沉。却愁说到无言处，不信人间有古今。"（《鹅湖寺和陆子寿》）朱熹显得相当谦逊：自己的学术是"旧学"，需要"商量"才能变得"邃密"；陆氏之学为"新知"，亦需要"培养"才能变得"深沉"。

两人的观点针锋相对，气氛陡然紧张起来。朱熹毕竟年长几岁，接着又说：陆子寿先生，陆子静先生，你们可能本来"之质高明故好简易"；而我朱熹，"之质笃实故好邃密"。

陆九渊站起身来：既然元晦先生（朱熹）都点了我的名，我就不客套了。在来鹅湖的行船上，我也和了家兄一首（由此可见陆氏兄弟是相当重视这次学术活动的，并且事先做足了功课）："墟墓兴哀宗庙钦，斯人千古不磨心。涓流积至沧溟水，拳石崇成泰华岑。易简工夫终久大，支离事业竟浮沉。欲知自下升高处，真伪先须辨只今。"

比起兄长陆九龄的诗，陆九渊更具有攻击性。虽然前四句仍然是在宣讲心学的主张，比如一个人看见废墟或坟墓就会悲伤，看见华屋庙宇就会心生敬仰，这是不需要学习的，是人的天性使然。这样的天然之心，可能会很细小，但织细流可以成沧海；也可能很细碎，但积碎片也可以堆成崇山峻岭。诗的后半段语含讥讽和轻慢：不仅标榜自己的心学为"易简工夫"，而且直斥朱熹理学主张为"支离事业"。最后，还对二者做出了高下和真伪的判断。言下之意，我们的心学高于理学，我们的心学是真学问。

其实，陆九渊对兄长陆九龄诗中所说的"古圣相传只此心"是持保留意见的。在陆九渊看来，这颗本心与"古圣"传不传没有必然的关系，传不传它都在那儿，我们首先要做的就是去发明本心。这种认识，在相当程度上受到禅宗"明心见性"的启迪。黄宗羲在《象山学案》中指出，"宗朱（熹）者诋陆（九渊）为狂禅"①，这个"禅"字自有其来路。

陆九渊总结说：如果没有一颗仁心没有一颗爱心，读书越多危害越大，一味强调问学，结果如同"借寇兵，资盗粮"。朱熹反问：如果不读经书，不道问学，只尊德性，怎么知道圣人之境是一种什么境界？如果不读经书，人们可能不知道世上还有尧舜这样的圣人存在！陆九渊笑道：请问元晦先生，尧舜读了什么书来？这句话问得好，问得相当形式逻辑。

陆氏兄弟以二挡一，人力上占优，两人的口才也好。而且，陆氏兄弟对于经典的"简易"态度，更容易获得人们的认可。在整个辩论中，似乎陆氏兄弟略占上风。据说双方论辩的题目多达十余条，陆氏兄弟"莫不悉破其说"。其实，陆氏心学与朱熹理学在鹅湖会上争议的核心问题，并非不可调和。从后来朱熹的相关言语中亦能看出，在相当大的程度上，朱熹至少部分接受了陆氏兄弟的认识。《中庸》中所论及的自诚明（性）或自明诚（教），说的就是朱陆的分歧。其实，诚与明从来就不是一对矛盾体。过分强调前者会流于空疏，过分强调后者则易流于琐碎和虚伪。

令人欣慰的是，辩论双方始终限定于学术范围，辩论时可以唇枪舌剑，辩论之外则情同手足，爱真理也爱友谊。这场平等、自由、开放和争议的聚会，诗与思的聚会，营建了一种高贵的鹅湖精神，堪称中国的普尼克斯精

---

① 黄宗羲. 宋元学案，卷 58 ［M］. 北京：中华书局，1986：564.

神，其价值与意义远远高于辩论本身。

争论一直持续着，时而趋缓时而趋疾，"至晚方罢"。鹅湖之会举行了三天，也有说五天的。朱熹后来在致人的信中说是"旬日"，应该不会这么久，大约是把路途耽误的时间、聚会中休息游赏的时间都算进去了。

天下没有不散的筵席，刀光剑影而又风流俊赏的鹅湖之会已成往事。

一个月后，朱熹在写给王子合的信中谈及此次盛会时说："前月末送伯恭至鹅湖，陆子寿兄弟来会，讲论之间，深觉有益。"

三年后，陆九龄与朱熹相见于信州，互有诗歌应答。

淳熙八年（1181），亦即鹅湖之会六年后的二月，陆九渊拜访南康知军朱熹，请求为离世不久的兄长陆九龄撰写墓志铭。朱熹迎请陆九渊至白鹿洞书院讲学，题目是"君子喻于义小人喻于利"。陆九渊滔滔不绝，一连讲了三天。学生中竟然有听得落泪的，朱熹本人更是在早春天气中听得"出汗挥扇"。然后，朱熹将陆九渊的讲义刻于白鹿洞石碑上。

朱、陆泛舟南康星子湖，湖水潋滟，天光云影，给人以无穷遐想。

陆九渊想起自己的老话："宇宙便是吾心，吾心便是宇宙。"

朱熹像是在自言自语，又像是在对陆九渊或湖山耳语："自有宇宙以来，已有此溪山，还有此佳客否？"①

在永恒的大自然面前，所有的纷争、所有的异见都将消散。

此刻的湖山，就是两位"佳客"诗与思的湖山，是中国南宋时期短暂的秘密的普尼克斯山。

---

① 袁燮. 象山先生年谱［M］//陆九渊集：卷36. 北京：中华书局，1980.